MARGOT OVERATH

Verbrannt in der Polizeizelle

Reihe Zeitgeschichte*N*

Herausgegeben von
Sonja Häder und Ulrich Wiegmann

Band 27

MARGOT OVERATH

Verbrannt in der Polizeizelle

Die verhinderte Aufklärung von Oury Jallohs Tod im Dessauer Polizeirevier

M | METROPOL

Umschlagabbbildung:
Kundgebung am 7. Januar 2019 vor dem Hauptbahnhof Dessau.
© Margot Overath

ISBN: 978-3-86331-754-6

Ansbacher Str. 70
D–10777 Berlin
https://metropol-verlag.de

Druck: AALEXX Druck Produktion, Großburgwedel

Inhalt

Anhang

1. Über dieses Buch

Am 7. Januar 2005 starb Oury Jalloh bei einem Feuer in der Zelle Nr. 5 des Dessauer Polizeigewahrsams. Viereinhalb Jahre danach begann ich im Auftrag der Feature-Redaktion von MDR Figaro (heute MDR Kultur) meine Recherche. Der Freispruch des Landgerichts Dessau-Roßlau für den verantwortlichen Polizeibeamten vom 8. Dezember 2008 hatte mich neugierig gemacht. Tatort war die Ausnüchterungszelle im Keller des Dessauer Polizeireviers Wolfgangstraße, das Opfer ein alkoholisierter Ausländer, an Händen und Füßen gefesselt – zwingende Gründe für Polizei und Justiz, sich dieses spektakulären Falls mit besonders intensiver kriminalistischer und juristischer Sorgfalt anzunehmen.

In 17 Jahren Recherche erstellte ich vier Radiodokumentationen für ARD und Deutschlandfunk, eine fünfteilige WDR-Feature-Serie,[1] die als Podcast online abgerufen werden kann, und dieses Buch. Es belegt, wie die für die Verfolgung von Verbrechen zuständigen Funktionsträger in Polizei und Justiz es unterließen, einen schrecklichen Todesfall in einer Polizeizelle aufzuklären. Wie engagierte und kompetente Bürger mit eigenen Untersuchungen Beweise lieferten, die die unbewiesenen Behauptungen der Sicherheitsbehörden, Oury Jalloh habe selbst das Feuer gelegt, widerlegen.

Die Ereignisse, die am 7. Januar 2005 begannen und am 3. Juli 2023 endeten, werden in diesem Buch nicht immer linear erzählt. Einige werden wiederholt erwähnt, auf manche greife ich mehrmals zurück,

1 Oury Jalloh und die Toten des Polizeireviers Dessau. Von Margot Overath, in: WDR5 Tiefenblick: Oury Jalloh. Teil 1–5, 17., 24. und 31. Mai, 7. und 14. Juni 2020, https://www1.wdr.de/mediathek/audio/wdr5/wdr5-tiefenblick/oury-jalloh/index.html.

viele sind umstritten und müssen auf verschiedenen Zeitebenen abgebildet werden.

125 Tage lang war verhandelt worden, 59 davon am Landgericht Dessau, 66 in der Neuverhandlung am Landgericht Magdeburg, die am 13. Dezember 2012 mit einer Geldstrafe zu Ende ging. Wie üblich in Strafverfahren vor deutschen Gerichten gab es förmliche Hauptverhandlungsprotokolle über Anwesenheit und Abläufe, jedoch keine inhaltlichen Mitschriften der Aussagen von Zeuginnen und Zeugen. Wenn in diesem Buch aus beiden Hauptverhandlungen zitiert werden kann, ist dies dem Umstand zu verdanken, dass jede einzelne Zeugenaussage in Dessau und Magdeburg von Prozessbeobachtern mitgeschrieben wurde. Zur Dessauer Beobachtergruppe gehörten Marco Steckel, Steffen Andersch und Mario Bialek. Nach jedem Verhandlungstag stellten sie ein Protokoll des Tages ins Internet, finanziert wurde die Arbeit aus Fördermitteln.[2] „Wir hatten einen dokumentarischen Anspruch, wir wollten nicht bewerten, was da passiert. Wir stellen dar, und jeder kann sich selbst ein Bild machen." Mehrere Tausend Mal sei die Seite damals pro Tag aufgerufen worden, auch die Polizei habe sich darauf verlassen, was wohl auch Abstimmungen unter den Beamten möglich gemacht habe.[3]

In der Neuverhandlung vor der Großen Strafkammer des Landgerichts Magdeburg schrieben die Vertreter:innen der Nebenklage, Gabriele Heinecke und Philipp Napp, mit. Außerdem auch ich an den Tagen, an denen ich die Hauptverhandlung besuchte. An einem dieser Tage stellte mir Oury Jallohs Bruder Saliou eine Vollmacht aus, mit der ich Einblick in die Gesamtakten bekam. Im Laufe der Jahre hatte ich zahlreiche Interviews und Gespräche mit Sachverständigen, Anwälten, Prozessbeteiligten und Prozessbeobachtern geführt. Aus der Fülle des

2 „Warum starb Oury Jalloh? Der Prozess", abrufbar unter https://ouryjalloh.wordpress.com.

3 Transkript des Interviews der Autorin mit Steffen Andersch am 27.5.2010. Alle Transkripte von Interviews im Privatarchiv der Autorin.

Materials, den Recherchen vor Ort, den Prozessakten, Interviews, Protokollen von Rechtsausschusssitzungen, diversen Berichten und deren Spiegelung in den Medien, entstand dieses Buch.

Die Namen aller Beschäftigten des Polizeireviers Dessau, der Ermittler der Kripo Stendal und des Landeskriminalamts Magdeburg sind anonymisiert.[4] Einige andere Namen wurden auf Wunsch oder zur Sicherheit anonymisiert. Die Namen der Polizeiführer:innen, der an den Prozessen beteiligten Jurist:innen, Wissenschaftler:innen und Sachverständigen sowie diverser Politiker:innen und der Sonderberater des Landtags von Sachsen-Anhalt sind nicht anonymisiert.

4 Der Pressesprecher des Generalstaatsanwalts Naumburg am 9.6.2023 per E-Mail an die Autorin: „Bei dem vorgenannten Ermittlungsverfahren handelte es sich um ein nichtöffentliches Verfahren, welches zwischenzeitlich durch die Entscheidung des Oberlandesgerichts Naumburg vom 29.10.2019 [1 Ws (gE) 1/19] bestandskräftig abgeschlossen ist. Der strafrechtlich garantierte Schutz über geheime Verfahrenstatsachen – sei es nach § 203 StGB oder nach § 353d StGB – betrifft zuvörderst den persönlichen Lebensbereich der Verfahrensbeteiligten selbst. Im vorliegenden Fall sind das die vormaligen Beschuldigten und die Hinterbliebenen des Verstorbenen. In Anbetracht der Tatsache, dass nachweislich kein hinreichender Tatverdacht gegen die vormaligen Beschuldigten besteht und diese – von Verfassung wegen – als unschuldig gelten, kommt deren Persönlichkeitsrechten besonderes Gewicht zu. Dies gilt umso mehr, als dass die Einstellung des Verfahrens (durch Bescheid der Generalstaatsanwaltschaft Naumburg vom 29.11.2018) bereits mehr als 4 ½ Jahre zurückliegt.“

2. Scherbenhaufen

An einem Donnerstag im Oktober 2016 trafen sich fünf Wissenschaftler und zwei Staatsanwälte in einem denkmalgeschützten Nebengebäude der Staatsanwaltschaft hinter dem Dessauer Hauptbahnhof. Bemerkenswert ist dieses Treffen, weil es um einen Kriminalfall ging, der offiziell als gelöst galt. Vier Jahre zuvor war bereits ein Polizeibeamter verurteilt worden, weil er den Tod in der Zelle am 7. Januar 2005 nicht verhindert habe. Trotz des gewaltigen Feuers, bei dem Oury Jalloh starb, und obwohl in der Leiche weder Kohlenmonoxid (CO = das klassische giftige Gas, das bei Glut und Feuer entsteht) noch Cyanid (CN) gefunden wurde, waren Polizei und Staatsanwaltschaft von Anfang an von Selbsttötung ausgegangen. An diesem Donnerstag sollte sich das ändern. Anwesend waren:[5]

- der Leitende Oberstaatsanwalt Folker Bittmann, er steht der Behörde seit 2005 vor und wird im Juni 2018 in den Ruhestand gehen und die Stadt verlassen;
- Oberstaatsanwalt Olaf Braun, der die Causa Jalloh von Staatsanwalt Christian Preissner übernommen hat, der 2015 seinen Ruhestand antrat;
- Dr. Kurt Zollinger, forensischer Brandexperte der Kantonspolizei Zürich;
- Thorsten Prein, Brandexperte des Büros für Brandschutz Bergisch-Gladbach NRW, sein Berater Dr. O.T.[6] und Korbinian Pasedag, ebenfalls vom Büro für Brandschutz in Bergisch-Gladbach,

5 Gedächtnismitschrift (19 Seiten) von Korbinian Pasedag, Büro für Brandschutz, vom 11.10.2016. Teil des Ermittlungsverfahrens der Staatsanwaltschaft Dessau-Roßlau gegen Unbekannt, Az.: 111 UJs 23785/13, archiviert bei der Generalstaatsanwaltschaft Naumburg.

6 Name auf Wunsch des Experten anonymisiert.

- Brandoberrat Klaus Steinbach vom Institut der Feuerwehr Sachsen-Anhalt.

Die Besprechung beginnt um 12 Uhr 30. Von der Begrüßung durch Oberstaatsanwalt Folker Bittmann bis zum Ende des Treffens vergehen knapp vier Stunden. Den Staatsanwälten ist am Anfang nicht klar, was sie erwartet. Nur, dass sie die Ergebnisse des wissenschaftlichen Projekts „Brandversuch Zellenbrand" aus dem Sommer 2016 erfahren werden, das Oberstaatsanwalt Christian Preissner noch vor Beginn seines Ruhestands angeregt hatte. Zum ersten Mal waren Brandsachverständige beauftragt worden, die Entstehung des Feuers in der Polizeizelle 5 ergebnisoffen zu rekonstruieren. Grundlage waren objektive[7] und subjektive Daten. Daten, die von Landeskriminalamt, Staatsanwaltschaft und Gerichten ermittelt und geliefert wurden. Das Projekt war nach mehreren Vorversuchen am 18. August mit einem Hauptversuch abgeschlossen worden, der Rekonstruktion des Feuers in einem der Originalzelle exakt nachgebauten Versuchsraum.[8]

Die objektiven Daten ließen sich auch mehr als elf Jahre nach dem 7. Januar 2005 noch problemlos überprüfen. Wann die Rettungskräfte alarmiert worden waren, wann die Feuerwehr eingetroffen und wann der Einsatz beendet worden war. Probleme ergaben sich durch die

7 Als objektive Daten werden Daten bezeichnet, die messbar sind, wie Größe und Lüftungsgegebenheiten der Zelle 5 etc. Versuchsleiter Thorsten Prein: „Wir wissen zur Zeit nur, definitiv, wann die Feuerwehr alarmiert worden ist, da gibt's 'ne Tonbandaufnahme. Wir wissen, wann die FW eingetroffen ist, also als Echtzeitdokumentation. Und wir wissen aus dem Gewahrsamsbuch, dass um 10:45 eingetragen ist, dass eine Besichtigung stattgefunden hat." (Gemeint ist die Zellenbesichtigung um 11:45 Uhr.) Transkript des Presseinformationsgesprächs vom 18.6.2016 vor Beginn der Brandrekonstruktion.

8 Büro für Brandschutz, Untersuchungsberichte nach Aktenlage und ergänzendem Brandversuch vom 18.8.2016 und vom 21.10.2016, Projekt-Nr. 2411-15. Sämtliche Gutachten, Prüf- und Untersuchungsberichte sind Teil der Gesamtakte „zum Nachteil Ouri Jallow" (Behördenschreibweise), die bei der Generalstaatsanwaltschaft Naumburg archiviert ist. Az.: 111 Js 89/17.

subjektiven Daten. Subjektive Daten sind die Daten, die sich aus den Zeugenaussagen ergeben. Deshalb dieses Treffen.

Zu Beginn bekräftigt der Leitende Oberstaatsanwalt Folker Bittmann seinen Willen zur Aufklärung. Er regt ausdrücklich an, offene Fragen ohne Tabus anzugehen. Die Brandexperten stellen ihre Versuchsergebnisse vor. Einer von ihnen schreibt im Telegrammstil mit.

Rasch kommt man auf die subjektiven Daten zu sprechen, die aus den Akten zur Verfügung stehen: die Aussagen der Zeugen. Sie waren weder mit dem Brandverlauf in der Zelle noch mit der Entwicklung des Feuers in der Rekonstruktion in Einklang zu bringen.[9] Zeugen hatten ausgesagt, wann sie Oury Jalloh zuletzt lebend gesehen und wann sie noch mit ihm gesprochen hatten, wann sie sich zum Zellentrakt begaben, wann sie die Tür zur Zelle 5 öffneten, welche Dimension das Feuer hatte, was sie in der Zelle wahrnehmen konnten und warum sie keinen Rettungsversuch unternahmen.

Wenn diese subjektiven Daten stimmen würden, so die Forscher, hätte Oury Jalloh gerettet werden können. Die Flammen wären nur langsam auf ihn übergegangen. Er hätte um Hilfe rufen, er hätte rechtzeitig herausgeholt werden können. Wenn jedoch die subjektiven Daten nicht stimmen, dann musste etwas ganz anderes passiert sein. Keine Selbstanzündung. Ob sie einen Scherbenhaufen angerichtet haben und wie die Staatsanwälte damit umgehen wollen,[10] fragt einer der Experten. Behördenleiter Folker Bittmann dankt den Wissenschaftlern für ihre Offenheit. Er und seine Kollegen der Staatsanwaltschaft seien für die Wahrheitsfindung eingestellt worden.[11]

Um 16 Uhr 25 ist die Besprechung zu Ende. Es soll ein weiteres Treffen geben, zu dem auch die Rechtsmediziner und Toxikologen aus

9 Gedächtnismitschrift von Korbinian Pasedag, Büro für Brandschutz, vom 11.10.2016, und Büro für Brandschutz, Untersuchungsbericht vom 21.10.2016, Projekt-Nr. 2411-15. Die Mitschrift erhebt keinen Anspruch auf Vollständigkeit.

10 Ebenda.

11 Ebenda.

den Gerichtsverfahren eingeladen werden würden. Aber nicht nur die Diskussion ist um 16 Uhr 25 beendet, für die Dessauer Staatsanwaltschaft soll auch die bisherige Strategie zu Ende gehen, das Opfer selbst für seinen Tod verantwortlich zu machen. Mehr als 11 Jahre hatte die Hypothese gehalten, die nicht zu beweisen war und dennoch von den Gerichten in ihren Urteilen bestätigt wurde.

3. Die Einstellung des Verfahrens

Ab diesem Moment an jenem Donnerstagnachmittag im Oktober 2016 hätten die Ermittlungen in eine andere, ergebnisoffene Richtung weitergehen können. Doch die Dessauer Staatsanwaltschaft entzog sich der Konsequenz. Sie bat den Generalbundesanwalt, die Ermittlungen weiterzuführen. Der Generalbundesanwalt jedoch erklärte sich für nicht zuständig und gab den Fall an den Generalstaatsanwalt von Sachsen-Anhalt weiter. Der setzte die Staatsanwaltschaft Halle als neue zuständige Instanz ein, womit die Zuständigkeit der Staatsanwaltschaft Dessau beendet war. Halle erklärte die Umstände, die zu Oury Jallohs Tod führten, für rechtskräftig aufgeklärt und die offengebliebenen Fragen für nicht rekonstruierbar. Sie führte das Ermittlungsverfahren wegen Mordes gegen Unbekannt nicht weiter. Der Generalstaatsanwalt sah keinen Grund für ein unrechtmäßiges Handeln, die Selbstanzündungsthese wurde mit einer nach wissenschaftlichen Kriterien unhaltbaren Begründung rehabilitiert[12] und das Rad zurückgedreht. Als letzte juristische Instanz in Sachsen-Anhalt ließ sich auch das Oberlandesgericht in Naumburg nicht von den neuen Ermittlungsergebnissen beeindrucken.

Rechtsanwältin Gabriele Heinecke vertrat die Nebenklage für Oury Jallohs Familienangehörige, denen es weniger um Bestrafung ging als um das Wissen, wie der Sohn, der Bruder gestorben ist. Bei aller Trauer und allem Entsetzen über seinen grausamen Tod hofften sie, die deutsche Justiz werde alles tun, das Geschehen aufzuklären. „Diese Ermittlungen sind nicht zu Ende. Die Ermittlungen sind mittendrin.

12 Die Begründung folgte der sogenannten Blasebalgtheorie, nach der Oury Jalloh durch eigene Bewegungen Luftverwirbelungen in der Zelle verursacht habe, die das Feuer zum Lodern brachten.

Nur haben wir keine Ermittler mehr."[13] Oury Jallohs Bruder Saliou reichte eine Beschwerde beim Bundesverfassungsgericht ein. Mit der Verweigerung einer effektiven Strafverfolgung seien die Grundrechte der Familie und ihr Anspruch auf rechtliches Gehör verletzt worden.[14] Im Februar 2023 wies das Bundesverfassungsgericht die Beschwerde als unzulässig zurück.[15] Der vielversprechende und teure Aufklärungsversuch wurde zu Makulatur erklärt.

Im August 2016 hatte die Dessauer Staatsanwaltschaft den Brand rekonstruieren lassen. Zwei Monate später stellten die Experten ihre Versuchsergebnisse zum ersten Mal zur Diskussion. Die Gutachten waren noch nicht geschrieben. Am Ende wurde ein zweites Treffen geplant, zu dem auch die am Verfahren beteiligten Sachverständigen eingeladen werden sollten. Diese Besprechung fand am 1. Februar 2017 im rechtsmedizinischen Institut der Würzburger Uniklinik statt. Inzwischen lagen die schriftlichen Gutachten vor. Um den großen Tisch in den Räumen der Würzburger Rechtsmedizin saßen zusammen:

- die Ausführenden der Brandrekonstruktion: der Brandsachverständige Dr. Kurt Zollinger, der Versuchsleiter Dipl. Ing. Thorsten

13 Transkript des Interviews der Autorin mit Rechtsanwältin Gabriele Heinecke am 31.10.2019.

14 Verfassungsbeschwerde von Rechtsanwältin Beate Böhler vom 24.11.2019. Es wird gerügt, dass die vorbezeichneten Entscheidungen den Beschwerdeführer in seinen Grundrechten aus Art. 2 Abs. 2 S. 1 und 2 in Verbindung mit Art. 1 Abs. 1 S. 2, in Verbindung mit Art. 6 Art. 3 Abs. 1 und Art. 19 Abs. 4 GG sowie in seinem Recht auf rechtliches Gehör aus Art. 103 Abs. 1 GG verletzen. Siehe Familie von Oury Jalloh legt Beschwerde beim Bundesverfassungsgericht ein. Pressemitteilung der Initiative in Gedenken an Oury Jalloh, Berlin, 26.11.2019, https://initiativeouryjalloh.wordpress.com/2019/11/26/familie-von-oury-jalloh-legt-beschwerde-beim-bundesverfassungsgericht-ein/.

15 BVerfG, Beschluss der 2. Kammer des Zweiten Senats vom 21. Dezember 2022 – 2 BvR 378/20 –, Rn. 1–90, https://www.bundesverfassungsgericht.de/e/rk20221221_2bvr037820.html.

Prein sowie der Brandsachverständige Dr. Korbinian Pasedag vom Büro für Brandschutz NRW;

- der Leiter der Staatsanwaltschaft Dessau Folker Bittmann und sein Stellvertreter Dr. Ulf Lenzner sowie Staatsanwalt Olaf Braun, aktuell Sachbearbeiter des Ermittlungsverfahrens;
- die wissenschaftlichen Sachverständigen: Prof. Dr. Gerold Kauert, emeritierter Leiter des Instituts für Forensische Toxikologie am Klinikum der Universität Frankfurt am Main, und der Rechtsmediziner Prof. Dr. Hansjürgen Bratzke, der für den erkrankten Leiter des Instituts für Rechtsmedizin an der Universität Würzburg, Prof. Dr. Michael Bohnert, eingesprungen war. Kauert und Bohnert hatten im Jahr 2015 im Auftrag der Staatsanwaltschaft vier Arbeitshypothesen zum möglichen Tatablauf verfasst.
- Als Berater: Kriminaltechniker Dr. Martin L., Fachbereichsleiter des Forensischen Instituts Zürich, und der Ingenieur für Brandschutz Dr. O.T.

Die Resultate der Vorversuche und die ersten schriftlichen Gutachten mit den Ergebnissen der Brandrekonstruktion vom 18. August 2016 lagen auf dem Tisch, wurden präsentiert und diskutiert.[16]

Versuchsleiter Thorsten Prein stellte als sicheres Ergebnis heraus, dass am 7. Januar 2005 etwas anderes geschehen sein musste, als von den Polizeizeugen behauptet und vom Landgericht Magdeburg angenommen. Bisher war die Justiz von einem Hitzeschock als Todesursache ausgegangen, nämlich einer Hitze von mindestens 180°, die für den Verschluss der Atemwege notwendig ist. Der Versuch zeigte aber, dass die Temperatur von 180° das Gesicht des Dummys erst nach 35 Minuten und 11 Sekunden erreichte.[17]

16 Zur Brandrekonstruktion vom 18.8.2016 und den Ergebnissen der Rekonstruktion siehe Kapitel 24.

17 E-Mail der Sachverständigen Prein und Pasedag an Staatsanwalt Braun vom 24.2.2017.

Brandexperte Kurt Zollinger sprach in der Diskussion an, dass auch er bis zur Brandrekonstruktion von Jallohs Selbstverbrennung ausgegangen sei. Nach der Auswertung der Ergebnisse vom 18. August 2016 neige sich aber auch für ihn die Waage deutlich in die andere Richtung. Die Version der Selbstanzündung, von Oberstaatsanwalt Folker Bittmann als „eigenhändiges Legen des Feuers mit ungewollten Folgen“ bezeichnet, war widerlegt.

Rechtsmediziner Hansjürgen Bratzke konnte sich vorstellen, dass die Täter in Panik Feuer legten, weil sie annahmen, Oury Jalloh sei in der Zelle verstorben. Der Toxikologe Gerold Kauert stimmte dem zu und fasste später in einem Interview die Meinungsbildung innerhalb der Runde zusammen: „Von Expertenseite her, von Seiten der Brandexperten, stellte sich klar heraus, dass das finale, in der Zelle 5 vorgefundene Brandbild, nicht ohne Brandbeschleuniger entstanden sein kann.“ Der Tod müsse sehr schnell eingetreten sein, so Kauert, und „dass Herr Jalloh in dieser Atmosphäre den Brandbeschleuniger noch eingeatmet hat eine längere Zeit, das haben wir ausgeschlossen“.

Die Brandsachverständigen und Mediziner seien sich im Grunde einig gewesen: Oury Jalloh konnte sich nicht selbst angezündet haben, so Kauert. Die „Entwicklung eines Feuers um ihn herum und die übliche Reaktion danach“ schlossen eine Selbstanzündung aus. In der Runde um den großen Tisch wurde nach den wahrscheinlichsten Lösungen gesucht. Einige seien diskutiert worden. Als wahrscheinlichste Lösung habe sich herausgestellt, dass Oury Jalloh bewusstlos war, er „hat aber natürlich noch geatmet. Und dann hat ihn jemand angezündet.“[18] Die Täter riefen nicht den Notarzt, weil sie nicht erkannt hatten, dass er noch lebte. „Vermeintlich tot. Das ist auch bis heute meine Überzeugung“, so der Toxikologe.

Kurt Zollinger wollte sich auf eine Tat durch dritte Personen nicht festlegen. Das könne kein einzelner Wissenschaftler, so Gerold Kauert:

18 Interview mit Prof. Dr. Gerold Kauert, in: mdr.de, 26.3.2018, https://margotoverath.de/KauertInterview.htm.

„Wenn ein Wissenschaftler am Ende sagt, ich kann dies oder das nicht ausschließen, sagt das nichts aus über die Wahrscheinlichkeit. Er hat sich nur abgesichert." Entscheidend sei die Gesamtschau, so Kauert, und die habe ergeben, „dass ein Brandbeschleuniger verwendet worden sein muss".[19] Michael Bohnert wird später ergänzen, dass es nicht um persönliche Meinungen geht, sondern um Fakten: „Und Fakten kann man auf der Basis seiner Ausbildung, seiner Versuche, seiner Kenntnisse haben. Und da ist das Gutachten von Zollinger in sich nachvollziehbar. Aber es hat für die Gesamtschau natürlich seine Schwächen, weil manche Dinge darin gar nicht vorkommen können, sinnvollerweise. Nämlich die medizinischen und toxikologischen Befunde."[20] „Der Brandsachverständige kann etwas zur Feuerentwicklung sagen. Der Mediziner, der Toxikologe können etwas zu den Befunden sagen. Der Ingenieur kann etwas zu den zeitlichen Verhältnissen sagen. Das heißt, wir haben ein Gesamtergebnis, aber die Lösung des Falls ist keine medizinische, sondern eine kriminalistische Frage." Alle waren überzeugt, dass nicht erst die Leiche angezündet worden war. Oury Jalloh noch gelebt hatte, als das Feuer ausbrach. Ob er aber ermordet worden oder an den Folgen anderer Straftaten gestorben war und wie das Anzünden eines irrtümlich für tot gehaltenen Menschen juristisch zu bewerten ist, das können nur Juristen beantworten. „Aufgrund der Tatsachen, aufgrund der Befunde, bezogen auf Oury Jalloh, sage ich, dass es so gewesen sein muss, wie ich eben skizziert habe. Das ist meine persönliche Meinung."[21]

Im Februar 2017 legte die Staatsanwaltschaft Dessau den Wissenschaftlern, die an der Diskussionsrunde im Würzburger Institut teilgenommen hatten, einen Fragebogen mit drei Antwortmöglichkeiten vor – wohl mit der Absicht, eine letzte Bestätigung für das Ermittlungsverfahren wegen Mordes zu bekommen. Bei jeder Aussage sollte

19 Transkript des Interviews der Autorin mit Prof. Kauert am 11.7.2019 in Würzburg.

20 Transkript des Interviews der Autorin mit Prof. Bohnert am 11.7.2019 in Würzburg.

21 Interview mit Prof. Kauert, in: mdr.de, 26.3.2018.

entweder „Ja“, „Mit an Sicherheit grenzender Wahrscheinlichkeit“, „Wahrscheinlich“ oder „Nein“. angekreuzt werden. Kurze Ergänzungen waren erlaubt.

> „Aussage 1: Auf der Basis des in Würzburg erörterten Wissenstandes kann Ouri Jalloh nach Ausbruch des Feuers nur noch wenige Atemzüge lang gelebt haben.
> Aussage 2: Ein Hitzeschock scheidet als Todesursache aus.
> Aussage 3: Die Kurzzeitigkeit des Überlebens Ouri Jallohs nach Ausbruch des Feuers ist mit der Annahme, er habe das Feuer selbst gelegt, unvereinbar.“

Die letzte Aussage entsprach dem Ergebnis der Rekonstruktion. Ihr stimmten alle zu.

Thorsten Prein und Korbinian Pasedag ergänzten: „Hätte Oury Jalloh das Feuer selbst noch gelegt, hätte er in einer relativ ‚klaren‘ Verfassung gewesen sein müssen und hätte bei Ausbruch des Brandes vor Schmerzen und Angst geschrien. Auch wäre der Noradrenalinspiegel bei Todesangst und Schmerzen angestiegen [...] und er hätte Rauchgas eingeatmet.“

Andere Ergänzungen lesen sich komplizierter. Manchen fehlte die eindeutige und vergleichbare Aussage, die mit dem Fragebogen hergestellt werden sollte. Staatsanwälte sind weder Mediziner noch Ingenieure, aber sie hatten zu entscheiden, wie es weitergehen soll. Kurt Zollinger, kein Mediziner, sondern Brandexperte, erwog, Oury Jallohs Tod könne mit seinem Drogenkonsum in Verbindung stehen. Rechtsmediziner Hansjürgen Bratzke ergänzte, dass der Tod nicht unmittelbar eintritt, sondern erst nach einer „Endstrecke“ mit zunehmender Atem- und Kreislaufdepression. Wenig später präzisierte er auf Nachfrage, dass als mögliche Todesursache auch ein durch Alkohol und Drogen indizierter plötzlicher Herztod infrage komme.

In der Rechtsmedizin ist das Nicht-Ausschließen von anderen Möglichkeiten Standard. Prof. Bratzke hatte eine allgemeine rechtsmedizinische Diskussion eröffnet, ohne zu präzisieren, ob und wie seine ergänzenden Angaben in diesem konkreten Fall zu verstehen sind. Staatsanwalt Olaf Braun musste sich um Aufklärung bemühen. Per E-Mail fragte er bei Prof. Kauert nach, ob es sein könne, dass Oury Jalloh im Vorfeld eines durch Drogenvergiftung erlittenen plötzlichen Herztods „noch wenige Atemzüge vor Eintreten des Atemstillstands in der Lage war, selbst Feuer zu legen". In seiner Antwortet erinnerte Kauert an die rechtsmedizinischen Ergebnisse der beiden Sektionen: „O. J. hatte im engeren zeitlichen Zusammenhang mit dem Eintritt des Todes über drei Promille Alkohol erreicht und Kokain (vermutlich Crack) konsumiert. Nach dem Ergebnis der toxikologischen Befunde hat er aber sicher keine akute und tödlich wirksame Überdosis von Kokain konsumiert, die zu einer Atem- und Kreislaufdepression verbunden mit einer möglichen Hirnschwellung geführt habe." Und als Hinweis zum Verständnis: „Die von Prof. Bratzke vorgetragene ‚Intoxikation' ist also nicht gleich zu setzen mit dem drogeninduzierten plötzlichen unerwarteten Herztod!"[22] Welcher denkbar wäre und sich mit den Ergebnissen der Befunde zwanglos vereinbaren ließe. Jedoch nicht in diesem Fall, denn bei der Obduktion war kein Herzproblem festgestellt worden, ein Herzinfarkt wurde ausgeschlossen. Staatsanwalt Olaf Brauns Frage, ob Oury Jalloh im letzten Moment vor seinem Tod noch Feuer gelegt haben könnte, beantwortete Prof. Kauert eindeutig: „Die Frage ist insbesondere unter den gegebenen Bedingungen aus medizinisch-toxikologischer Sicht mit nein zu beantworten."[23] Damit war klar, dass die These von der Selbstverbrennung nicht länger haltbar war. Oberstaatsanwalt Bittmann wertete den Fragebogen aus und stellte fest: „Zu Aussage 3 fielen die Antworten der Mediziner tendenziell eindeutig bejahend aus."[24]

22 E-Mail vom 15. 3. 2017.

23 Kurzgutachten von Prof. Kauert vom 15. 3. 2017, zitiert im Vermerk des Leitenden Oberstaatsanwalts Folker Bittmann vom 4. 4. 2017, Az.: 111 Js 7436/17 StA Dessau-Roßlau, S. 5.

24 Bittmann-Vermerk, ebenda.

In Strafprozessen tragen wissenschaftliche Sachverständige bzw. Gutachter ihre Ergebnisse vor, werden aber so gut wie nie nach ihrer persönlichen Meinung gefragt. Oft sind sie erstaunt, wie Richterinnen und Richter ihren Vortrag interpretieren. Was allerdings selten vorkommt, denn sie haben ihre Arbeit getan und lesen in der Regel die schriftlichen Urteilsbegründungen nicht nach. Gerold Kauert erzählte mir, ein einziges Mal habe ihn ein Vorsitzender eines Mordprozesses nach seiner persönlichen Meinung gefragt, nachdem er sein Sachverständigengutachten abgegeben hatte. Im Verfahren gegen den Dienstgruppenleiter Hans H. hätte er sich diese Frage gewünscht. Seine Antwort wäre so ausgefallen: „Dass es für mich am wahrscheinlichsten ist, dass er im Zuge dieser ganzen Maßnahmen verstorben ist", also dem Umgang mit Oury Jalloh im Revier und in der Zelle.

Die schweren Verletzungen waren während des Interviews im Dezember 2017 noch nicht bekannt. Erst im Oktober 2019 fand der Frankfurter Radiologe Prof. Boris Bodelle heraus, dass Oury Jalloh vor seinem Tod misshandelt worden sein muss. Unter Punkt 7.0 heißt es da zusammenfassend: „Nach Begutachtung der Bilddaten der Computertomographie vom 31.3.2005 des Leichnams des Oury Jalloh sind Knochenbrüche des Nasenbeins, der knöchernen Nasenscheidewand sowie ein Bruchsystem in das vordere Schädeldach sowie ein Bruch der 11. Rippe rechtsseitig nachweisbar. Es ist davon auszugehen, dass diese Veränderungen vor dem Todeseintritt entstanden sind."[25]

Bittmann hatte sich von der rechtsmedizinischen Diskussion um den plötzlichen Herztod nicht irritieren lassen. Für ihn war inzwischen klar, dass Oury Jalloh sich nicht selbst angezündet hatte. Er verfasste einen ausführlichen Vermerk, in dem er weitere Ermittlungen wegen des Verdachts eines Tötungsdelikts und der Brandstiftung

25 Prof. Dr. Dr. Boris Bodelle, Universitätsklinik Frankfurt am Main, Gutachten zu den bei Oury Jalloh festgestellten Verletzungen, 2.10.2019, Az.: 378/15. Dieses Gutachten wurde nicht mehr Bestandteil der Akte. Es war jedoch Gegenstand des Klageerzwingungsverfahrens (2019) und der Verfassungsbeschwerde, entschieden 2022.

forderte. Das Motiv dafür sah er in zwei zurückliegenden Todesfällen aus den Jahren 1997 und 2002: dem Tod des 36-jährigen Hans-Jürgen Rose, der im Dezember 1997 in der Nähe des Reviers sterbend aufgefunden worden war, nachdem Polizisten ihn vier Stunden zuvor zur Alkoholkontrolle mit auf die Wache genommen hatten, und dem Tod des ebenfalls 36-jährigen Mario Bichtemann, der im Oktober 2002 in derselben Zelle tot aufgefunden worden war, in der 2005 Oury Jalloh starb. Beide Todesermittlungsverfahren hatten zu Untersuchungen gegen Polizisten des Reviers geführt, waren aber ohne Ergebnis eingestellt worden. Bittmanns Überlegung: Falls schon Hans-Jürgen Rose und Mario Bichtemann Opfer von gewalttätigen Polizisten geworden waren, bestand nach einem weiteren Todesfall für den oder die Täter die Gefahr, dass neue, „der Wiederholung wegen noch intensivere Untersuchungen“[26] in Gang kämen. Mit der Brandlegung und der anschließenden Inszenierung als Selbstanzündung könnten die Täter versucht haben, dem zu entgehen.[27]

Der Tat verdächtig hielt Bittmann „zumindest“ zwei Polizeibeamte, die er namentlich nannte,[28] deren Identitäten aus Gründen des Persönlichkeitsschutzes hier aber nicht preisgegeben werden dürfen. „Zumindest“ deutet an, dass er mehr als diese beiden für verdächtig hielt. Mehrere Straftaten seien denkbar: Mord, Beihilfe zum Mord und Strafvereitelung im Amt. Zu erwarten wäre gewesen, dass er nun Beweise sammelt, die seinen Verdacht untermauern. Offenbar sah er aber wenig Sinn darin, gegen die Polizei zu ermitteln, oder es hatte sich kein Staatsanwalt der eigenen Behörde bereit erklärt, in die Ermittlungen einzusteigen. Möglicherweise spielte auch sein bevorstehender

26 Vermerk des Leitenden Oberstaatsanwalts Folker Bittmann vom 4.4.2017, Az.: 111 Js 7436/17 StA Dessau-Roßlau.

27 Das Ermittlungsverfahren wegen Mordes u.a. gegen Unbekannt mit dem Aktenzeichen 111 UJs 23785/13 war umgewandelt worden in ein Ermittlungsverfahren gegen konkret verdächtige Personen, Az.: 111 Js 7436/17 StA Dessau-Roßlau.

28 Ebenda, S. 8.

Ruhestand eine Rolle – jedenfalls schickte er seinen Vermerk an den Generalbundesanwalt zur weiteren Bearbeitung. Doch der verneinte seine Zuständigkeit, solange keine konkreten Anhaltspunkte für ein „fremdenfeindliches oder in sonstiger Weise politisch rechtsgerichtetes Motiv" sprächen.

Von Karlsruhe aus ging der Vermerk aber nicht nach Dessau zurück, sondern an den Generalstaatsanwalt von Sachsen-Anhalt in Naumburg, Jürgen Konrad,[29] der Bittmann um personelle Unterstützung ersuchte. Bittmann griff den Wunsch auf und bat um Hilfeleistung von Kollegen anderer Staatsanwaltschaften.[30] Doch Konrad überlegte es sich anders. Er schickte die Unterlagen nach Halle, wo die Oberstaatsanwältin Heike Geyer bald die Leitung der Staatsanwaltschaft übernehmen sollte. „Das geht tatsächlich auf eine Anregung meinerseits zurück, weil ich en passant gehört habe, dass das Verfahren von der Bundesanwaltschaft zurückgekommen ist und neu bewertet werden muss. Ich habe deswegen vorgeschlagen, vielleicht darüber nachzudenken, das eine andere Behörde machen zu lassen. Im Ergebnis hat sich dann die Generalstaatsanwaltschaft entschieden, das Verfahren nach Halle abzugeben", bekannte sie auf Nachfrage von Abgeordneten des Landtags in einer öffentlichen Rechtsausschuss-

29 Schreiben des Generalbundesanwalts (GBA) an den Generalstaatsanwalt (GenStA) des Landes Sachsen-Anhalt vom 24.4.2017, Az.: ARP 308/13-5, in: Az.: 160 Js 18817/17 StA Halle, Bd. IV. Schreiben/Korrespondenzen sind Teil der Gesamtakte (Az.: 141 Js 13260/10), archiviert bei der Generalstaatsanwaltschaft Naumburg.

30 Landtag Sachsen-Anhalt, Bericht der vom Ausschuss für Recht, Verfassung und Gleichstellung des Landtags Sachsen-Anhalt beauftragten Berater, Rechtsanwalt Jerzy Montag, MdB von 2002–2013, nichtberufsrichterlicher Richter am Bayerischen Verfassungsgerichtshof, und Manfred Nötzel, Generalstaatsanwalt in München i.R., Magdeburg, den 26.8.2020, Landtag von Sachsen-Anhalt, Drucksache 7/6547, 2.9.2020, Unterrichtung, Bericht der mit der Aufklärung des Todesfalls Ouri Jallow beauftragten Personen, https://padoka.landtag.sachsen-anhalt.de/files/drs/wp7/drs/d6547vun.pdf, S. 196.

sitzung.[31] Oberstaatsanwältin Heike Geyer überlegte, wie sie das Verfahren weiterführen könne. Sie las die rechtsmedizinischen Gutachten, nahm zur Kenntnis, dass Oury Jalloh beim Ausbruch des Feuers noch lebte, und interpretierte die Aussagen der Mediziner so, dass er noch handlungsfähig gewesen und deshalb nicht auszuschließen sei, dass er den Brand selbst gelegt habe. Die Sachverständigen seien sich nicht einig gewesen, behauptete sie. Eine weitere Möglichkeit, die ihrer Ansicht nach genannt wurde, sei nicht auszuschließen: dass infolge der Einwirkung von Alkohol und Drogen sein Herz versagt habe. Das sei ein Argument „von besonderer Bedeutung".

Anfang Juni 2017 waren die Akten in Halle eingetroffen, schon Ende August beendete sie das Aktenstudium, ohne weitere Aufklärungsversuche zu unternehmen.[32] „Wir haben das juristisch zu betrachten", versuchte sie die Einstellung gegenüber den Abgeordneten zu erklären, „wenn wir keine Tatsachengrundlage haben, die zuverlässig ist, dann können wir rechtlich nicht weitermachen. Das ist auch der Grund, warum wir die Entscheidung getroffen haben, die Ermittlungen zum Tode des Oury Jalloh einzustellen."

In ihrem Einstellungsbescheid bewertet die Oberstaatsanwältin die Diskussion vom 1. Februar 2017 in den Räumen der Würzburger Rechtsmedizin anders als die teilnehmenden Wissenschaftler selbst: „Im Verlaufe der Besprechung traten gegensätzlich Auffassungen zur Wertung der in der Zwischenzeit befassten Gutachten zu Tage. Letztendlich erklärten die beteiligten Rechtsmediziner auf der Basis des nunmehr erreichten Erkenntnisstandes aus ihrer fachlichen Sicht, der-

31 Landtag von Sachsen-Anhalt, Ausschuss für Recht, Verfassung und Gleichstellung, Textdokumentation 7/REV/14, Textdokumentation zur Veröffentlichung im Internet über die öffentliche Beratung in der 14. Sitzung des Ausschusses für Recht, Verfassung und Gleichstellung am 10. November 2017 in Magdeburg, Landtagsgebäude, https://padoka.landtag.sachsen-anhalt.de/files/aussch/wp7/rev/protok/rev014p7i.pdf, S. 13.

32 Einstellungsverfügung StA Halle vom 30. 8. 2017, in: Az.: 160 Js 18817/17 StA Halle.

zeit keine weiteren der Aufklärung dienlichen Erkenntnisse beitragen zu können."[33]

Hatte die Juristin von den Wissenschaftlern eine klare, übereinstimmende Aussage erwartet, ein Ja oder Nein auf die Frage, ob Oury Jalloh getötet wurde? Rechtsmediziner sind Naturwissenschaftler und keine Ermittler. Sie schließen aus medizinischen Parametern, aus Laborwerten, aus Untersuchungsergebnissen, auf die Situation des Opfers und auf die Todesart. Sie geben den Ermittlern Hinweise, lösen aber keine Kriminalfälle.

Prof. Kauert räumt ein, dass es für Juristen schwierig sein könne, die Bedeutung im Zusammenhang zu verstehen. „Der Jurist schnappt das Wort auf, und so kommt ein plötzlicher unerwarteter Herztod in Betracht, den es als natürliche Todesursache gibt." Das heißt, es gibt ihn, er kann eine natürliche Todesursache sein, allerdings, so Kauert: „Wir haben aber im vorliegenden Fall keine natürliche Umgebung, wenn ich das so formulieren darf."

Und wann trat bei Oury Jalloh der Herztod ein? Nachdem er bewusstlos geworden war, aber für tot gehalten und angezündet wurde. „Er muss noch wenige Atemzüge überlebt haben. Jetzt zündet jemand an. Und dann ist das praktisch der letzte Anschub, um dann eben den Herztod zu erleiden."[34] „Zu dem Zeitpunkt des Alarms von Brand- und Rauchmelder muss Oury Jalloh schon tot gewesen sein. Das heißt, die Zeitspanne zwischen Entstehen des Feuers und Temperaturentwicklung und Eintritt des Todes ist sehr kurz. Und das ist doch unbestritten." Prof. Bohnert ergänzt: „Was nicht geklärt ist, nach wie vor, ist das letztendliche Verbrennungsbild der Matratze und mit gewissen Punkten auch des Leichnams. Manches geht leichter, wenn ein wenig, aber nicht viel Brandbeschleuniger ausgeschüttet wurde. So wenig, dass eben alles verbrannt ist und deswegen auch nicht nachgewiesen werden kann. Größere Mengen hätte man vermutlich gefunden. Und

33 Ebenda.

34 Transkript des Interviews der Autorin mit Prof. Kauert am 21.12.2017.

größere Mengen hätten sicher auch ein anderes Brandbild in der Zelle verursacht."[35]

Oberstaatsanwältin Heike Geyer fehlten „zuverlässige Tatsachengrundlagen". Die Feststellung der Wissenschaftler, dass Oury Jalloh sich nicht selbst angezündet haben konnte, hielt sie für nicht ausreichend, weil keine weiteren Indizien oder Beweise gewonnen werden konnten. Ohne Zweifel stand sie vor der Hürde, von den Dessauer Polizisten nicht die Wahrheit zu erfahren, was neue Vernehmungen sinnlos machte. Davon ging nicht nur sie aus, sondern auch Generalstaatsanwalt Jürgen Konrad: „Ich glaube nicht, dass Polizeibeamte ihr Aussageverhalten ändern, wenn sie mit dem Drohen einer Falschaussage vor Gericht in zwei Hauptverhandlungen vernommen worden sind [und] bei ihrer jeweiligen Version geblieben sind." Im Grunde genommen könne viel ausgeschlossen und viel unterstellt werden, aber nichts sei zu beweisen. Aber, so der Generalstaatsanwalt „wir brauchen einen konkreten Beweis nach unserer Strafprozessordnung".[36]

Das Ermittlungsverfahren wurde eingestellt, der Schlussstrich gezogen. Zwar sei Rechtsfrieden wichtig, räumte Geyer ein, doch neue Ermittlungen mit ungewissem Ausgang seien nicht geboten. Es gebe schließlich das rechtskräftige Magdeburger Urteil, und da sei nirgendwo von Mord die Rede. Anfang Januar 2018 versuchte Folker Bittmann vergebens, sie und ihren sachbearbeitenden Staatsanwalt W. zum Umdenken zu bewegen. Er erinnerte daran, dass die früheren Gutachter nicht damit beauftragt gewesen seien, die Verbindung zwischen Ausbruch des Feuers und Endzustand der Zelle herzustellen, was im Klartext bedeutet, dass sie nicht herausbekommen sollten, ob das Feuer von Dritten gelegt wurde. Die Einstellungsverfügung habe ihm deutlich gemacht, dass die Staatsanwältin nicht über seinen Informationsstand verfüge und der Stand der Erkenntnisse von Staatsanwalt W. deshalb noch

35 Transkript des Interviews der Autorin mit Prof. Kauert und Prof. Bohnert vom 11.7.2019 in Würzburg.

36 Transkript des Interviews der Autorin mit Generalstaatsanwalt Jürgen Konrad vom 10.11.2017 in Magdeburg.

nicht ausgeschöpft werden konnte.[37] Vergebens. Sein Appell führte nicht zum Umdenken bei der Staatsanwaltschaft Halle.

Am 10. Januar 2018 reichte die Nebenklage Beschwerde gegen die Einstellung beim Generalstaatsanwalt ein.[38] Sie wurde am 29. November 2018 abgewiesen, die Abweisung in einem Prüfbericht begründet.[39] Alle bereits bekannten Argumente einschließlich des plötzlichen Herztodes finden sich darin wieder, und ein neues Argument kam hinzu: Der „Blasebalg-Effekt", der Oury Jallohs inhalatorischen Hitzeschock verursacht haben soll:

> „Durch die Bewegungen auf der Matratze, welche zu einem Zusammendrücken und Entspannen des Polyurethankerns führte, kam es zu blasebalgartigen Effekten, nämlich zunächst zu einer Vergrößerung der Flamme beim Zusammendrücken des Matratzenkerns mit Herausdrücken der Luft durch die brandbedingte Öffnung des Polyurethankerns mit anschließender Verkleinerung der Flamme, wenn der Matratzenkern sich wieder entspannt und Luft in die Matratze zurückströmt. Entweder aufgrund seiner Bewegungen auf der Matratze und diesen Effekt, oder aufgrund seines Pustens, um die Flamme zu löschen, oder aufgrund beider Umstände im Zusammenspiel, sowie außerdem durch die bewegungsbedingte Verwirbelung der Brandgase kam es in dem Moment, als Oury Jallow sich mit seinem Kopf über oder im unmittelbaren Nahbereich der Flamme befand und grade einatmete zu einem Auflodern der Flamme, so dass er die extrem heißen Gase direkt einatmete.

37 Leitender Oberstaatsanwalt Folker Bittmann im Vermerk der Staatsanwaltschaft Dessau vom 3.1.2018, Az.: 111 Js 7436/17.

38 Rechtsanwältin Gabriele Heinecke an Generalstaatsanwaltschaft Naumburg, Beschwerde gegen die Einstellung des Verfahrens, 10.1.2018.

39 Prüfvermerk der Generalstaatsanwaltschaft Naumburg zu den Ermittlungen zum Todesfall Ouri Jallow (Anonymisiertes Presse-Exemplar), Nov. 2018, Az.: 111 Js 89/17 GenStA, https://fragdenstaat.de/dokumente/55-prufbericht-oury-jalloh/.

> Hierdurch wurde bei ihm ein sog. inhalativer Hitzeschock ausgelöst, durch welchen er innerhalb kürzester Zeit verstarb. […] Der Tod trat derart schnell ein, dass das aufgrund der einsetzenden Panik ausgeschüttete Adrenalin nicht mehr vom Blutkreislauf in den Urin überging, also innerhalb der ersten zwei Minuten, nachdem Oury Jallow die für ihn bestehende Lebensgefahr erkannt hatte."[40]

Die Akte enthält kein Bildmaterial von der Tatortarbeit am Nachmittag des 7. Januar 2005, aber Videos von Entzündungsversuchen, von Abbrandversuchen, von den Versuchen, die Flammenhöhe zu ermitteln, die geringste und größte Wärmefreisetzung festzustellen, von Versuchen, die Matratze zu öffnen, und ein Video, auf dem Bewegungs- und Zündversuche des Brandexperten Dr. Henry Portz in der Zelle 5 zu sehen sind, aufgenommen am 18. Juni 2012. Portz hatte in der Zelle 5 die Matte zuerst öffnen und dann die PU-Füllung anbrennen lassen. Der Versuch war nicht als Brandrekonstruktion deklariert, dafür waren die Gegebenheiten zu verschieden. Der Zustand der Matte entsprach nicht dem des Originals, und auch die Anzahl der Personen auf der Matte war nicht identisch. Die Unterseite der Versuchsmatte stellte sich als aufgeschnitten und wieder zusammengeklebt dar, sie war entsprechend verbeult und zu groß für den Kern und sah wie aufgeblasen aus. Nicht eine, sondern zwei Personen befanden sich auf der Matte. Eine liegende, die den PU-Schaum anzündet, und eine auf dem Kopfteil kniende, die nach vorne gebeugt zusieht. Eine Stichflamme lodert auf, die liegende Person springt sichtbar erschrocken hoch und entfernt sich. Bei den Betrachtern habe diese Reaktion – überraschend – zu einem „Aha-Erlebnis"[41] geführt.

Im Prüfvermerk des Generalstaatsanwalts ist zu lesen: „Dieses Brandverhalten dürfte erkennbar darauf zurückzuführen sein, dass

40 Ebenda, S. 22 f.

41 So der Sprecher der Generalstaatsanwaltschaft am Telefon gegenüber der Autorin.

bei einer Gewichtsverlagerung durch die lokal nachlassende vorherige Kompression der Matratzenfüllung durch das vorhandene Loch in der weitgehend fest umschließenden Matratzenoberfläche Luft in die Matratzenfüllung hineingesogen wird, um danach wieder durch weitere Bewegungen hinaus gedrückt zu werden. Dies erinnert an einen Blasebalg-Effekt, der durch die von unten herausströmende verbesserte Sauerstoffzufuhr zu einer momentanen, stichflammenähnlichen Vergrößerung der Flamme führt."[42]

Als das Video am 9. Juli 2012 in der Magdeburger Hauptverhandlung gezeigt worden war, hatten die Verteidiger von Hans H. den Versuchsleiter Dr. Henry Portz nach einer möglichen Pump- oder Sogwirkung gefragt. Nein, davon gehe er nicht aus, sagte Portz, eine Pump- und Sogwirkung infolge von Bewegung sei zu vernachlässigen.[43] Auch in seinem Gutachten ist kein blasebalgähnlicher Pump- und Sogeffekt beschrieben.[44] Portz konnte die toxikologischen Werte einordnen, er wusste von den enorm hohen Temperaturen, die in kürzester Zeit entstanden sein mussten,[45] und er wusste um den Zustand der Matratze. Die Juristen des Generalstaatsanwalts, das ist anzunehmen, wussten es nicht.

In dem Versuch sollen zwei Personen den angeblichen Blasebalg-Effekt ausgelöst haben. Das könnte bedeuten, so Rechtsmediziner

42 Prüfvermerk der Generalstaatsanwaltschaft Naumburg (Anonymisiertes Presse-Exemplar), Nov. 2018, Az.: 111 Js 89/17 GenStA, S. 157.

43 Nebenkläger (NK)-Mitschrift der Hauptverhandlung (HV) vom 9.7.2012. Alle Nebenkläger-Mitschriften der Hauptverhandlung in Magdeburg sind Eigentum der Nebenklage-Anwälte und nicht Bestandteil der Akten.

44 Sachverständigengesellschaft Dr. Portz, Vorläufiges Gutachten vom 17.9. 2012, Az.: BU 008/2012 – Dr. HP – i. A. LG Magdeburg 21 Ks 141 Js 13260/10 (8/10)

45 Temperaturen von mindestens 180 Grad, siehe u. a. Korbinian Pasedag, Prüfbericht Nr. OJ-001-A-2018-KP vom 12.7.2018, BGH-Urteil vom 4.9.2014. Innerhalb kürzester Zeit „explosionsartig", siehe Dr. Peter X. Iten, Forensisches Gutachten zum gegenwärtigen Wissensstand vom 9.3.2018. Dieses Gutachten ist nicht Bestandteil der Akte.

Michael Bohnert, dass auch am 7. Januar 2005 eine zweite Person in der Zelle gewesen war. Der Versuch schließe also einen Fremdtäter nicht aus. „Wir wissen nicht, was passiert ist, wir haben nur eine ungefähre Ahnung."[46] Die Blasebalg-Theorie sei experimentell nie überprüft worden, sie sei eine abenteuerliche und laienhafte Interpretation, die nicht zu den bekannten medizinischen Erkenntnissen passe, so Prof. Kauert. „Oury Jalloh hätte mit Sicherheit um Hilfe geschrien, sein Körper hätte das Notfallhormon Noradrenalin entwickelt und wenn er heftige Bewegungen gemacht hat, dann hätten wir ganz andere Befunde bekommen. Die ganze Blasebalg-Theorie ist abenteuerlich. Wie soll er durch Pumpen der Matratze den Sauerstoff hergestellt haben?" Auch die Ingenieure vom „Büro für Brandschutz" hatten weder in den Vorversuchen noch im Hauptversuch vom 18. August 2016 in Dippoldiswalde-Schmiedeberg einen Blasebalg-Effekt beobachtet.[47]

Ausgerechnet mit diesem „laienhaft" (Prof. Kauert) entdeckten Effekt begründeten die übergeordneten Justizbehörden von Sachsen-Anhalt ihre Selbstentzündungstheorie, während sie zugleich die angeblich nicht einheitlichen Expertenmeinungen für verzichtbar hielten.

Oury Jalloh hatte öfters mit der Polizei zu tun, er mochte sie nicht und hielt damit nicht hinterm Berg. Warum sollte ausgerechnet er das Risiko eingehen, Feuer zu legen in einer Situation, aus der er sich nie selbst hätte befreien können? Gerold Kauert gab darüber hinaus zu bedenken, dass Oury Jalloh nicht gewusst haben konnte, dass er den PU-Schaum aus der Matte herauszupfen muss. Bei drei Promille Alkohol sei er zu einer solchen intellektuellen Leistung wahrscheinlich gar nicht in der Lage gewesen. Die Magdeburger Kammer ging dagegen von einem überlegten Verhalten aus. Sie spekulierte, dass er den Rauchmelder an der Decke bemerkt und daraus geschlossen habe, dieser würde ihn nach dem Anzünden vor dem Feuertod bewahren,

46 Transkript des Telefonats der Autorin mit Prof. Bohnert vom 8.4.2020.

47 Büro für Brandschutz, Untersuchungsbericht vom 21.10.2016, Projekt-Nr. 2411-15.

weil sofort jemand kommen würde, um den Melder abzustellen und ihn herauszuholen. Dass Oury Jalloh in seinem Zustand das Risiko abgewogen und sich dabei nur verschätzt habe, hält Kauert jedoch für ausgeschlossen.[48] Ihm so viel blindes Vertrauen in Polizeibeamte zu unterstellen, sei lebensfremd.

Am 4. Januar 2019 beantragte Rechtsanwältin Gabriele Heinecke für Oury Jallohs Bruder Saliou beim Oberlandesgericht in Naumburg die gerichtliche Entscheidung (Klageerzwingung). Am 23. Oktober 2019 lehnte das OLG den Antrag als unzulässig ab, es bemühte die gleichen Argumente wie die Generalstaatsanwaltschaft, manche mit neuer Formulierung. Und auch vom Blasebalg-Argument wollte es nicht lassen: „Die These, dass ein inhalativer Hitzeschock mit der Position der Leiche nicht vereinbar sei, weil sich ein Mensch intuitiv vom Feuer weg bewege, überzeuge ebenfalls nicht, weil OJ durch heftigste Körperbewegungen Luftverwirbelungen erzeugt und so in aufgerichteter Position Dämpfe mit einer Temperatur von mehr als 180 Grad eingeatmet haben kann."[49]

Die Todesfälle Hans-Jürgen Rose und Mario Bichtemann spielten keine Rolle in der Auseinandersetzung um die Einstellung des Ermittlungsverfahrens, obwohl der Leitende Oberstaatsanwalt Folker Bittmann auf den möglichen Zusammenhang verwiesen hatte. Die Generalstaatsanwaltschaft, das Oberlandesgericht und auch die Sonderberater begnügten sich mit den Einstellungsgründen der Staatsanwälte.

In diesem Buch werden beide Todesfälle dokumentiert. Bittmanns Verdacht erweist sich als nachvollziehbar.

48 Mitschrift der Autorin der Auskunft von Prof. Gerold Kauert vom 23. 3. 2020.

49 Beschluss Oberlandesgericht Naumburg vom 22. 10. 2019, Az.: 1 Ws (gE) 1/19 OLG Naumburg.

4. Exkurs: Dessau und seine Polizei

„Unendlich schön!“ So beschreibt ein Reiseführer das Dessau-Wörlitzer Gartenreich im Osten der Stadt. „Lieblich. Ein Gesamtkunstwerk aus dem späten 18. Jahrhundert.“ Schönheit, Aufklärung und Bildung soll sich der Fürst für sein Dessau gewünscht haben. 1925 wurde die Stadt an der Mulde Zufluchtsort für das Bauhaus. In den Meisterhäusern lebten und arbeiteten weltberühmte Künstler. Klee, Kandinsky, Feininger. Sieben Jahre später setzte die NSDAP im Gemeinderat mit einem Auflösungsbeschluss dem ein Ende. Die SPD enthielt sich, nur der Bürgermeister und die Kommunisten stimmten dagegen. Rüstungsproduktion kam in die Stadt, wie die Junkers Flugzeug- und Motorenwerke. Am 26. April 1937 legten 23 Junkers-Maschinen vom Typ Ju 5, heute verniedlichend „Tante Ju“ genannt, die spanische Stadt Guernica in Schutt und Asche. Ab 1924 stellten die Dessauer Werke für Zucker und Chemische Industrie das Giftgas Zyklon B her, anfangs für die Verwendung in der Landwirtschaft. Im Zweiten Weltkrieg wurde die Wehrmacht Hauptabnehmer, von 1942 an wurde es von der SS zur Vergasung von Menschen in Konzentrations- und Vernichtungslagern eingesetzt. Noch bis zum 7. März 1945 war Dessau eine sehenswerte barocke Residenzstadt. Fast nichts blieb davon übrig, nachdem britische Kampfflugzeuge ihre Spreng- und Brandbomben abgeworfen hatten. Keine Altstadt mehr, keine Schlossanlagen und Adelshäuser, keine Kirchen und Bürgerbauten. Sie fielen den Flammen zum Opfer. Nur wenige von ihnen wurden im historischen Stil wieder aufgebaut. Nach der „Wende“ nutzten Neonazis und Rechtsradikale viele Jahre lang den 7. März für ihre Aufmärsche.

Dessau war eine typische Industriestadt der DDR. In der Umbruchzeit 1989/1990 erfasste sie die bis dahin unbekannte Arbeitslosigkeit – zwanzig Prozent. Viele Menschen verließen die Stadt. Von 104 000 Einwohnern Ende 1989 waren bis Anfang 2005 nur 77 000 geblieben. 1993 bekam Dessau ein Landesverfassungsgericht, 1996 ein Landgericht, 2005 ein Umweltbundesamt. Die Polizei erhielt ein modernes Gebäude für ihre Direktion, die zuständig ist für die Landkreise Anhalt-Bitterfeld, Wittenberg und Dessau-Roßlau mit ihren drei Polizeirevieren. In Roßlau wurde ein Asylbewerberheim eingerichtet. In der Folge mussten mehrere Beratungsstellen für Opfer rechter Gewalt ihre Arbeit aufnehmen. Nach Angriffen Rechtsradikaler starben bis zur Jahrtausendwende in Sachsen-Anhalt:

- Matthias Lüders, April 1993 in Obhausen (Saalekreis);
- Eberhart Tennstedt, Mai 1994 in Quedlinburg;
- Thorsten Lamprecht im Mai 1995 in Magdeburg. Er wurde von Naziskins in einem Ausflugslokal erschlagen, vor dem zwei Einsatzfahrzeuge der Polizei standen. Obwohl alarmiert, griffen die Polizisten nicht ein. Auch nicht, als die Täter mit ihren blutbeschmierten Baseballschlägern das Lokal verließen;
- Frank Böttcher im Februar 1997 in Magdeburg;
- Hans-Werner Gärtner im Oktober 1999 in Löbejün (Saalekreis);
- Jörg Danek im Dezember 1999 in Halle-Neustadt.

Der Zusammenschluss mit der kleinen Nachbarstadt Roßlau 2007 brachte der Doppelstadt Dessau-Roßlau eine größere Einwohnerzahl, aber tatsächlich kehrten ihr immer noch Menschen den Rücken. Seit den 2000er-Jahren kamen Flüchtlinge als neue Einwohner hinzu, viele aus den Bürgerkriegsländern Westafrikas, später aus Syrien. Doch im Vergleich zu anderen Städten leben in Dessau-Roßlau immer noch wenige aus dem Ausland zugewanderte Menschen. Die Quote wuchs seit 2005 nur von knapp 2 auf 5,6 Prozent im Jahr 2017.[50]

Mit Beginn der 2000er-Jahre stieg das Arbeitsaufkommen für die Beratungsstellen für Opfer rechter Gewalt an. Neben dem Harz wurde

50 Erhebung der Verwaltung Dessau-Roßlau, Integrationsbüro, Stand 31.12.2017.

Dessau-Roßlau eine der Hochburgen in Sachsen-Anhalt,[51] hier wurden die meisten gewalttätigen rassistischen bzw. rechtsradikalen Angriffe verzeichnet. In Sachsen-Anhalt (ohne Dessau-Roßlau) verzeichnet die Liste anerkannter Todesopfer rechter Gewalt die Namen:[52]

- Helmut Sackers im April 2000 in Halberstadt;
- Willi Worg im März 2001 in Milzau (Saalekreis);
- Andreas Oertel im März 2003 in Naumburg;
- Martin Görges im Januar 2004 in Burg;
- Rick Langenstein im August 2008 in Magdeburg.

Es fehlt der Name von Farid Boukhit, der im September 1994 in Magdeburg starb, nachdem er drei Tage zuvor von Neonazis zusammengeschlagen worden war. Die Staatsanwaltschaft erkannte keinen Zusammenhang zwischen den Verletzungen und seinem Tod.

- In Dessau starb im Juni 2000 Alberto Adriano, im Stadtpark erschlagen von Neonazis.
- Im Januar 2005 verbrannte Oury Jalloh, unter ungeklärten Umständen.
- 1997 war Hans-Jürgen-Rose getötet worden.
- 2002 starb der alkoholkranke Mario Bichtemann am gleichen Ort wie Oury Jalloh.
- 2008 erschlugen Rechtsradikale auf einer Parkbank hinter dem Dessauer Bahnhof Hans-Joachim Sbrzesny. Sie hielten ihn für einen Obdachlosen.
- 2016 wurde die chinesische Studentin Li Yangjie vergewaltigt und getötet.

51 Transkript des Interviews der Autorin mit Steffen Andersch vom 27.5.2010.

52 Mobile Opferberatung, Todesopfer rechter Gewalt in Sachsen-Anhalt, https://www.rechte-gewalt-sachsen-anhalt.de/todesopfer/.

Das Gebäude des Polizeireviers in der Dessauer Wolfgangstraße 25 steht seit Oktober 1991 unter Denkmalschutz. Aufnahme von 2013.

Die Wolfgangstraße 25 verläuft auf ungeradem Weg durch die Dessauer Innenstadt. Das Polizeirevier, 1923 als Verwaltungsgebäude errichtet, war in der DDR Dienststelle der Volkspolizei. Seit 1991 steht das Haus unter Denkmalschutz. Der Gewahrsamsbereich im Keller wird seit 2005 nicht mehr benutzt. Ein ehemaliger Dessauer Kripobeamter wies mich darauf hin, dass das Revier als Arbeitsstelle nicht beliebt war. „Wenn du nicht spurst, kommst du nach Dessau" – Drohkulissen dieser Art hätten dazu geführt, dass sich Kollegen strafversetzt fühlten. „Solche Leute tun ihre Arbeit anders, als sie sollten."

Beamte des Reviers fielen seit 1997 mehrmals wegen mangelhafter Polizeiarbeit auf.

Alberto Adriano, geboren in Mosambik, kam 1988 als Vertragsarbeiter nach Dessau. Am 14. Juni 2000 starb er nach Misshandlungen durch Rechtsradikale. In der Nacht vom 10. auf den 11. Juni 2000 ging Herr Adriano die Friedrichstraße parallel zum Stadtpark entlang nach Hause in Richtung Willy-Lohmann-Straße. Er war auf dem Heimweg von einem Besuch bei Freunden. Drei Rechtsradikale hatten ihre Nahverkehrszüge ins Umland verpasst und zogen „Sieg Heil" und „Juden raus" grölend durch die Stadt. Im Stadtpark brüllten sie Nazi-Lieder. Sie durchquerten den Park, trafen am Ausgang Friedrichstraße auf Alberto Adriano, stellten sich ihm in den Weg, beschimpften ihn wegen seiner Hautfarbe und denunzierten ihn als „Rumtreiber", der in Deutschland nichts zu suchen habe. Herr Adriano verteidigte sich, er lebe schon lange hier und habe eine Frau und zwei Kinder. Daraufhin schubsten sie ihn, er schubste zurück. Sie schlugen zu. Einer hielt Adrianos Arme auf dem Rücken fest, die beiden anderen prügelten und traten auf ihn ein. Er ging zu Boden. Eine grausame Tortur begann. Unter Prügeln und Tritten verhöhnten und demütigten sie ihn und zogen ihm die Bekleidung aus. Der älteste von ihnen, ein 24-Jähriger, hatte seine Springerstiefel mit Stahlkappen ausgerüstet, immer wieder trat er gegen Adrianos Kopf. Mindestens zehnmal.

Es war ein Mord mit Ansage. Anwohner hatten das Grölen gehört. Einige wollten wissen, was vor sich ging, und sahen aus dem Fenster. Inge H. war gegen 1 Uhr 40 im Bad, als die drei Glatzköpfigen am Haus vorbeizogen. Alexander K. ging zum offenen Wohnzimmerfenster und beobachtete sie. Im Urteil heißt es: „Der Zeuge nahm von dort aus die Angeklagten und das weitere Geschehen wahr."[53] Als er die Täter zuschlagen sah, rief er mehrmals „Schluss jetzt" und „Hören Sie auf damit". Davon wurde Irina S. wach. Beide Zeugen riefen die Polizei – das Revier ist nur 600 Meter vom Tatort entfernt. Innerhalb von Minuten hätte eine Streife eintreffen können. Aber die Zeugen erreichten nur den Anrufbeantworter. In der Leitstelle will keiner gehört haben, was gesagt wurde. Um 1 Uhr 53 fährt Sebastian M. am Tatort vorbei, auch er wählt die Nummer 110.

53 Urteil vom 30.8.2000, Az.: I 1/00 3 BJs 20/00-4 (7) 3 StE 5/00-4 (2) Generalbundesanwaltschaft (GBA) Karlsruhe.

Die Neonazis waren kurzzeitig Richtung Parkausgang gezogen, dann aber mit Geschrei „Du Negerschwein, scher dich aus unserem Land, scher dich dahin, wo du hergekommen bist", zurückgekehrt, um den verletzten Alberto Adriano aus Sichtweite der Straße zu ziehen und unter einer Buche weiter zu foltern. Um 2 Uhr 01 rief Alexander K. noch einmal bei der Polizei an, jetzt kam er durch. Während des Gesprächs sah er einen Streifenwagen langsam zum Stadtpark rollen, 10–15 Minuten nach seinem ersten Notruf. Als die Polizisten am Tatort eintrafen, waren die Misshandlungen noch in vollem Gang. Alle drei Neonazis traten auf Brust und Kopf ihres Opfers ein, einer rief: „Der ist doch schon tot." Vielleicht war das der entscheidende Tritt gegen den Schädel, der die Blutung unter der harten Hirnhaut auslöste, die zu einem Hirnödem führte.

Mithilfe von Reizgas und Schlagstock wurden die Täter festgenommen, Alberto Adriano aber verstarb am 14. Juni 2000 um 8 Uhr 45 an den Folgen der Misshandlungen. Der Generalbundesanwalt zog das Verfahren an sich, weil die Tat „bestimmt und geeignet [sei], die innere Sicherheit der Bundesrepublik Deutschland zu beeinträchtigen".[54] Am 30. August 2000 erging das Urteil. Wegen gemeinschaftlichen Mordes wurde der 24-jährige Angeklagte zu lebenslanger Haft und Übernahme der Kosten des Verfahrens und der Nebenkläger verurteilt. Die beiden 16-jährigen Mitangeklagten erhielten jeweils neun Jahre Jugendstrafe.

Nie aufgeklärt wurde der Tod von Hans-Jürgen Rose zweieinhalb Jahre zuvor, ebenso wenig wie der Tod von Mario Bichtemann, der 16 Stunden nach seiner Einlieferung am Abend des 29. Oktober 2002 tot in der Zelle 5 aufgefunden wurde, gestorben an den Folgen eines Schädelbruchs. Der Leiter der Dessauer Staatsanwaltschaft, Folker Bittmann, hängte die Ermittlungsakten beider Fälle im Jahr 2017 dem Todesermittlungsverfahren in Sachen Oury Jalloh an, weil er einen Zusammenhang zwischen beiden tödlich endenden Vorkommnissen für möglich hielt.[55]

54 Urteil Abschnitt IV: Rechtliche Würdigung.

55 Um die Todesfälle Rose und Bichtemann geht es in den Kapiteln 25 und 26.

Nach dem Feuer, in dem am 7. Januar 2005 Oury Jalloh starb, wurde die Einheit des Dienstgruppenleiters Hans H. aufgelöst, Beamte in Umlandreviere versetzt oder in den Ruhestand geschickt.

Im Jahr 2005 verzeichnete Sachsen-Anhalt pro 100000 Einwohner die höchste Anzahl rechtsextremistischer Gewalttaten in der Bundesrepublik Deutschland. Kriminalrat Sven Gratzik leitete seit 2004 das Fachkommissariat 4 (FK4) der Polizeidirektion (PD) Dessau, den Staatsschutz, zuständig für politisch motivierte Straftaten. Ihm übergeordnet waren nur die Polizeipräsidentin Brigitte Scherber-Schmidt und ihr Vertreter, der Leitende Polizeidirektor (LPD) Hans-Christoph Glombitza. Von allen sechs Polizeidirektionen in Sachsen-Anhalt hatte Dessau mit 60 Prozent den stärksten Anstieg rechter Gewalt zu verzeichnen. 600 Ermittlungsverfahren waren zu bearbeiten.[56] Gratzik strukturierte die Arbeit neu, seine Vision war, Kommunalpolitik, Bürger und zivilgesellschaftliche Gruppen mit der Polizei zu vernetzen. Er gewann das Vertrauen verschiedener Beratungsstellen und Initiativen gegen rechte Gewalt, es kam zu transparenter, „anlassbezogener Zusammenarbeit".[57] Innenminister Hövelmann (SPD) hatte öffentlich angekündigt, die Bekämpfung des Rechtsextremismus zu intensivieren, seine neue Losung hieß „Hingucken". Gratzik sah seine Arbeit im Einklang mit der ministeriellen Vorgabe. Wenn aus der Bevölkerung Hinweise auf rassistische Beleidigungen kamen, ging das FK4 ihnen nach. Er rügte Polizisten, die einen Neonazi, der einem Punk das Gesicht zertrümmert hatte, in den Zug nach Hause setzten, statt ihn festzunehmen. Im Zug schlug dieser auf einen Zeugen des Angriffs ein.[58] Sven Gratzik

56 Siehe hierzu allgemein die Webseite des DokZentrums ansTageslicht.de: https://www.anstageslicht.de/dokzentrum/.

57 Transkript des Interviews der Autorin mit Steffen Andersch vom 27.5.2010.

58 Brutaler Angriff wegen eines T-Shirts. Mutmaßlicher Neonazi gesteht Überfall auf Punk. Von Frank Jansen, in: Der Tagesspiegel, 15.2.2006, https://www.tagesspiegel.de/politik/brutaler-angriff-wegen-eines-t-shirts-1303840.html; Interner Bericht: Polizeipräsident in Sachsen-Anhalt maßregelt Beamte. Von Frank Jansen, in: Der Tagesspiegel, 14.11.2008, https://www.

ließ Rechtsrock-Konzerte auflösen und setzte Verbote von Veranstaltungen rechtsradikaler Gruppen durch. Auf einer jener Veranstaltungen – es wurde volksverhetzende Musik gespielt – ließ er 30 Teilnehmer überprüfen, unter ihnen Mitglieder der „Freien Nationalisten Dessau". Ein Kollege aus der Dessauer Polizeidirektion entpuppte sich als Mitveranstalter des Treffens. Der Beamte war als Spezialist für die Sicherheit der Informations- und Kommunikationstechnik der Polizei zuständig.

So viel Fleiß stieß auf wenig Gegenliebe beim Leitenden Polizeidirektor Hans-Christoph Glombitza. 2007 zog er den Schlussstrich und ließ den Kriminalrat und seine beiden Mitarbeiter auf weniger anspruchsvolle Stellen versetzen. Bei Ermittlungen gegen „Rechts" „müsse man nicht alles sehen", weil sonst der Ruf des Landes „nachhaltig geschädigt werden könnte", habe Glombitza zu verstehen gegeben. Das berichteten Gratzik und die beiden Kollegen nach ihrer Versetzung dem parlamentarischen Untersuchungsausschuss „Polizei-Affäre".[59] Über die hohe Zahl von Ermittlungsverfahren der Staatsschützer sei „niemand glücklich", habe ihnen der Polizeidirektor vorgehalten. „Innenministerium, Landeskriminalamt und alle Polizeidirektionen seien nicht glücklich mit dem Anstieg rechter Straftaten". Und mit Blick auf die von der Landesregierung gegen Rechtsextremismus initiierte Kampagne „Hingucken!" habe Glombitza beschwichtigt: „Das ist doch nur für die Galerie", und: „Das dürfen sie nicht ernst nehmen."[60] Das

tagesspiegel.de/politik/polizeiprasident-in-sachsen-anhalt-massregelt-beamte-6551587.html.

59 Siehe ansTageslicht.de, Stichwort Dessauer Polizeiaffäre

60 Warum drei erfolgreiche Neonazi-Bekämpfer ihre Jobs verloren. Von Nico Wingert, in: Der Spiegel, 7.7.2007, https://www.spiegel.de/politik/deutschland/polizei-affaere-warum-drei-erfolgreiche-neonazi-bekaempfer-ihre-jobs-verloren-a-491935.html, und Das ist doch nur für die Galerie. Von Frank Jansen, in: Der Tagesspiegel, 12.5.2007, https://www.tagesspiegel.de/politik/das-ist-doch-nur-fur-die-galerie-1489915.html, siehe auch https://www.anstageslicht.de/rechtsradikalismus-neonazis-nazis/dessau-staatliche-neonazi-bekaempfer-kaltgestellt/einblick-in-die-dessauer-polizeiaffaere/.

FK4 wurde neu besetzt. Die Fallzahlen im Bereich Rechtsextremismus sanken.

Im Frühjahr 2016 stand die Dessauer Polizei wieder im Zentrum einer Gewalttat. Am 11. Mai 2016 quälte, vergewaltigte und tötete Sebastian F. die chinesische Architekturstudentin Yangjie Li. Sebastian F.s Mutter ist eine Dessauer Polizeibeamtin, sein leiblicher Vater ein Polizeiführer aus Halle, sein Stiefvater der Leiter des Dessauer Polizeireviers Wolfgangstraße. Polizisten fanden Yangjie Lis Leiche zwei Tage, nachdem sie als vermisst gemeldet worden war, im Hinterhof des Wohnhauses von Sebastian F.

Die Polizei wusste, wer in dem Haus wohnte: „Da wohnt der Sohn vom Chef, da klingeln wir lieber nicht, sonst gibt's Ärger", so ein Ermittler als Zeuge vor Gericht.[61] Die Leiche lag versteckt unter einer Konifere, bedeckt mit wenig Erde und Laub – ein Signal für jeden Mordermittler. Es deutet darauf hin, dass der Mörder in Eile war und die Tat in der Nähe verübt wurde. Dafür sprach auch der Zustand der Leiche. Aber die Dessauer Kripo entwarf ein anderes Szenario. Für sie war die Studentin außerhalb der Stadt getötet und anschließend in dem Hinterhof abgelegt worden. Bei der Sektion fanden die Rechtsmediziner unter den Fingernägeln der Leiche fremde DNA. Das lässt auf Kampf, auf Abwehr schließen. Auf ihrem Körper waren Spuren stumpfer Gewalt zu sehen. In ihrer Lunge war Blut. Mehrere Rippen waren gebrochen.

Da sich die Ermittler nicht für das Haus und seine Bewohner interessierten, entging ihnen die Blutspur von einem Fenster im ersten Stock bis unten zum Hof. Auf eine Durchsuchung wurde verzichtet. Der Besitzer des Antiquitätenladens im Erdgeschoss des Hauses stellte der Polizei das Video aus seiner Überwachungskamera zur Verfügung. Es wurde lange Zeit nicht ausgewertet. Eine Zeugin, selbst Polizistin, beobachtete am Tag nach dem Leichenfund, wie die Eltern von Sebastian F. mehrere Tüten aus der Wohnung schafften. Sebastian F. und

61 Isabell Hartung, Prozessbeobachterin des MDR, in der ZDF-Dokumentation „Tatort Dessau – Der Fall Yangjie Li", vom 12.5.2018.

seine Verlobte zogen um. Der Mutter von F. war es gelungen, in die Ermittlungsgruppe zum Tod von Yangjie Li aufgenommen zu werden. Sie führte Vernehmungen mit Kommilitoninnen von Yangjie Li durch. Zur gleichen Zeit fand zwischen Sebastian F. und seiner Mutter ein besonders intensiver telefonischer Austausch statt. In den Tagen nach dem Auffinden der Leiche sollen sie vierzig Mal miteinander telefoniert haben.

Am 23. Mai 2016 stellte sich der Sohn mit einer unglaubwürdigen Geschichte der Polizei. Er musste damit rechnen, dass seine DNA am Mordopfer gefunden wird. Er behauptete, am Tag vor dem Fund der Leiche mit seiner Verlobten und einer Chinesin Sex zu Dritt gehabt zu haben. Am folgenden Tag habe er durch die Medien vom Tod einer Chinesin erfahren, wisse aber nicht, ob sie es sei. Polizei und Staatsanwaltschaft gingen mit der ungeprüften Geschichte an die Öffentlichkeit. Aber es meldete sich eine Zeugin, die die junge Frau in der Wohnung schreien gehört hatte. Der Fall wurde der Staatsanwaltschaft Dessau entzogen und von der Staatsanwaltschaft Halle weiter bearbeitet.

Sebastian F. wurde überprüft, er hatte bereits wegen brutaler Taten vor Gericht gestanden und wurde mehrerer Brandlegungen verdächtigt. Bei der nun folgenden Spurensuche wurden in der leer stehenden Wohnung in der ersten Etage des verdächtigen Hauses Blutspuren gefunden. Unmengen von Blut, an Türen, Wänden und an der Decke. Einen Stock höher wohnten Sebastian F. und seine Verlobte. Auf dem Überwachungsvideo des Ladenbesitzers aus dem Erdgeschoss war Yangjie Li zu sehen. Mit mehreren Tüten kam sie vom Einkauf, vor dem Haus sprach Sebastian F.s Verlobte sie an. Ob sie kurz helfen könne, ein Paket nach oben zu tragen? Die Studentin zögerte eine Weile, wollte aber offensichtlich nicht unhöflich sein und betrat das Haus.

Am 4. August 2017 wurde Sebastian F. zu einer lebenslangen Freiheitsstrafe bei besonderer Schwere der Schuld verurteilt.

5. Wer war Oury Jalloh?

Oury Jalloh wurde 1968 in Kabala geboren, einer Distrikthauptstadt in Sierra Leone, 80 Kilometer hinter der Grenze zu Guinea. Seine Eltern waren Guineer, sie zogen über die Grenze nach Sierra Leone, als Mariama Djombo mit Oury schwanger war. Ihr Kind sollte ohne Angst aufwachsen. Zwei Millionen Guineer verließen während der Herrschaft von Ahmed Sékou Touré ihre Heimat, der vom Befreier zum Diktator geworden war, seine Gegner foltern und die Bevölkerung Hunger leiden ließ. Die Ehe der Eltern zerbrach noch im Jahr von Ourys Geburt. Der Vater Elhadji Aboubacar Diallo ging zurück nach Guinea und gründete eine neue Familie. 1969 meldete er seinen Sohn Oury im Geburtsregister von Conakry als Mamadou Oury Diallo an. Mutter und Sohn blieben in Sierra Leone, wo Oury die Schule besuchte. Nach Sékou Tourés Tod 1984 wollte die Mutter zurück nach Guinea. Oury war sechzehn Jahre alt und entschied, in Sierra Leone zu bleiben. In Mrs Kabia (Name anonymisiert) fand die Mutter eine Betreuerin für die Zeit bis zu Ourys Volljährigkeit. Sie ging allein zurück und kaufte in dem Dorf Turahol ein Stück Land, auf dem sie Getreide anbaute.

1991 brach in Sierra Leone ein blutiger Bürgerkrieg aus. Kinder und Jugendliche wurden zwangsrekrutiert, unter Drogen gesetzt, bewaffnet und zum Kämpfen gezwungen – anfangs von der Rebellenarmee, später auch von Einheiten der regulären Armee. Oury wollte diesem Schicksal entgehen und verließ Sierra Leone. Die letzten Jahre vor seiner Emigration nach Europa verbrachte er in Conakry im Umfeld der Familie seines Vaters und seiner Halbgeschwister. Eine Zukunft in Afrika sah er für sich nicht, er wollte nach Europa. Europa, das Zauberwort, versprach Hoffnung und Gerechtigkeit. Die Familie unterstützte seine Pläne, auch materiell. Piratenfischer aus Japan, die illegal vor der Küste Guineas die Fischbestände plünderten, nahmen ihn mit.

Oury Jalloh, Passfoto aus seiner Duldungsbescheinigung vom 4. März 2003, es ist Bestandteil der Gesamtakte Az.: 141 Js 13260/10.

Er kam bis nach Spanien. Wie ihm das gelang, ist nicht bekannt. Er soll dort eine Zeit lang in der Landwirtschaft gearbeitet und unter erbärmlichen Bedingungen am Rand der Felder gelebt haben. 1998 oder 1999 schlug er sich nach Deutschland durch, ohne zu wissen, was ihn erwartet. Polizisten griffen ihn auf, er beantragte Asyl. Eine Geschichte, wie sie Tausende junge Männer aus Westafrika erlebten, die auf der Suche nach einer besseren Lebensperspektive ihre Heimat verließen. Per Zufall wurde er nach Sachsen-Anhalt vermittelt. Seit 1999 war er in Asylbewerberunterkünften verschiedener Ortschaften Sachsen-Anhalts untergebracht.

Gegenüber den Behörden gab Oury Jalloh sein Geburtsjahr mit 1983 an. Er glaubte wohl, so seine Chancen auf Asyl erhöhen zu können. Der Antrag wurde abgelehnt, da er keine politische Verfolgung nachweisen konnte, aber er erhielt eine Duldung. Als Asylbewerber durfte er nicht arbeiten und wegen der damals geltenden Form der „Residenzpflicht" seinen Wohnort nicht verlassen. Schon in Guinea hatte er nach eigenem Bekunden Gras, also Marihuana, geraucht. In Deutschland konsumierte er Haschisch. Er kam mit Dealern in Kontakt, ließ sich anwerben und wurde selbst einer.

Einmal wurde er mit einem Gramm Kokain erwischt – für den Eigenbedarf, sagte er vor Gericht. Gedealt habe er ausschließlich mit Cannabisprodukten, also Haschisch und Marihuana. Anfangs im Grammbereich, später in „nicht geringer Menge", wie es im nicht rechtskräftigen Urteil des Amtsgerichts Zerbst vom 20. September 2004 hieß. Sein Deckname war „Rasta". Er war mehrmals festgenommen, angeklagt und nach Jugendstrafrecht zu gemeinnützigen Arbeiten verurteilt worden. Einige seiner Kunden hatten gegen ihn ausgesagt. Ein Jugendschöffengericht verurteilte ihn im Dezember 2001 zu sechs Monaten Jugendstrafe, die auf zwei Jahre zur Bewährung ausgesetzt wurden. Die Polizei überwachte seine Telefongespräche und bekam mit, dass er weiterhin dealte. Im April 2003 stellte Richter R., der für seine Härte bekannt war, einen Haftbefehl aus. Oury wurde festgenommen und kam für mehr als ein Jahr in Untersuchungshaft. Das anschließende Verfahren vor dem Dessauer Amtsgericht endete mit einer Verurteilung zu drei Jahren Haft. Er legte Berufung ein. Vor der Berufungsverhandlung starb er.

In Roßlau, dem kleineren Teil der Doppelstadt, lebte Oury Jalloh mit anderen Geflüchteten aus Westafrika in der zweiten Etage des „Asylantenwohnheims" in der Poetschstraße 34. Mit Boubacar, Victor, Indjai, Sherife, Ahmad und Telemele. Sie erlebten ihn als ruhig und hilfsbereit.[62] Eine Etage tiefer waren die Migranten aus Burkina

62 Einige wurden als Zeugen in Dessau gehört. Die Autorin führte Interviews mit Boubacar D., seiner Ehefrau Sandra und Ahmad I.

Faso untergebracht. Sie alle glaubten sich auf dem Weg in eine bessere Zukunft. Gezwungenermaßen untätig, isoliert von der Dessau-Roßlauer Bevölkerung, wurden sie bedroht, beschimpft und mussten auf der Hut sein vor Angriffen Rechtsradikaler.

Auf einer privaten Feier lernte Oury 2002 Cindy kennen. Sie lebte in einem Internat, hatte zwar Kontakt, aber eine schwierige Beziehung zu ihren Eltern. Er sei immer für sie dagewesen, erzählte sie mir, und immer auf ihrer Seite. „Ich war tausendprozent verliebt in ihn." Als eines Tages die Polizei sein Zimmer stürmte, um nach Drogen zu suchen, habe sie zu ihm gehalten. Bei der Durchsuchung waren wenige Gramm Marihuana und eine Haschischpfeife sichergestellt worden. Von seinem Handel mit größeren Mengen habe sie erst erfahren, als sie von Oury schwanger war. Sie trennte sich von ihm. Ihre Eltern verlangten schon vor der Geburt, das Neugeborene zur Adoption freizugeben. Gegen ihren Willen und in dem Glauben, keine Wahl zu haben, stimmte sie zu.

Mitte Februar 2003 brachte sie ihr Kind zur Welt. Im Krankenhauszimmer fotografierte sie Oury mit dem Sohn auf dem Arm: „Ich wollte nichts mit Gefängnis zu tun haben. Aber es war ja sein Kind, das hab ich ihm nicht verboten." „Das war der Tag, an dem ich ihn glücklich gesehen habe", erinnert sich sein Mitbewohner Boubacar D. „Das Kind hatte für ihn so viel Bedeutung, es war Zukunft für ihn."[63]

Ihr sei zu wenig Zeit geblieben, über die Adoption noch einmal nachzudenken, beklagte sich Cindy. Die Pflegeeltern hätten schon gewartet. „Die saßen da und wollten mein Kind mitnehmen."[64] Sie habe kapituliert, unwissend und hilflos. Oury wollte kämpfen. Mit Mouctar Bahs Unterstützung habe er versucht, bei den Behörden sein Recht als Vater einzufordern. Er erkannte seine Vaterschaft an und forderte das Sorgerecht oder zumindest ein Umgangsrecht mit dem Kind. Ohne Erfolg.

63 Transkript des Interviews der Autorin mit Boubacar D. am 27.4.2010.

64 Transkript des Interviews der Autorin mit Cindy L. am 6.1.2019.

„Er hat gesagt, er lässt es nicht zu. Das hat ihn lange beschäftigt. Bis zu seinem Tod."[65] Aber das Leben ging weiter, Oury fand neue Freundinnen. Er war gesellig, lustig, liebte es zu diskutieren und zu feiern. Das war schließlich sein Verhängnis, meinte Boubacar. Sonst hätte er nicht die Reinigungsfrauen angesprochen, an jenem Morgen des 7. Januar 2005.

Am 26. März 2005 fand in der Feierhalle des Dessauer Zentralfriedhofs die Trauerfeier statt. Der Bestatter hatte den Sarg mit Nägeln verschlossen. Seine Freunde wollten sich von Oury verabschieden, ihrem Glauben gemäß ist der Anblick des Körpers des Verstorbenen ein wichtiges Ritual. Es erinnert sie daran, dass der Tod sie alle betrifft und niemand ihn fürchten muss. Sie öffneten den Sarg und erblickten darin den vollkommen verkohlten Leichnam. Die Trauergäste waren schockiert, fassungslos. Einige schrien, viele weinten, Deutsche und Nichtdeutsche, auch Journalisten.[66]

In den Wochen danach konstituierte sich die „Initiative in Gedenken an Oury Jalloh", Ourys Freund Mouctar Bah wurde ihr Sprecher. Sie wollen die Öffentlichkeit aufklären, lassen Expertisen und wissenschaftliche Gutachten erstellen und versuchen die Justiz zu bewegen, seinen Tod aufzuklären. Das tun sie bis heute.

Im Mai 2005 begruben die Eltern ihren Sohn Oury in der Heimat.

65 Transkript des Interviews der Autorin mit Boubacar D. am 27.4.2010.

66 Transkript des Interviews der Autorin mit Mouctar Bah am 14.9.2009.

6. Der Weg in den Tod

Am Morgen des 7. Januar 2005 begann alles ganz harmlos. Oury Jalloh wollte telefonieren, aber das Guthaben seiner Prepaid-Karte war verbraucht.

Seit dem Abend des 6. Januar war er auf den Beinen. Gegen 22 Uhr wollte er Mouctar Bah in dessen Laden in der Friedrich-Naumann-Straße abholen. Die beiden waren zu einem Disko-Besuch verabredet, aber Bah entschuldigte sich, er habe noch zu tun. Oury sagte „d'accord" und ging, er war unbesorgt – in der Diskothek „Taverne" traf er immer ein paar Leute zum Reden. An diesem Abend waren zwei Freunde da, die er aus Mouctar Bahs Laden kannte. Er bestellte eine Flasche Whisky. Sie unterhielten sich, schauten beim Tabledance zu, spielten Billard, tanzten und tranken. Zwischen Mitternacht und zwei Uhr gingen die Freunde schlafen.[67] Jalloh trank den Rest der Flasche allein. Wahrscheinlich bot ihm jemand einen Zug aus der Crack-Pfeife an. Geringe Spuren von Kokain-Konsum werden später in seiner Leiche gefunden.

Gegen 7 Uhr 30 verließ er die Diskothek in der Franzstraße. Er wohnte in Roßlau in der Asylbewerberunterkunft Poetschstraße 34. Die Tram nach Roßlau fährt am Bahnhof ab. Ein Nüchterner braucht für die Strecke 20 Minuten, aber er war nicht nüchtern. Langsam und schwankend ging er Richtung Turmstraße. Es war für die Jahreszeit nicht sehr kalt an diesem Morgen, etwa zehn Grad. Kurz vor acht Uhr begegneten ihm auf der Kreuzung Turmstraße/Törtener Straße in Höhe der Gaststätte Meißner vier Frauen der Stadtreinigung, sogenannte 1-Euro-Jobberinnen. Die Frauen trugen reflektierende Arbeitsschutzwesten über ihrer Kleidung. Oury Jalloh waren diese Westen vertraut – seine Freundin Tina hatte auch mal bei der Stadtreinigung

67 Nach Auskunft von S., einem der beiden Begleiter von Oury Jalloh.

gearbeitet. Hat ihn der Wiedererkennungseffekt dazu gebracht, die Frauen anzusprechen? Tina wohnte in der Turmstraße,[68] bei ihr wollte er vermutlich seinen Rausch ausschlafen. Es war dunkel, nur die Straßenlaternen spendeten Licht. Er ging auf die Frauen zu, fragte sie nach der Uhrzeit und bat sie, ihm ein Handy zu leihen, seine Prepaid-Karte sei leer, er wolle Tina anrufen. Zwei Frauen wechselten die Straßenseite, zwei blieben bei Jalloh stehen: Heike B., 45, und Petra P., 46 Jahre alt. Helfen wollte ihm keine.

Oury Jalloh war zu betrunken, um das zu begreifen. Verstanden sie ihn nicht? Er tippte auf den Rucksack einer der Frauen, in dem er ein Handy vermutete. Heike B. sagte später als Zeugin vor Gericht: „Er konnte nicht mehr richtig grade gehen, er schaukelte. Er blieb immer an uns dran." Die Kollegin Petra litt unter einer Sozialphobie. Sie fürchtete sich vor fremden Menschen, egal welcher Hautfarbe. Sie drängte Heike, etwas zu tun, „damit der hier verschwindet". Heike B.: „Ich wollte, dass das aufhört, deshalb habe ich zur Petra gesagt, ich geh die Polizei anrufen."

Heike B. entfernte sich ein wenig von den anderen, um heimlich die Polizei anzurufen. Es war 8 Uhr 03, der Anruf dauerte drei Minuten. Kurze Zeit später ging sie zum nahen Betriebshof in der Bauhofstraße. Sie wollte den Vorarbeiter informieren, Kolonnenführer M. Die vor Ort gebliebene Kollegin Petra bekam ihr Zittern nicht unter Kontrolle. „Ich wusste ja nicht, was er von mir wollte", sagte sie als Zeugin, „der Schwarzafrikaner blieb immer an mir dran. Da bin ich um ein Auto herum gelaufen und hab mit ihm Haschen gespielt. Der konnte kaum noch auf den Beinen stehen." Heike B. und der Vorarbeiter erreichten den Ort des Geschehens. „Er ist ein großer kräftiger Mann, deshalb habe ich ihn geholt", erklärte Heike B.

Noch war kein Streifenwagen in Sicht. Das dauert ja ewig, dachte sie und rief noch einmal die Polizei an. Es war 8 Uhr 12. Wie auf einer Bühne ging es immer hin und her, ohne dass wirklich etwas passierte.

68 Transkript des Interviews mit Boubacar D. vom 27. 4. 2010.

Mal machte Oury Jalloh eine Pause auf dem Bürgersteig, mal setzte er sich in eine Ecke, dann kam er wieder zurück. „Geh doch zu deiner Tina und leg dich hin", sagte Petra P. Sie und die Kollegin hätten weiterarbeiten können mit ihren Abfallzangen und den Plastikbehältern. Ihr Vorarbeiter hätte sie dazu auffordern können, tat es aber nicht. Sie wussten, dass die Streife unterwegs war. Petra P. sagte zu Oury Jalloh: „Warte, gleich kommt dein Taxi."[69]

Endlich gab Oury auf und ging weiter, nach zwanzig Metern setzte er sich in einen Hauseingang. „Störungen und Belästigungen gingen zu diesem Zeitpunkt nicht von Ouri Jallow [Behördenschreibweise][70] aus", wird Oberstaatsanwalt Christian Preissner später feststellen.[71] Am 12. März 2012 bittet er die Magdeburger Kammer, den angeklagten Dienstgruppenleiter (DGL) darauf hinzuweisen, dass er anstelle von Körperverletzung mit Todesfolge (im Amt) durch Unterlassen auch wegen der Tateinheit von Körperverletzung mit Todesfolge und Freiheitsberaubung mit Todesfolge verurteilt werden könne. Die Kammer lehnte ab, den rechtlichen Hinweis zu erteilen.[72]

69 Namen, auch die im zitierten Text, sind anonymisiert. Alle Zitate der Frauen nach Vernehmungsprotokollen und eigener Mitschrift der Zeugenaussagen in der HV Magdeburg. Alle Vernehmungsprotokolle (polizeiliche, staatsanwaltliche) sind Teil der Gesamtakte (Az.: 141 Js 13260/10), die bei der Generalstaatsanwaltschaft Naumburg archiviert ist. Sofern es sich bei den Zeugenaussagen um polizeiliche Vernehmungen handelt, sind diese auch in der Akte.

70 Von seinem Namen existieren drei Schreibweisen: Die Behörden verwenden die Schreibweise „Ouri Jallow", deren Entstehung nicht bekannt ist. „Oury Jalloh" ist die englische Schreibweise aus seinem Geburtsland Sierra Leone, „Diallo" ist die Schreibweise seiner Familie im französischsprachigen Guinea.

71 Schreiben von Oberstaatsanwalt Christian Preissner an die Vorsitzende der Magdeburger Strafkammer vom 12. 3. 2012, Az.: 141 Js 13260/10.

72 Beschluss der Magdeburger Kammer vom 13. 12. 2012, Urteil Landgericht Magdeburg, 1. Große Strafkammer – Schwurgericht – Geschäftsnummer: 21 Ks 141 Js 13260/10 (8/10), S. 252 f. (online einzusehen: http://docplayer.org/27456880-Sachsen-anhalt-landgericht-magdeburg.html, auch: https://www.landesrecht.sachsen-anhalt.de/perma?d=NJRE001521992).

Am Morgen des 7. Januar 2005 hatte Streifeneinsatzführerin Jutta L. Frühdienst am Pult in der Leitstelle des Polizeireviers Dessau, Wolfgangstraße. Seit halb sechs nahm sie Notrufe entgegen, führte das Journal, dokumentierte die Einsätze. Als Stellvertreterin des Dienstgruppenleiters oblag ihr auch die akustische Überwachung des Gewahrsams. Um 8 Uhr 03 klingelte der Notruf, Jutta L. nahm ihn an. Heike B. stellte sich als Mitarbeiterin der Stadtreinigung vor. Sie bat, eine Polizeistreife zu schicken, ein Ausländer belästige sie bei der Arbeit, der bleibe immer an ihnen dran. Daraufhin setzte Jutta L. den folgenden Ruf an die Funkstreifenbesatzung ab: „In der Turmstraße Ecke Dopnerstraße werden vier weibliche Personen durch einen Ausländer belästigt, massiv sogar, also ich hab das jetzt im Hintergrund gehört. Der rennt wohl immer hinter die hinterher und versucht, sie anzutatschen."[73] Als neun Minuten später noch keine Streife vor Ort war, Heike B. noch einmal angerufen und sich beklagt hatte, der Ausländer belästige sie weiter, ging Jutta L. davon aus, dass die Frauen in akuter Gefahr sind. Sie setzte einen weiteren Ruf an die Streifenwagenfahrer ab. Jemand müsse dorthin, die Situation eskaliere.

Günter G., 43 Jahre alt, 1,96 Meter groß, 95 Kilo schwer, und Kurt K., 56 Jahre alt, 1,87 groß, 85 Kilo, verstanden den Ruf ihrer Kollegin als „Belästigung auf sexueller Basis",[74] verdächtigt werde ein Ausländer. Sie schalteten Blaulicht und Sirene ein und fuhren los. Zu einem Tatort, davon waren beide überzeugt.

Gegen 8 Uhr 15 traf die Polizeistreife ein. Abseits der Personengruppe sahen die Beamten einen Ausländer, einen „Schwarzafrikaner" – so nennt man hier dunkelhäutige Menschen. Sie gingen auf den

73 Funkspruch von Jutta L., HV Magdeburg am 14.1.2011. Alle Funksprüche sind Teil der Gesamtakte (Az.: 141 Js 13260/10), archiviert bei der Generalstaatsanwaltschaft Naumburg.

74 Quellen der folgenden Zitate: Vernehmungen der Streifenbeamten G. und K., ihre Aussagen in der HV Magdeburg, Beobachtungen der von Oury Jalloh angesprochenen Frauen laut Zeugenaussagen am 1. Verhandlungstag der HV Magdeburg.

1,70 Meter großen Mann, der kaum 60 Kilo wog und schwer angeschlagen wirkte, zu und forderten: „Passport, Amigo". Oury Jalloh verstand nicht, was sie von ihm wollten. Er fragte „Sind Sie überhaupt Polizei?" Da fassten sie ihn schon an, er wand sich hin und her, sie legten ihm rücklings Handfesseln an und brachten ihn zu Boden. Heike B. fiel auf, dass Jallohs Nase verletzt wurde. „Da habe ich gedacht, der blutet jetzt." Im Polizeigriff bugsierten sie ihn in den Streifenwagen. Petra P. beobachtete, wie er auf der Rückbank des Pkw mit den Beinen strampelte, gegen die Autotür und sogar einem der beiden Polizisten an den Kopf trat, sagte sie als Zeugin vor Gericht.

Bevor Jalloh in das Auto stieg, hatten sie noch mit ihm gesprochen. „Wir sehen uns Montag wieder", soll er zu den Frauen gesagt haben. Minuten später erreichte der Streifenwagen mit dem vermeintlichen Sexualstraftäter den Parkplatz im Rücken des Polizeireviers Wolfgangstraße 25. Um 8 Uhr 32 führten, schleiften oder trugen Kurt K. und Günter G. Oury Jalloh durch die Hintertür direkt in den Zellenbereich. Die Tür ist mit einem Zahlencode gesichert, den nur Polizeibeamte kennen.

Sofort forderten sie bei ihrer Kollegin Jutta L. Verstärkung an. In Polizeisprache heißt es: „Sie baten um Unterstützung." Im Keller packten alle inzwischen eingetroffenen „Unterstützer" – dem betrunkenen Jalloh waren sie körperlich weit überlegen – mit an. Jutta L. hörte über die Gegensprechanlage zu. „Ich hörte im Hintergrund auch entsprechende Geräusche, als wenn jemand Randale macht. G. hatte mir vorher gesagt, dass der Mann mutwillig versucht, sich selbst zu verletzen."[75]

Ein Polizeibeamter des Reviers – er muss wie alle Informanten aus dem Innern hier anonym bleiben – hörte mit, was Kollegen später über die „Randale" zu erzählen hatten. Es sei eine Abreibung gewesen, der eine Widerstandshandlung außer- und eine fortgeführte Widerstandshandlung innerhalb des Reviers vorangegangen war. Mindestens fünf Mann seien beteiligt gewesen, Oury Jalloh vom Arztraum in die Zelle

75 Protokoll der polizeilichen Vernehmung vom 7. 1. 2005.

zu schaffen und in der Zelle zu fixieren. „Du brauchst wenigstens fünf Mann, ja? Jeder ein Bein, jeder einen Arm, und dann noch einen, der festmacht. Also die Handfesseln umlegt. Besser gesagt: der fixiert. [...] Wenn der erst mal liegt... Aber du musst ihn ja zum Liegen kriegen, das ist ja das Problem.“[76]

Tatsächlich ist nicht bewiesen, dass Oury Jalloh sich wehrte, und ohnehin stellt sich die Frage, ob er im gefesselten Zustand dazu in der Lage war. Jedenfalls hätte er nicht festgenommen werden dürfen, weil es überhaupt keinen Rechtsgrund dafür gab. Reinigungsfrauen, die sich bei der Arbeit gestört fühlen, weil ein Betrunkener sie anspricht, haben keinen Anspruch auf dessen Festnahme. Polizisten, die denken, er könnte den Frauen zu nahe getreten sein, können daraus nicht das Recht ableiten, ihn mitzunehmen. Oury Jalloh hatte sich schon von den Frauen entfernt. Er stand abseits, als er festgenommen wurde, er wurde nicht über einen Verdacht informiert, Juristen sagen: Er wurde nicht belehrt. Ein Platzverweis hätte genügt, so Bundesanwalt Johann Schmid in der Revisionsverhandlung am Bundesgerichtshof am 28. August 2014.[77]

76 Transkript des Interviews der Autorin mit Dessauer Polizisten, die Namen sind der Autorin bekannt.

77 Mitschrift der Autorin bei der Verhandlung in Karlsruhe vom 28.8.2014.

7. Die Ingewahrsamnahme

Um 8 Uhr 45 durchsuchten Kurt K. und Günter G., die Oury Jalloh festgenommen hatten, seine Kleidung und tasteten ihn ab. Seine Hände blieben dabei auf dem Rücken gefesselt. K. war für die obere, G. für die untere Körperhälfte zuständig.[78] Jalloh trug eine blaue Jeans, G. kontrollierte sie. Sie soll zwei Gesäßtaschen, zwei Vordertaschen und zwei „Zollstocktaschen im Bereich der Oberschenkel links und rechts" gehabt haben, sagte G., „diese waren jedoch ohne sichtbaren Eingriff, so dass ich beide Seiten abtastete."[79] Victor Z. und Oury Jalloh waren am 6. Januar gemeinsam mit der Straßenbahn von Roßlau nach Dessau gefahren, gegen 14 Uhr hatten sich ihre Wege getrennt.[80] Er sagte als Zeuge in der Dessauer Hauptverhandlung, sein Mitbewohner habe eine einfache Jeans getragen. Auch die Streifeneinsatzführerin Jutta L.[81] und der Polizist Wolfgang W. erinnerten sich an eine Bluejeans. Sie sahen Oury Jalloh gegen 11 Uhr 45 auf seiner Pritsche liegen, bekleidet mit Hose und T-Shirt. „Er trug eine blaue Jeanshose, verhältnismäßig sauber", sagte Wolfgang W.[82] Aufgesetzte Taschen? Nein, die habe sie an der Hose nicht festgestellt, bekräftigte Jutta L. auf Nachfrage des Staatsanwalts.

Seine Hose spielte eine merkwürdige Rolle in diesem Kriminalfall. Teile der verbrannten Hose waren am Nachmittag des 7. Januar in Spezialtüten gesichert und am 10. Januar 2005 in einem Spezialofen im LKA Magdeburg auf Brandbeschleuniger untersucht worden. Was aus dem Ofen herauskam, bezeichnete die Chemikerin allerdings als

78 Anklageschrift Staatsanwaltschaft Dessau vom 6.5.2005, Az.: 601 Js 796/05 StA Dessau-Roßlau.

79 Polizeiliche Vernehmung von Günter G. am 7.1.2005.

80 „Warum starb Oury Jalloh?", LG Dessau, 32. Prozesstag, 3.12.2007.

81 Richterliche Vernehmung von Jutta L. am 14.3.2005.

82 Vernehmung von Wolfgang W. in der HV Magdeburg am 23.6.2011.

„Reste einer schwarzen Cordhose".[83] Victor Z. erinnerte sich nicht, jemals eine Cordhose an Oury Jalloh gesehen zu haben.[84] Wie konnte aus einer blauen Jeans eine schwarze Cordhose werden? Bei hohen Temperaturen könne sich die Farbe des verbrannten Materials ändern, sagte eine andere Chemikerin des LKA später.[85] Dabei blieb es.

Bei der Durchsuchung fanden die Beamten ein Mobiltelefon, ein paar Münzen, Papiertaschentücher, einen als Notizbuch genutzten Taschenkalender und eine gültige Duldungsbescheinigung, auch Flüchtlingsausweis genannt. Kein Feuerzeug.[86] Der Ausweis vom 4. März 2003 ist bis 28. Februar 2005 gültig, wegen einer Falte im Dokument war das Geburtsjahr schlecht lesbar. In einem kleinen Notizbuch steckte eine Besuchserlaubnis für die Untersuchungshaftanstalt, ausgestellt vom Amtsgericht Dessau. Sie ist gut lesbar, enthält alle persönlichen Daten von Oury Jalloh wie Name, Geburtsdatum (2. Juni 1983) und die aktuelle Anschrift Poetschstraße 34 in Dessau-Roßlau.[87] Er hätte auf der Stelle identifiziert, entlassen, einem Krankenhaus übergeben oder nach Hause gefahren werden können.

Für die Sicherheit der in Gewahrsam genommenen Personen ist der Dienstgruppenleiter (DGL) zuständig. Jede Dienstschicht hat ihren eigenen DGL, an diesem Vormittag war das Hans H., geboren 1960. Als

83 LKA Sachsen-Anhalt, Kriminaltechnische Akte, Tgb.-Nr. 80/05. Alle Dokumente mit Tgb.-Nr. sind Teil der Gesamtakte (Az.: 141 Js 13260/10), archiviert bei der Generalstaatsanwaltschaft Naumburg.

84 „Warum starb Oury Jalloh?", LG Dessau, 32. Prozesstag, 3.12.2007.

85 NK-Mitschrift der Aussage der Chemikerin Rita R. in der HV Magdeburg vom 9.7.2012.

86 Asservatenliste vom 10.1.2005, Tgb.-Nr. 23/2005, Az.: 33.1/0085/2005 (siehe Anhang) und Freispruch LG Dessau-Roßlau 6 KS 4/05 vom 8.12.2008, S. 65. – Spuren-/Asservatenlisten sind Teil der Gesamtakte (Az.: 141 Js 13260/10), archiviert bei der Generalstaatsanwaltschaft Naumburg.

87 Landtag Sachsen-Anhalt, Bericht der vom Ausschuss für Recht, Verfassung und Gleichstellung des Landtags Sachsen-Anhalt beauftragten Berater, Rechtsanwalt Jerzy Montag und Manfred Nötzel, Magdeburg, den 26.8.2020, S. 24, 45, 75, 77, 112f. und weitere.

Angehöriger der Volkspolizei der DDR im gehobenen Dienst wurde er 1992 als Polizeivollzugsbeamter in die Deutsche Polizei übernommen. Um 8 Uhr 47 forderte Hans H. telefonisch den Bereitschaftsarzt A.B. an. Ein Mitschnitt des Gesprächs wurde vor Gericht abgespielt.[88]

> DGL: „Wir bräuchten dich mal."
> Arzt: „Was haste denn?"
> DGL: „Na, eine Blutabnahme"
> Arzt: „Na, dann mach ich das, dann komm ich mit rum."
> DGL: „Ja, piekste mal 'nen Schwarzafrikaner."
> Arzt: „Ach du Scheiße."
> DGL: Lachen.
> Arzt: „Da finde ich immer keine Vene bei den Dunkelhäutigen."
> DGL: „Na, bring doch 'ne Spezialkanüle mit."
> Arzt: „Mach ich, alles klar, bis gleich."

Um 9 Uhr 15 holten die beiden Beamten Oury Jalloh aus der Zelle und brachten ihn zur Blutabnahme in den Arztraum auf der gegenüberliegenden Flurseite. Reinhard R. und Manfred M. hatten eigentlich mit dem Einsatz nichts zu tun. Sie gingen trotzdem in den Arztraum, um den Kollegen zu helfen.[89] „Der M. ist die ganze Zeit mit unten gewesen", sagte Günter G. als Zeuge in Magdeburg.[90] Jalloh habe auf einem Stuhl gesessen und recht ruhig gewirkt, sagte Reinhard R. Etwas Besonderes, bis auf die Alkoholfahne, sei ihm nicht aufgefallen. Auch Manfred M. hörte kein Geschrei, die Blutabnahme erfolgte reibungslos.[91] Das berichtet auch Alfred A., Streifenpartner von Reinhard R., seinem

88 Wortwechsel gemäß LG Dessau-Roßlau, Urteil vom 8.12.2008, Az.: 6 Ks 4/05, S. 4, https://upload.wikimedia.org/wikipedia/commons/5/52/LG_Dessau-Ro%C3%9Flau_6_Ks_4_05.pdf.

89 Zeugenaussagen in Magdeburg vom 14.1.2011, 1.2.2011.

90 NK-Mitschrift der HV Magdeburg vom 11.2.2011.

91 NK-Mitschrift der Zeugenaussagen in der HV Magdeburg am 14.4.2011 und 21.7.2011.

Vernehmer. Jalloh habe auf dem Stuhl gesessen, ohne irgendwelche Besonderheiten.[92] Dagegen wollen Kurt K. und Günter G. gesehen haben, wie er schon im Arztraum versucht habe, seinen Kopf gegen Tisch und Wand zu schlagen.[93]

Nach dem Telefonat mit Hans H. fuhr Bereitschaftsarzt Dr. B. in seinem Pkw zum Revier in der Wolfgangstraße. Dort ging er direkt in den Gewahrsamskeller. „Er lag auf dem Bauch", sagte Dr. B. am Abend seinem polizeilichen Vernehmer, „seine Hände waren auf dem Rücken mittels Handfesseln fixiert. Auch seine Füße waren mit einer Fußfessel fixiert. Er war bekleidet." Jalloh habe geschimpft und sich „trotz der Fixierung der Extremitäten" massiv gewehrt, gab Dr. B. zu Protokoll.[94] Kurt K. hatte sich vor die Liege gestellt, damit er nicht herunterfällt, sagte später ein Zeuge vor Gericht.[95] Für Dr. B. war Oury Jalloh kein Unbekannter. Er hatte ihn früher bereits untersucht und ihm Blut abgenommen. An diesem 7. Januar nahm er eine Blutprobe aus seiner rechten Armbeuge, überprüfte sie und stellte 2,98 Promille Alkohol fest. Volltrunken. Dennoch schrieb er ihn gewahrsamstauglich, bei fortbestehender Fixierung, „um Schäden an sich selbst auszuschließen".[96]

An einem Tischbein rann eine Blutspur. Die Kripo wird sie später mit Wattetupfern abnehmen und zwecks Sicherung zu den Asservaten geben. War das Jallohs Blut oder war es Blut eines „Unterstützers"? Antwort unbekannt, denn die Spur verschwand.[97]

9 Uhr 30. Kurt K., Günter G., Reinhard R. und Manfred M. brachten Oury Jalloh zurück in die Zelle 5. „Drei bis vier Mann waren

92 Polizeiliche Vernehmung von Reinhard R. am 7. 1. 2005.

93 Zeugenaussagen von Kurt K. und Günter G. in den HV Dessau und Magdeburg.

94 Polizeiliche Zeugenvernehmung Dr. B. vom 7. 1. 2005.

95 NK-Mitschrift der Zeugenaussage von Rudi R. in Magdeburg vom 21. 7. 2011.

96 Polizeiliche Zeugenvernehmung Dr. B. vom 7. 1. 2005.

97 Wäre das Blut aufbewahrt und gesichert worden, hätte es noch Jahre später analysiert werden können. Vielleicht enthielt es Gen-Material, das zum Täter führt.

dabei. Wir haben ihn halb getragen“, sagte Kurt K. in Magdeburg“,[98] „wir haben ihn getragen“, sagte Manfred M.[99] Aus seinem Mundwinkel lief Blut, angeblich eine Folge der Selbstverletzung. Seine Hände waren noch auf dem Rücken gefesselt. Auch seine Füße waren gefesselt, was das Gehen sicher schwieriger gemacht hätte – aber warum sie ihn trugen, ob er nicht auf eigenen Beinen stehen oder ohne Hilfe gehen konnte, blieb ungeklärt. War er zusammengeschlagen worden? Jutta L. hatte „Randale“ gehört. Die Polizeizeugen blieben dabei: Er habe sich gegen die polizeilichen Maßnahmen gewehrt. In der Zelle 5 legten sie ihn rücklings auf die Betonpritsche und fixierten ihn.

Die Gewahrsamszelle Nummer 5 ist 4 ½ Meter lang, 2 Meter 40 breit und 2 Meter 59 hoch. In der hinteren Wand ist eine 90 Zentimeter breite und 108 Zentimeter hohe Fensternische ausgespart. Das Fenster ist geschlossen. Im vorderen linken Bereich der Zelle ist eine Hocktoilette in den Boden eingelassen. Der Raum ist nicht möbliert. Ein 85 mal 200 Zentimeter großes, mit Fliesen beklebtes Betonpodest[100] schließt direkt links an die Zellenwand an. Darauf liegt eine flammenwidrige, reißfeste Sicherheitsmatratze[101] nach DIN-Norm in der Größe von 100 x 200 x 9 Zentimeter.[102] Am Fußende sind zwei Bügel zur Befestigung von Fußfesseln angebracht, an der Wand und am äußeren Rand des Betonblocks zwei Bügel für die Fixierung der Hände.

98 NK-Mitschrift der HV Magdeburg vom 11. 2. 2011 und Zeittabelle (der Polizei) zum vorliegenden Ermittlungsverfahren: „09:30 Jallow wird mit Hand- und Fußfesseln erstmals in die Zelle 5 getragen und an der Liegestätte fixiert“, Anlage 1 der Hauptakte der Polizeidirektion Stendal, Zentraler Kriminaldienst, 2. Fachkommissariat. Diese Akte ist Teil der Gesamtakte.

99 NK-Mitschrift HV Magdeburg vom 3. 3. 2011.

100 Ereignisortbefundbericht/Tatortbefundbericht vom 25. 2. 2005, Az.: 33.1/0085/2005. Der Ereignisort-/Tatortbefundbericht ist Teil der Gesamtakte, archiviert bei der Generalstaatsanwaltschaft Naumburg.

101 Mitteilung des Technischen Polizeiamtes Sachsen-Anhalt vom 27. 1. 2005.

102 Lieferschein an das Technische Polizeiamt vom 26. 11. 1999.

Nachdem Oury Jalloh von mindestens vier Polizisten über den Flur geschleift oder getragen wurde, fixierten sie seine rechte Hand mit dem wandseitigen Fesselungsbügel und die linke Hand mit dem Bügel an der linken Seite des Betonsockels, die Fußfesseln an seinen Füßen mit Schellen an den Fesselungsbügeln.

Die martialischen Maßnahmen begründen sie damit, dass er sich angeblich selbst verletzten wollte, schon im Arztraum habe er damit angefangen. Und weil seine Identität noch geklärt werden müsse. Um sich zu vergewissern, dass es ihm gut geht, soll Oury Jalloh viermal von verschiedenen Polizeibeamten kontrolliert worden sein.

Die Kontrollen müssen im Gewahrsamsbuch dokumentiert werden, das auf einem Schreibtisch in der Leitstelle liegt, hausintern „Flachstrecke" genannt. In staatlicher Obhut darf kein Mensch zu Schaden kommen. Der Eingriff in elementarste Grundrechte geschieht zum Schutz der festgenommenen Person. Regelmäßige Zellenkontrollen müssen deshalb sein, egal wer festgesetzt wurde, ob gefesselt oder nicht, ob alkoholisiert oder nüchtern. Und jede einzelne Kontrolle muss mit Namenszeichen und Uhrzeit dokumentiert werden.

Das sei auch an Jallohs Todestag geschehen. Vier Kontrollbesuche in der Zelle 5 sind eingetragen: Um 10 Uhr 03, 10 Uhr 37, 11 Uhr 05 und 11 Uhr 45. Jedoch wurden alle Namenszeichen (Kürzel, Paraphen) von ein- und derselben Handschrift eingetragen, das Schriftbild ist eindeutig. Am 8. Verhandlungstag in Magdeburg bat die Vorsitzende den Zeugen Otto O. zum Richtertisch. Sie zeigt ihm das Gewahrsamsbuch mit den abgezeichneten Unterschriften, darunter auch seine. „Das ist nicht meine Unterschrift", sagt O., „wer das geschrieben hat, weiß ich nicht".[103]

Wer trug ein und wann geschah das? Untergräbt es nicht den Sinn der Dokumentation, wenn Kürzel einer anderen Person verwendet werden? „Unbedingt", meint Nebenklagevertreterin Gabriele Heinecke,

103 NK-Mitschrift der HV Magdeburg vom 8.3.2011.

und folgert: „Wir wissen noch nicht mal, ob es wirklich die Kontrollen gegeben hat, die in diesem Wachbuch eingetragen sind.“[104]

Direkt nachdem er den Gewahrsamstrakt verlassen hatte, schrieb Günter G. seine Strafanzeige gegen Jalloh. Die Uhrzeit: 10 Uhr 01, die Straftat: Widerstand gegen Vollstreckungsbeamte gem. § 113 StGB, vollendet, Schadenshöhe: 50 Euro. Name des Beschuldigten: Jallow. Staatsangehörigkeit: Sierra Leone. Geburtsdatum und Geburtsort: Februar 6. 1983, in Kabala/Sierra Leone. Auf einem Zusatzblatt zur Strafanzeige hält er fest, dass die vor Ort angetroffenen Zeuginnen keine Strafanzeige stellen wollten.[105]

Um 11 Uhr 30 muss es einen weiteren Kontrollgang gegeben haben, der nicht im Gewahrsamsbuch eingetragen wurde. Für die Lösung des Falls könnte dieser Gang von großer Bedeutung sein.

104 Transkript des Interviews mit Rechtsanwältin Gabriele Heinecke am 31. 10. 2019.

105 Dienststelle RED PRev Dessau, Strafanzeige Vorgangsnummer DE RED 1/ 195/2005.

8. Der Dienstgruppenleiter

Hans H. war Vorgesetzter einer der vier Dienstgruppen des Reviers. Zwischen 1990 und 1992 waren allen übernommenen Volkspolizisten Aus- und Fortbildungen angeboten worden. Wer daran nicht teilnahm, durfte sich entweder vom Dienstgruppenleiter belehren lassen oder sich ganz einfach selbst informieren. Ein Belehrungshefter lag im DGL-Bereich aus, der individuelle Blick hinein genügte. Irgendwann wurden die Belehrungen eingestellt. Hans H. gab in der Magdeburger Hauptverhandlung zu, dass sein letzter Blick in den Belehrungshefter so lange zurücklag, dass ihm die Erinnerung an den Inhalt fehlte. Er wusste angeblich nicht mehr, dass die Gewahrsamsordnung vorschreibt, dass er als verantwortlicher DGL zeitnah einen Richter hätte konsultieren müssen, der die Entscheidung zum Freiheitsentzug und vor allem zur Fesselung unterschreibt. Schon das sei kaum nachzuvollziehen und eine „Riesensauerei", so Bundesanwalt Johann Schmid in der Revisionsverhandlung vor dem BGH. Dabei entlaste ihn auch nicht, dass er von der Volkspolizei übernommen wurde, wo es sowas nicht gab.[106]

Revierleiter Ronnie Z. kam seinem DGL zu Hilfe. Einen Richter zeitnah zu erreichen, sei schwierig gewesen. Seine Beamten hätten es oft versucht, fast immer vergebens. Irgendwann hätten sie es dann gelassen, behauptete Z. als Zeuge vor Gericht.[107] Die Aussage stimmte nicht, wie sich später herausstellte. Richter sind jederzeit zu erreichen. Seit dem Tod des alkoholkranken Mario Bichtemann in der Zelle 5, das heißt seit 2003, gibt es einen ständigen richterlichen Bereitschafts-

106 Mitschrift der Autorin bei der Verhandlung in Karlsruhe am 28.8.2014.

107 NK-Mitschrift der Zeugenaussage des Revierleiters in der HV Magdeburg vom 18.4.2012.

125

Fach : Staats- und Verfassungsrecht Thema : 11. 8. 3. Nr. : 12
Stand : März 1998

Da die Polizei gerade auf diesem Gebiet häufig tätig werden muß, haben die verfassungsrechtlichen Grundsätze des Art. 104 GG

(Pol) **besondere Bedeutung für die Polizei.**

Art. 104 Abs. 2 GG schreibt folgendes vor:

Über die Zulässigkeit und Fortdauer einer Freiheitsentziehung entscheidet grundsätzlich der Richter.

Die Polizei darf aber auch aus eigener Machtvollkommenheit (also ohne richterliche Anordnung) Freiheitsentziehungen vornehmen. Das kann notwendig werden zum Zwecke der

Gefahrenabwehr oder **Strafverfolgung.**

Hierbei handelt es sich in erster Linie um die **Ingewahrsamnahme,** bei der die in den Polizeigesetzen der Länder gegebenen Voraussetzungen zu beachten sind (vgl. § 13 des Musterentwurfs für ein einheitliches Polizeigesetz).

Hierbei handelt es sich in erster Linie um die **vorläufige Festnahme,** bei der die Voraussetzungen der §§ 127, 163 b, c StPO zu beachten sind.

In beiden Fällen ist der Polizei folgendes zwingend vorgeschrieben:

Entweder

muß die Person, der die Freiheit entzogen wurde, wieder freigelassen werden, und zwar spätestens vor Ablauf des Tages, der auf die Ergreifung folgt,

oder

die Polizei muß unverzüglich eine richterliche Entscheidung herbeiführen.

Festgehaltene Personen dürfen weder körperlich noch seelisch mißhandelt werden.

Von jeder richterlich angeordneten Freiheitsentziehung ist unverzüglich zu benachrichtigen (vgl. § 114 b StPO):

ein Angehöriger oder eine andere Person, die das Vertrauen des Festgenommenen genießt.

(M) Der Eingriff in die Freiheit (im Rahmen der Strafverfolgung) kann nur hingenommen werden, wenn und soweit der Anspruch auf vollständige Aufklärung der Tat und rasche Bestrafung des Täters nicht anders als durch vorläufige Inhaftierung eines Verdächtigen gesichert werden kann. Dabei kommt dem Grundsatz der **Verhältnismäßigkeit** besondere Bedeutung zu (s. BVerfGE 20, 45).

Vorschrift zum „Richtervorbehalt“ aus der Akte

dienst, der immer ansprechbar sein muss, sonst werden dienstaufsichtsrechtliche Maßnahmen gegen ihn ergriffen.[108]

Hans H. war für Oury Jallohs Sicherheit verantwortlich. Er hielt ihn stundenlang in der Zelle fest, weil es angeblich Schwierigkeiten gegeben habe, seine Identität festzustellen. Das hat er jedenfalls behauptet. Er habe frühzeitig einen Kollegen bestellt, der ein Telebild von Jalloh anfertigen sollte, um es mit den polizeilichen Datenbanken abzugleichen. Der Kollege habe erst für 14 Uhr 15 sein Kommen zugesagt, so lange wollte er Jalloh dabehalten.[109] Tatsächlich hatte Hans H. schon um 8 Uhr 47 im Computer-Fahndungssystem INPOL-Land Oury Jallohs Daten gefunden.[110] Drei Stunden vor Ausbruch des Feuers. Fünf Stunden, bevor der Kollege mit dem Telebild-Scanner erwartet wurde, was zur Identitätsfeststellung völlig überflüssig war, sagt Matthias S. als Zeuge in Magdeburg – der Beamte für das Telebild.[111] Ein Foto von Oury Jalloh befand sich bereits in der Lichtbild-Kartei des Reviers, aufgenommen am 15. April 2003, die Information hätte man abrufen können, jeder Polizeibeamte hat Zugriff auf die Computerdatei. Selbstverständlich kennt auch der Dienstgruppenleiter Hans H. die Kartei. Das angebliche Problem mit Oury Jallohs Identität war bereits vom Tisch, als er den Bereitschaftsarzt anforderte.[112]

Als Leiter der Dienstgruppe hätte sich Hans H. mit der Begründung für Jallohs Fesselung auseinandersetzen müssen. Angeblich sollte

108 Siehe Polizeigewahrsam, in: JuraForum.de, https://www.juraforum.de/lexikon/ polizeigewahrsam.

109 Einlassung des Angeklagten in der HV Magdeburg.

110 Ergebnis der HV, Abfrageart: INPOL-Land, Prod-Vollauskunft Satznummer P012700171034.

111 Zeugenaussage von Matthias S. in der HV Magdeburg vom 16.12.2011

112 Prof. Dr. Fredrik Roggan, Hochschule der Polizei des Landes Brandenburg, stellt in der Zeitschrift „Die Polizei“ (ders., Ein BGH-Lehrstück für die Polizei(-ausbildung), in: Die Polizei [März 2015] 3, S. 82 ff., hier S. 82) die Illegalität des Festhaltens fest. Es komme „auf der angenommenen Rechtsgrundlage unter keinem rechtlichen Gesichtspunkt in Betracht“.

verhindert werden, dass sich Jalloh in der Zelle selbst verletzt. Er könnte auf die Idee kommen, seinen Kopf gegen die Wand zu schlagen, sagten die Beamten. Um das aber zu verhindern, hätte er am Hals fixiert werden müssen, denn der Betonblock mit der flammenwidrigen Matte schließt sich längsseitig an die Zellenwand an und ist nur 85 cm breit.

In der polizeilichen Vernehmung am frühen Abend des 7. Januar wurde Hans H. als Zeuge verhört. Noch war der Verdacht der Dienstpflichtverletzung nicht formuliert worden. Er gab zu Protokoll, gegen 12 Uhr 05 ein Geräusch gehört zu haben, „welches sich wie Plätschern anhörte". Im selben Moment habe der Rauchmelder des Gewahrsamstraktes gepiept. „Da sich meine im Dienst befindlichen Kollegen zu diesem Zeitpunkt nicht im Revierbereich aufhielten, nahm ich sofort selbst den Zellenschlüssel, verständigte ich POK E., welcher sich im Zimmer gegenüber dem DGL befand. Gemeinsam begaben wir uns in den Zellentrakt des Schwarzafrikaners."[113] Das passt nicht zusammen mit der Aussage seiner Stellvertreterin, der Streifeneinsatzführerin Jutta L.

Hans H. behauptete, den ganzen Vormittag nicht im Keller gewesen zu sein. „Ich selbst habe den Schwarzafrikaner bis zum jetzigen Zeitpunkt nicht zu Gesicht bekommen."[114] Bei seinen Tätigkeiten und Anweisungen habe er sich auf seine Beamten verlassen. Die Nebenklage glaubte ihm nicht, sie hielt ihn mindestens für einen Mitwisser. „Die Aussage des Angeklagten ist unbestätigt geblieben", schrieb Rechtsanwältin Gabriele Heinecke in ihrem Beweisantrag an die Magdeburger Strafkammer vom 4. Dezember 2012, es sei „wahrscheinlich, dass der Vormittag des 7.1.2005 bezüglich des Angeklagten anders verlaufen ist, als er es in dieser Verhandlung glauben machen wollte, und er direkten Kontakt zu Oury Jalloh hatte".

Hans H. hatte sich mit einer Einlassung in der Magdeburger Hauptverhandlung verdächtig gemacht. Mehr als sechs Jahre nach dem Feuer

113 Polizeiliche Vernehmung von Hans H. vom 7.1.2005.

114 Ebenda.

in der Zelle hatte er zum ersten Mal behauptet, zwischen 11 Uhr 15 und 11 Uhr 40 im Zimmer seines direkten Vorgesetzten gewesen zu sein, um ihn über die Ingewahrsamnahme zu informieren.[115] Die knappe halbe Stunde ist von großer Bedeutung, weil um 11 Uhr 30 jemand im DGL-Raum gewesen sein konnte, um den Zellenschlüssel an sich zu nehmen. Das Zeitfenster konnte nicht überprüft werden, weil der Vorgesetzte, Reviereinsatzleiter Julius J., vor Gericht die Aussage verweigert hatte. Gegen ihn ermittelte nämlich die Staatsanwaltschaft wegen des Verdachts der Falschaussage. Hans H.s Angabe steht auch im Widerspruch zu einer anderen Tätigkeit, die er laut polizeilichem Lagebild um 11 Uhr 30 ausgeführt haben will. „Die Aussage des Angeklagten ist unbestätigt geblieben. Der Angeklagte dürfte sehr viel mehr wissen, als er ausgesagt hat."[116]

Als Angeklagter muss Hans H. nicht aufklären, er muss keine Stellung beziehen, er darf sogar lügen. Selbst produzierte Widersprüche konnte er getrost seinen Verteidigern zur Klärung überlassen, und meistens war das gar nicht nötig. Er als DGL habe „immer alle Schlüssel am Mann", sagte Hans H., wann immer er danach gefragt wurde. Sein Verhalten nach dem Brandalarm schilderte er als zügig und der Situation angemessen, er sei „mit dem Gewahrsamsschlüssel sowie einer Kette mit den Schlüsseln für die Handschellen und die Fußfesseln auf den Flur getreten".[117] Als ihm jedoch aus der Zelle schwarzer Qualm entgegenkam, machte er auf dem Absatz kehrt und rannte hinauf in

115 Hans H. in der HV Magdeburg am 14.4.2011.

116 Beweisantrag der Nebenklage vom 4.12.2012, HV Magdeburg: „Insbesondere ist es zweifelhaft, dass die am 14.4.2011 erstmalig behauptete Abwesenheit vom DGL-Raum und das ca. 25-minütige Gespräch mit dem Zeugen (Reviereinsatzleiter) in der Zeit zwischen 11.15 Uhr und 11.40 Uhr wirklich stattgefunden hat. Der Zeuge hat in der Hauptverhandlung vom 30.6.2011 von seinem Auskunftsverweigerungsrecht gemäß § 55 StPO Gebrauch gemacht."

117 Anklageschrift Staatsanwaltschaft Dessau vom 6.5.2005, Az.: 601 Js 796/05 StA Dessau-Roßlau.

die erste Etage. „Um die Schlüssel zu holen"– für die Fußfesseln. „Ich meine, die habe ich mir gegriffen", so H. in Magdeburg. Fazit der Richterbank: „Dann hatten Sie zwei."[118]

Die Verwaltungsangestellte Karin S. hielt sich nach dem Mittagessen im DGL-Raum auf, wo der Monitor der Überwachungskamera bereits ein vollkommen schwarzes Bild übertrug. „Es war hektisch", sagte sie als Zeugin in Magdeburg. „Hans H. kam herein, fasste in den Schlüsselkasten und rannte wieder raus. Und dann hörte ich, wie Jutta L. zur Kollegin Bianca N. sagte: Du bist meine Zeugin. Warum sie das sagte, weiß ich nicht."[119]

Zurück in den Gewahrsamskeller ging Hans H. jetzt nicht mehr. Es sei gefährlich gewesen. Zu viel Ruß ist in der Atemluft. Er rief Reviereinsatzleiter Julius J. an, seinen direkten Vorgesetzten.

118 NK-Mitschrift der HV Magdeburg vom 26. 5. 2011.

119 NK-Mitschrift der HV Magdeburg vom 12. 5. 2011.

9. Brandalarm

Drei Stunden nach Oury Jallohs Einlieferung, um 11 Uhr 30 am 7. Januar 2005, wollte der DGL dem Kommissar vom Lage- und Führungszentrum der Polizeidirektion (LFZ), Peter P., telefonisch eine WE-Meldung durchgeben.[120] Grund sei ein „Vorkommnis mit Ausländer". Sein Verteidiger schilderte die Situation so: „Das Telefonat gestaltete sich schwierig, da aus der Wechselsprechanlage lautes Rufen, Schreien und Brüllen zu vernehmen war. Außerdem hörte der Beschuldigte ganz deutlich die metallischen Rasselgeräusche, die offensichtlich von den Fesseln stammten. Um das Gespräch ordnungsgemäß führen zu können, räumt der Beschuldigte ein, den Lautstärkeregler der Wechselsprechanlage zurückgedreht zu haben. Zurückdrehen heißt im Konkreten, dass die Lautstärke erheblich reduziert wurde, nicht jedoch zu ‚Null'."[121]

Peter P. war nicht am Platz, deshalb nahm sein Vertreter Knut Z. das Gespräch an. Als Zeuge in Magdeburg konnte er sich weder an Hintergrundgeräusche erinnern, noch habe der DGL ihm Verständigungsprobleme angezeigt.[122] Rufen, Schreien, Brüllen und Rasseln, das renitente Verhalten des außer Rand und Band geratenen Menschen, der nur mit Vierfach-Fesselung in Schach gehalten werden konnte – war das übertrieben, möglicherweise nur ausgedacht? Die verspätete WE-Meldung könnte ein Beleg sein. Dafür, dass der „Ausländer" seit mehr

120 Meldung eines wichtigen Ereignisses (WE) gemäß WE-Erlass bei Straftaten mit oder durch ausländische Staatsbürger.

121 Zitat aus der Verteidigungsschrift vom 29. 3. 2005. Sie ist Teil der Gesamtakte (Az.: 141 Js 13260/10), archiviert bei der Generalstaatsanwaltschaft Naumburg.

122 NK-Mitschrift der Aussage von Knut Z. in der HV Magdeburg am 13. 1. 2012: „Ich kann mich wirklich nicht erinnern an Hintergrundgeräusche." Nachfrage: „Hat H. nicht gesagt, ich verstehe Sie nicht, hier ist so ein Krach?" Antwort: „Nein."

als drei Stunden im Gewahrsam war, sei sie „relativ spät" gekommen, bemerkte der Zeuge Peter P. später vor Gericht.[123]

Vera V. war seit 2004 im Wachdienst des Reviers beschäftigt. Ihr Arbeitsplatz war die Hauswache im Hochparterre. Etwa um 11 Uhr 30 suchte sie die Toilette über dem Zellentrakt auf und hörte Laute, die sie als „undefinierbaren Gesang" und eine Art „komischen Singsang" beschrieb. „Es hat auch ziemlich geschallt. Es war in der Toilette deutlich zu hören. Es war ziemlich laut."[124]

Ebenfalls gegen 11 Uhr 30 wollen die Beamten Kurt K. und Günter G., die Jalloh festgenommen hatten, von ihrer Streifentätigkeit zurück ins Revier gekommen sein. Überprüfen lässt sich das nicht, weil das Fahrtenbuch verschwand.[125]

Nach eigener Aussage sah der Polizeibeamte Reinhard R. die beiden Kollegen um 11 Uhr 30 bei Oury Jalloh in der Zelle 5. Seine Beobachtung stimmt mit einer Wahrnehmung von Jutta L. überein. Etwa um 11 Uhr 30 hatte sie aus dem Gewahrsamskeller ein typisches Schlüsselgeräusch gehört und sich gefragt, ob da Kollegen eine Zellenkontrolle machen wollten und dafür die Tür zur Zelle öffneten.

Jutta L. schilderte ihren Vernehmungsbeamten später, wie es für sie weiterging. Sie will eine Viertelstunde gewartet haben, dass jemand heraufkommt, um die Zellenkontrolle im Gewahrsamsbuch zu dokumentieren, das im DGL-Raum ausliegt. Dann ging sie nach unten, um nachzusehen. An der Hauswache im Hochparterre sprach sie den Polizeibeamten Wolfgang W. von der Verkehrsüberwachung an, der soeben hereingekommen war. Sie bat ihn, mit nach unten zu gehen, weil die Zellen immer zu zweit kontrolliert werden müssen. Er begleitete sie.[126] Nach Angabe von Vera V. war es inzwischen 11 Uhr 50.[127]

123 NK-Mitschrift der HV Magdeburg vom 13. 1. 2012.

124 Protokoll der Vernehmung vom 25. 1. 2005.

125 Siehe Kapitel 19 „Die nicht dokumentierte Kontrolle".

126 Aussagen von Jutta L. und Wolfgang W. in polizeilichen und richterlichen Vernehmungen.

127 NK-Mitschrift der HV Magdeburg vom 28. 4. 2011.

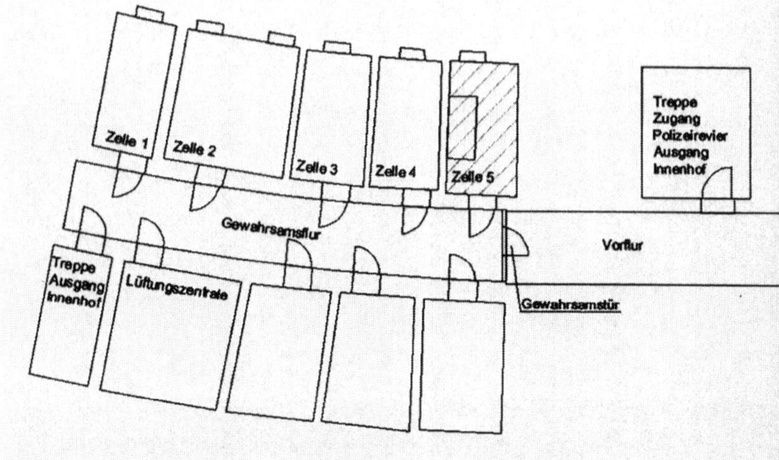

Abbildung 1: Skizzenhafte Darstellung des Gewahrsamsbereiches mit dem angrenzenden Vorflur im UG

Die Skizze ist veröffentlicht in:
Prüfvermerk der Generalstaatsanwaltschaft Naumburg zu den Ermittlungen zum Todesfall Ouri Jallow (Anonymisiertes Presse-Exemplar), Nov. 2018, Az.: 111 Js 89/17 GenStA, S. 56, https://fragdenstaat.de/dokumente/55-prufbericht-oury-jalloh/.

Den Gewahrsamstrakt im Polizeirevier Dessau betritt man nach Öffnen einer mehrfach gesicherten Brandschutztür, in der Skizze als Gewahrsamstür bezeichnet. Von jeder Flurseite gehen fünf Türen ab. Auf der rechten Seite die Türen zu den Zellen mit den Nummern 5 bis 1, auf der linken Seite drei Türen zu Funktionsräumen, eine zum Arztraum und eine zum Hinterausgang.

Den Aussagen der Polizeizeugen zufolge geschah nun Folgendes:

Wolfgang W. legte sein Funkgerät in der Pförtnerkabine ab und ging mit Jutta L. die Steintreppe hinunter in den Gewahrsamsbereich. Jutta L. öffnete die Sicherheitstür, gleich dahinter rechts ist die Tür zur Zelle mit der Nummer 5. Durch den Spion blickte sie ins Innere, schob dann die beiden Riegel zur Seite, steckte den Schlüssel ins Schloss und öffnete die Tür.

Seit dreißig Jahren war Wolfgang W. bei der Polizei, doch einen an Händen und Füßen gefesselten und an die Zellenwand fixierten Mann hatte er noch nie gesehen. Zuerst sagte der Mann auf der Pritsche kein Wort, sie dachten, er schlafe, doch plötzlich soll er sich aufgebäumt und gefragt haben, warum er angeschnallt sei. Dabei soll er seine Handgelenke gezeigt und mit den Handfesseln gerasselt haben. Jutta L. empfand sein Verhalten als rabiat. Sie antwortete ihm: „Du weißt, warum du hier bist." Ihr fiel auf, dass Jallohs Hose geöffnet und leicht heruntergezogen war, die Unterhose blitzte hervor. Neben der Liege sah sie eine etwa 30 Zentimeter lange, in der Mitte unterbrochene Lache, die sich sichelförmig fast bis zur Tür zog. Als hätte jemand eine Flüssigkeit aus einem Becher ausgeschüttet. Sie fragte sich, ob das Urin sei, aber die Hose kam ihr trocken vor und die Lache geruchsneutral. Jutta L. und Wolfgang W. standen nebeneinander im Türrahmen. Da alles in Ordnung zu sein schien, schloss Jutta L. die Tür wieder zu, schob die beiden Riegel vor und ging zurück an ihren Arbeitsplatz.[128] Zehn Minuten später soll das Feuer ausgebrochen und Oury Jalloh in kürzester Zeit am „Hitzeschock" verstorben sein.

Am Abend dieses Tages gegen 20 Uhr 30 wurde Jutta L. von Kriminaloberkommissar Alfons A. vom 2. Fachkommissariat der Kripo Stendal vernommen. Sie gab zu Protokoll, was nach ihrem Kontrollgang geschah. Wieder oben am Pult in der Leitstelle angekommen, habe sie den Mann in der Zelle krakeelen gehört. Immer lauter habe er gerufen „Komm her, mach mich ab." Er sei so laut geworden, dass ihr Chef Hans H. die Lautstärke der Überwachungsanlage heruntergedreht habe. Sie habe das sofort rückgängig gemacht. „Mir geht die Sicherheit vor", sagte sie dem Vernehmungsbeamten. Das Brüllen und Krakeelen sei dann weitergegangen. Des Weiteren habe sie eine Art Plätschern gehört. Die Lache sei ihr eingefallen. Sie fragte sich, ob Wasser in die Zelle eindringt. Dann fing auch noch der Brandmelder an zu

128 Vernehmungsprotokolle Jutta L. und Wolfgang W. aus der Gesamtakte (Az.: 141 Js 13260/10), archiviert bei der Generalstaatsanwaltschaft Naumburg.

piepen, auf dem Display der Anlage blinkte das Signal für Zelle 5. Ihr Chef, DGL Hans H., habe das Piepen weggedrückt. Kurz danach schlug wieder der Brandmelder an. Zum zweiten Mal habe der Chef ihn ausgeschaltet. Sie habe noch über das Rauschen nachgedacht, als der nächste Piepton aus dem Rauchmeldekasten oben rechts zu hören war. Das war der Lüftungsalarm. Und wieder sei der Chef gekommen, um ihn wegzudrücken. Sie habe Frau T. angerufen, die für die Technik zuständig sei, dass nun auch die Lüftungsanlage piepte, und Hans H. „energisch aufgefordert",[129] endlich nachzusehen, was im Keller vor sich ging.[130]

Zehn Sekunden lagen zwischen den beiden Brandalarmen, zwei Minuten und 21 Sekunden nach dem ersten Brandalarm piepte der Rauchmelder. 12 Uhr 05 war vorüber, als Hans H. nach unten ging. Peter P. vom Lage- und Führungszentrum rief an, er habe noch eine Frage an den DGL zur WE-Meldung. Jutta L. nahm das Gespräch an und erklärte, der DGL sei unterwegs zum Gewahrsamskeller, weil der Rauchmelder Alarm ausgelöst habe. Über die Wechselsprechanlage habe sie Oury Jallohs ständige „Mach mich los"-Rufe gehört. Jutta L. will ihn beruhigt haben, es komme gleich jemand, als Jalloh plötzlich „Feuer" gerufen habe. Sie habe den Monitor beobachtet und sei froh gewesen, in dem Moment den Chef in Begleitung des Kollegen Hermann E. im Zellenflur zu sehen und Schlüssel klappern zu hören.

Wenn es stimmt, dass Oury Jalloh in genau dem Moment „Feuer" rief, als die Zellentür geöffnet wurde – warum wurde er dann nicht gerettet? Warum schrien der DGL und sein Begleiter Hermann E. nicht nach Hilfe, warum schnappte sich keiner von ihnen einen Feuerlöscher, warum holten sie nicht blitzschnell den Wasserschlauch aus dem Technikraum gegenüber? Der Raum ist immer offen, der Schlauch jederzeit greifbar, damit die Zelle ausgespült werden kann, wenn sie neu belegt werden soll und noch nicht gereinigt wurde. „Ja, das kommt vor, dann machen die Beamten das selber", sagte Frau Z. als Zeugin in

129 LG Dessau-Roßlau, Urteil vom 8. 12. 2008, Az.: 6 Ks 4/05, S. 3.

130 Erste polizeiliche Vernehmung von Jutta L. am 7. 1. 2005.

Magdeburg. Sie war für die Reinigung des Traktes zuständig. Sie weiß alles über die Zellen und den Zustand der Matratzen.[131]

Jutta L.s Vernehmung dauerte von 20 Uhr 25 bis 21 Uhr 55. Kriminaloberkommissar Alfons A. diktierte sie auf Tonträger und ließ den Originalton später abtippen. Er endete mit der Zeile: „Der diktierte Text entspricht meiner Aussage. Auf ein Abspielen der Aufzeichnung verzichte ich. Ich unterschreibe die Richtigkeit meiner hier gemachten Angaben."

Dem Transkript fügte der Kommissar ein Din A4-Blatt mit dem folgenden Hinweis bei: „Während der Zeugenvernehmung am 7. 1. 2005 äußerte die Polizeibeamtin Jutta L., dass sie zu irgendeinem Zeitpunkt, als bereits ersichtlich war, dass es zu einer Rauchentwicklung/Brand gekommen war, noch deutlich das Schließgeräusch der Brandschutztüren gehört habe."

Die Bemerkung machte Jutta L. in einer Pause, das Aufnahmegerät war offenbar nicht eingeschaltet. Wollte sie andeuten, dass sie mehr wusste als sie im Moment zu sagen bereit war?

131 NK-Mitschrift der Zeugenvernehmung von Frau Z. in der HV Magdeburg am 14. 1. 2011.

10. Die Streifeneinsatzführerin

An Oury Jallohs Todestag war Jutta L. 37 Jahre alt. 1993 hatte sie ihren Dienst als Polizeibeamtin begonnen, 1996 wechselte sie nach Dessau, wo sie gemäß eigener Aussage „die rechte Hand des Chefs" wurde – des DGL Hans H. Direkt nach Oury Jallohs Tod wurde sie in die Verkehrsabteilung versetzt – lange bevor die Direktion die Dienstgruppe von Hans H. auflöste und die Beamten in Umlandrevieren Dienst tun mussten. Die Versetzung kam für Jutta L. nicht nur überraschend, sie fand auch gegen ihren Willen statt. Sie meldete sich krank und beklagte sich bitter über den neuen Arbeitsplatz, der sie unterfordere und ihrer Qualifikation nicht gerecht werde.

Am Abend des 7. Januar hatte Jutta L. ihren Chef stark belastet, er habe nicht schnell genug auf den Brandalarm reagiert, sie habe ihn auffordern müssen, endlich zur Zelle gehen. Exakt zwei Monate danach suchte sie den Leiter des Revierkriminaldienstes in seinem Dienstzimmer auf. Sie war immer noch wegen der psychischen Auswirkungen aus der „Sache Jallow" krankgeschrieben. Sie sei gekommen, sagte sie, weil ihr Vernehmer ihre Aussage falsch wiedergegeben habe. Nun wolle sie eine Klärung herbeiführen.[132]

Am 14. März 2005 wurde sie ein zweites Mal vernommen. Bei dieser Vernehmung, die ein Richter durchführte, waren außer Oberstaatsanwalt Christian Preissner auch ihr damaliger Chef Hans H. und seine Anwälte anwesend. Inzwischen ermittelte die Staatsanwaltschaft gegen Hans H. wegen Verletzung der Aufsichtspflicht. OStA Preissner hatte vorab zu verhindern versucht, dass die Zeugin im Beisein des Beschuldigten neu vernommen wird, sie könnte unter Druck geraten. Richter Z. hielt dagegen. Polizeibeamte, die den Amtseid abgelegt

132 Vermerk des Revierkriminaldienstleiters vom 7. 3. 2005.

haben, wüssten, dass sie die Wahrheit sagen müssen.[133] Zwei weitere Kollegen waren außerdem anwesend: die Streifenpolizisten Kurt K. und Günter G., beide mit ihren Rechtsanwälten. Sie hatten Oury Jalloh ins Revier gebracht, seine Sachen abgenommen und sichergestellt und anschließend eine Leibesvisite vorgenommen. Da Günter G. für den unteren Teil des Körpers zuständig war, verdächtigte ihn der Staatsanwalt, in einer Hosentasche ein Feuerzeug übersehen zu haben. Am Oberkörper trug Jalloh nur ein T-Shirt ohne Tasche

Der Kollege Wolfgang W. von der Verkehrsüberwachung war ebenfalls zur richterlichen Vernehmung geladen. Er wurde zuerst verhört. Mit ihm hatte Jutta L. die letzte Zellenkontrolle absolviert. Beide gaben an, Oury Jalloh als Letzte lebend gesehen haben.

Am Beginn ihrer Vernehmung[134] versicherte Jutta L., bei klarem Verstand zu sein, obwohl sie zwei Beruhigungstabletten genommen habe. Sie fühle sich imstande, der Vernehmung zu folgen. Sie berichtete nun zum (offiziell) ersten Mal von den Schlüsselgeräuschen im Gewahrsamsflur um circa 11 Uhr 30, die für sie der Hinweis auf eine Zellenkontrolle waren. „Ich habe dies bemerkt, weil ich die Zellenschlüssel hörte. Welcher Kollege oder welche Kollegin die Kontrolle durchführte, habe ich nicht erkannt, zumal ich das Gespräch nicht mitbekommen habe."[135] Von ihrem Arbeitsplatz aus konnte sie nicht nur hören, was sich im Keller tat, mithilfe der beiden Überwachungskameras im Flur des Zellentrakts hätte sie es auch sehen können, wenn sie nur die Kamera mit dem Joystick auf die Zellentür ausgerichtet hätte. Das tat sie jedoch nicht. Ihr sei aufgefallen, dass Jalloh danach wieder sehr unruhig geworden sei, sagte sie in der richterlichen Vernehmung. Sie habe gehört, wie er mit Handfesseln und Fußketten „regelrecht polterte". Im weiteren Verlauf der Vernehmung entlastete sie ihren Chef Hans H. Die Ereignisse, an denen sie beteiligt war, stellte sie nun

133 Beschluss Amtsgericht Dessau, Gs 94/05, Az.: 601 Js 796/05 StA Dessau-Roßlau.

134 Protokoll der richterlichen Vernehmung vom 14.3.2005.

135 Ebenda.

anders und in anderer Reihenfolge dar. Jetzt kannte sie erstmals exakte Uhrzeiten und erinnerte sich an Einzelheiten.

In der ersten Vernehmung hatte sie behauptet, der DGL habe die Alarmsignale weggedrückt und sei erst nach ihrer Aufforderung in den Keller gegangen. In der zweiten (Neu-)Vernehmung sagt sie, der DGL und sie hätten gemeinsam den Brandalarm vernommen. Sie habe die zuständige Verwaltungsbeamtin Frau T. angerufen, während der DGL sich auf den Weg nach unten gemacht habe, noch bevor der Rauchmelder fiepte. Die Gewahrsamsschlüssel soll er schon in der Hand gehabt haben.

Laut ihrer ersten Vernehmung will sie in dem Moment die Verwaltungsbeamtin Frau T. angerufen haben, als Hans H. zum zweiten Mal den Brandalarm wegdrückte. Kurz darauf habe der Lüftungsalarm zu piepen begonnen, was sie wiederum Frau T. telefonisch angezeigt habe. Danach habe sie den DGL aufgefordert, nach unten zu gehen. Laut der zweiten Vernehmung habe die Lüftungsanlage eine Störung angezeigt, nachdem Hans H. sich wegen eines Geräuschs, das sie beide für Plätschern hielten, schon auf den Weg gemacht habe. Das Anschlagen des Brandmelders habe sie für Fehlalarm gehalten. „Es hörte sich an, als wenn Wasser aus einer überlaufenden Dachrinne auf den Boden fällt.“[136] In beiden Vernehmungen behauptet sie, Oury Jalloh habe in ruhigem Ton – zum DGL, davon sei sie ausgegangen – gesagt: „Mach mich los, Feuer“[137] oder „Komm, mach mich ab“[138] und dann: „Feuer“.[139] In der ersten Vernehmung hatte sie schon vorher ein Schlüsselklappern gehört, in der Neuvernehmung hörte sie „im Hintergrund aus der Ferne bereits die Zellenschlüssel“.[140] In der ersten Vernehmung sah sie auf dem Überwachungsmonitor das Öffnen der Tür und konnte den dicken schwarzen Qualm beobachten, der sich oberhalb Richtung

136 Ebenda.

137 Polizeiliches Vernehmungsprotokoll vom 7. 1. 2005.

138 Richterliches Vernehmungsprotokoll vom 14. 3. 2005.

139 Ebenda.

140 Ebenda.

Kamera ausbereitete.[141] In der Neuvernehmung will sie gesehen haben, dass der DGL die Zellentür geöffnet und mit einer weiteren Person die Zelle betreten habe. „In diesem Moment quoll über der Tür eine pechschwarze Rauchfahne hervor.“[142] Sie habe von unten den Ruf des Chefs „Schnell, Feuerlöscher“ oder „Hol Feuerlöscher“ gehört, ihn über Funksprechgerät gefragt, ob die Feuerwehr benötigt werde, aber keine Antwort erhalten. Dann habe sie nur noch Schritte gehört „und zunächst die gesamte Zeit das Rasseln der Fuß- und Handfesseln“.[143]

In der zweiten Vernehmung behauptete sie, der Vernehmungsbeamte Alfons A. habe falsch wiedergegeben, was sie in ihrer ersten Vernehmung am Abend des Brandtages gesagt habe. Oberstaatsanwalt Christian Preissner vernahm daraufhin drei Tage später Alfons A. Der hatte 90 Minuten lang mit Jutta L. gesprochen, sich von ihr die Örtlichkeiten zeigen lassen, um korrekt beschreiben zu können, worüber sie redet. Er widersprach. Er sei erfahren, während der Vernehmung habe er das Tonband mehrmals zurückgespult und sie beide hätten sich bestimmte Stellen angehört, ein bis zwei Passagen habe sie direkt korrigiert.[144] In der Einzelvernehmung am Abend des Brandtages konnte Jutta L. keine genauen Uhrzeiten angeben, in der richterlichen Vernehmung im Beisein der Gruppe jedoch sehr wohl. Darüber wunderte sich Alfons A.: „Mir ist nicht verständlich, dass Frau H. plötzlich detaillierte Zeiten nennen kann.“[145] Dem Vorwurf, er habe ihre damaligen Äußerungen nicht zutreffend im Protokoll wiedergegeben, trat er entschieden entgegen[146] und gab die Diktatkassette vom 7. Januar zu den Akten.

141 Polizeiliches Vernehmungsprotokoll vom 7.1.2005.

142 Richterliches Vernehmungsprotokoll vom 14.3.2005.

143 Ebenda.

144 Vernehmung von Alfons A., „Warum starb Oury Jalloh?“, LG Dessau, 32. Prozesstag, 3.12.2007.

145 Protokoll der Vernehmung von Alfons A. vom 17.3.2005 durch OStA Chr. Preissner.

146 Ebenda BI. 135 (im Rahmen des Ermittlungsverfahrens gegen Hans H. [u.a.], Az.: 601 Js 796/05 StA Dessau-Roßlau).

Oberstaatsanwalt Preissner konfrontierte Jutta L. mit Alfons A.s Protokoll und leitete ein Ermittlungsverfahren wegen Falschaussage ein. Am fünften Verhandlungstag der ersten Hauptverhandlung vor dem Landgericht Dessau – der Prozess begann im März 2007 – wurde sie neun Stunden lang befragt. „Jetzt haben wir vier Aussagevarianten der Zeugin, damit komme ich nicht mehr klar",[147] bemerkte am Ende dieses Tages Christian Preissner, der für die Staatsanwaltschaft Dessau die Anklage vertrat. Die erste Variante war die der polizeilichen, die zweite die der richterlichen Vernehmung im Beisein des DGL, die dritte die gegenüber ihrem Anwalt und die vierte die vom fünften Verhandlungstag in Dessau am 19. April 2007, wo sie ihre Aussage über eine Zellenkontrolle um 11 Uhr 30 wiederholt, die sie zwar akustisch, aber nicht optisch mitbekommen habe, weil sie den Joystick nicht bedienen könne.

Im April 2010 ließ ich mir in der Leitstelle des Reviers die Bedienung des Joysticks vorführen. Ein Polizist demonstrierte die Handhabung, zunächst in Richtung Zellentüren, Pressesprecher Ralf Moritz erklärte: „Man kann das umstellen…", dann in Richtung der Versorgungsräume: „Sehen Sie, das ist jetzt von der anderen Richtung aus, da ist die Zelle 5 gleich die erste rechts." Alles klappte wie am Schnürchen.[148]

Als Jutta L. sich bei Oberstaatsanwalt Preissner von ihrer Aussage distanzierte, war dieser bereits entschlossen, nur den verzögerten Rettungsversuch anzuklagen. Die Fragen, ob Hans H. unverzüglich oder erst nach Aufforderung von Jutta L. in den Keller ging und ob dazwischen mehrere lebensrettende Minuten liegen könnten, sind nur relevant, wenn das Brandopfer selbst das Feuer gelegt hätte. Mit ihrer korrigierten Aussage hätte Jutta L. ihren Chef vom Vorwurf dieser Prämisse entlastet. Ihr Bericht über Schlüsselgeräusche im Gewahrsamsflur und

147 „Warum starb Oury Jalloh?", LG Dessau, 5. Prozesstag, 19.4.2007.

148 Transkript des Tonbandmitschnitts vom 27.4.2010. Alle während der Recherche entstandenen Originalaufnahmen und Transkripte befinden sich im Privatarchiv der Autorin. Tonbandabschriften der Polizei sind Teil der Gesamtakte, archiviert bei der Generalstaatsanwaltschaft Naumburg.

der daraus resultierende Verdacht einer nicht dokumentierten Zellenkontrolle passte dagegen nicht ins Szenario und wurde übergangen.

Jahre später erst bestätigte in der Hauptverhandlung vor der Magdeburger Schwurgerichtskammer ein Polizeikollege des Reviers ihre akustische Beobachtung vom Schlüsselgeräusch um halb zwölf.[149]

Im März 2015, gut sieben Monate vor seiner Pensionierung und sechs Monate, nachdem der BGH das Magdeburger Urteil bestätigt hatte, gab Oberstaatsanwalt Christian Preissner eine Verfügung zu den Akten. Er schrieb: „Ich habe zu keinem Zeitpunkt seit dem Brandereignis als gesicherte Erkenntnis angesehen und sehe auch heute nicht als gesicherte Erkenntnis an, dass Ouri Jallow selbst das Feuer gelegt hat, wenngleich dies vom Landgericht Magdeburg, vom Bundesgerichtshof auch nicht gerügt, so festgestellt worden ist."[150] Die Formulierung „zu keinem Zeitpunkt" offenbart, dass es unterschiedliche Meinungen innerhalb der Dessauer Staatsanwaltschaft gab, deren Sitzungsvertreter er von Anfang an war. Am Schluss der Dessauer Hauptverhandlung hatte er sein Plädoyer noch mit dem Satz beendet: „Es gibt keine andere denkbare Variante als die, dass Oury Jalloh das Feuer selbst angezündet hat"[151] – obwohl er schon damals nicht von Selbstentzündung überzeugt war, wie sein Statement von März 2015 deutlich machte.

Er begann ein Ermittlungsverfahren wegen Mordes gegen Unbekannt. Für eine der ersten Vernehmungen dieses neuen Verfahrens lud er Jutta L. in sein Büro. Sie erschien am 12. Oktober 2015 in Begleitung des Polizeiseelsorgers Michael B.

149 Diese ist Thema von Kapitel 19 „Die nicht dokumentierte Kontrolle".

150 Oberstaatsanwalt Preissner, Verfügung vom 11. 3. 2015, Az.: 232 UJs 39542/97.

151 „Warum starb Oury Jalloh?", LG Dessau, 59. Prozesstag, 8. 12. 2008.

11. Die Ersten am Tatort

Während Jutta L. über die Gegensprechanlage angeblich akustisch mit Oury Jalloh verbunden war, machte sich Hans H. auf den Weg zur Zelle 5. Es war entweder 12 Uhr 05, 12 Uhr 07 oder 12 Uhr 09, die Zeitangaben variierten im Lauf von Zeit und Zeugenaussagen. Als Verantwortlicher für die Sicherheit im Gewahrsam hatte Hans H. laut eigener Aussage „immer alle Schlüssel am Mann". Er wusste, dass der Afrikaner in der Zelle arretiert ist, und hätte umgehend auf die Alarmsignale reagieren müssen, ließ aber einige Zeit verstreichen, bevor er sich auf den Weg machte. Wie viel Zeit, darüber gehen die Angaben und Berechnungen je nach Zeitpunkt der Aussage und Interessenlage auseinander. Das Landgericht Dessau vermutete etwa zweieinhalb Minuten, während Hans H. in seiner Verteidigungsversion mit 15 bis 20 Sekunden die kürzeste verstrichene Zeit ablieferte. Als Angeklagter durfte er das. In einem Strafprozess sind nur Zeugen verpflichtet, die Wahrheit zu sagen.

„Vom Eingang der Brandmeldung bis zum Verlassen des Dienstzimmers sind nur wenige Sekunden vergangen. Der Beschuldigte schätzt hier 15 bis 20 Sekunden. Der Beschuldigte trat nun auf den Flur, die Gewahrsamsschlüssel bei sich führend und an einer Kette die Schlüssel für die Handschellen und Fußfesseln. Ihm war klar, dass in der Gewahrsamszelle eine Situation eingetreten war, die sein Eingreifen erforderlich machte."[152]

Hans H. ging aber nicht gleich nach unten. Zunächst suchte er das ruhige Zimmer in der gleichen Etage auf, in das sich Polizeioberkommissar Hermann E. zurückgezogen hatte, um ungestört administrative

152 Schreiben seines Verteidigers RA Teuchtler vom 29.3.2005, Az.: St 15/05, Gesch.Z.: 601 Js 796/05.

Arbeiten zu erledigen. H. hätte die Situation im Keller ohne Begleitung begutachten können. Er war kein Gewahrsamsbeamter, sondern der Chef, aber zu seinem eigenen Schutz wollte er jemanden dabeihaben und nahm dafür die weitere Verzögerung in Kauf. Weil er gefürchtet habe, dass der angekettete Mann in der Zelle gewalttätig werden könnte, erklärte er später.

Am 14. Verhandlungstag in Magdeburg schilderte Hermann E. diesen Moment: Hans H. „stand im Rahmen, er verharrte, weil ich noch telefonierte. Er wirkte auf mich nervös, dann bat er mich, mit ihm zusammen einen Festgenommenen im Gewahrsam zu kontrollieren. Ich wollte wissen, ob etwas nicht stimmt, und er meinte ja, es gehe um ein komisches Geräusch, ein Plätschern. Dass der Mann im Keller fixiert ist, sagte er nicht." Er sagte auch nichts vom Brandalarm und nahm auch nicht den Abc 6 Kilo-Feuerlöscher mit, der im Flur an der Wand hing.

Sie verließen die erste Etage, auf der Revier-Einsatzdienst, Revierleitung und diverse Büros der Verwaltung untergebracht sind, und gingen in den Keller. Auf halber Strecke passierten sie das Hochparterre mit Pförtnerloge, Hauswache genannt, die Räume für den Publikumsverkehr und den Verkehrsdienst. Vor Gericht behauptete Hans H., an der Hauswache angehalten zu haben, um telefonisch seinen direkten Vorgesetzten Julius J., Leiter des Reviereinsatzdienstes, vom Plätschergeräusch in der Zelle in Kenntnis zu setzen. „Das kann nicht sein", sagte Hermann E. als Zeuge in der Hauptverhandlung in Dessau am 13. Juni 2007, „das wäre mir nicht entgangen." Um 12 Uhr 09 sollen der DGL und E. an der Gewahrsamstür angekommen sein – der Brandschutztür, die den Zellentrakt vom Rest des Kellers abschirmt. Mehrere Testpersonen liefen später die Strecke zwischen DGL-Bereich und Haupttür zum Gewahrsam. Sie brauchten zwischen 37 und 80 Sekunden.[153]

153 LG Magdeburg, 1. Große Strafkammer – Schwurgericht – Geschäftsnummer: 21 Ks 141 Js 13260/10 (8/10), S. 132.

Gut fünf Jahre später stand ich an dieser Stelle, begleitet von Ralf Moritz, dem Sprecher der Polizeidirektion Dessau-Roßlau, und einem Polizisten der aktuellen Schicht. Ralf Moritz öffnete die Tür zum Vorraum, danach die Brandschutztür zum Zellentrakt. Ich wollte wissen, wie diese Türen gesichert sind: Mit Schlössern, sagte Moritz, die Haupttür zusätzlich mit einem Riegel. Der Riegel kann nur auf der Außenseite geöffnet werden. War die Tür am Brandtag auch verschlossen? Antwort des begleitenden Polizisten: „Das weiß ich nicht, ob die zu war, das kann ich Ihnen nicht sagen." Ralf Moritz: „Ich denke, im Regelfall müsste die eigentlich auch zu sein", und ergänzte später: „Es können durchaus mehrere Personen im Gewahrsam getrennt voneinander untergebracht sein, dann sind die Türen natürlich geschlossen zu halten."[154] Am 7. Januar 2005 war außer Oury Jalloh keine weitere Person inhaftiert. Demnach ist es möglich oder sogar wahrscheinlich, dass die Haupteingangstür zum Gewahrsam offen stand.

Schon vor der Brandschutztür, dem Haupteingang zum Zellenflur, bemerkten Hans H. und Hermann E. Brandgeruch. Sie öffneten die Tür und betraten den Flur. Der Geruch wurde intensiver, es roch nach Angebranntem. In seiner ersten (polizeilichen) Vernehmung um 20 Uhr 30 sagte Hermann E., er habe durch den Spion ins Innere der Zelle 5 geguckt, es sei nichts zu erkennen gewesen, nur Dunkelheit. Sie hätten die Entriegelung zur Seite geschoben und die Zellentür geöffnet. Aus dem Raum sei ihnen eine schwarze Wolke entgegengekommen. Auf der Stelle habe der DGL mit der Ansage „Ich hole Hilfe" den Zellentrakt verlassen.

Am 19. Verhandlungstag in Magdeburg fragte die Nebenklage-Anwältin Gabriele Heinecke den Angeklagten: „Sie haben die Fesselschlüssel dabei, lassen E. unten alleine und rennen weg?" Hans H. antwortete: „Ich wollte den Feuerlöscher holen, und dann habe ich telefoniert."[155]

154 Transkript der Tonaufnahmen im Revier vom 27.4.2010.

155 NK-Mitschrift der HV Magdeburg vom 26.5.2011.

Tatsächlich ist es sehr unwahrscheinlich, dass er seine Fesselschlüssel dabei hatte. Hermann E. blieb allein an der Türschwelle stehen, erst jetzt wurde ihm klar, dass da ein Mensch verbrennt. Ohne Fesselschlüssel konnte er ihn nicht vom Podest ziehen. „Die Matte brannte in vollem Ausmaß", hatte er als Zeuge in Dessau gesagt. „Ich wusste nicht, wo der Schlüssel für die Fesseln war, ich konnte ihm absolut nicht helfen."[156] „Die Person, das ist ein Bild des Grauens. Ein Verkehrsunfall mit Toten ist nichts dagegen", sagte er als Zeuge in der Magdeburger Hauptverhandlung.

Durch den Qualm hindurch sah er Flammen flackern, sonst nichts. Kein Geräusch, keine Rufe. Hektisch suchte er nach einer Decke, mit der er die Flammen ersticken könnte. Wenige Minuten zuvor war Herbert B. vom Zigarettenkauf zurück ins Revier gekommen. An der Hauswache sprach er kurz mit der Kollegin Frau F., wurde aber vom Ruf des DGL, der einen Telefonhörer in der Hand hatte, unterbrochen: „Herbert, geh mal runter, da ist was passiert." Dass es brennt, sagte er nicht. B. rechnete damit, im Keller Zeuge einer Prügelei zu werden. Die erste Tür – die zum Vorraum – stand offen, auch die Sicherheitstür. Rauchschwaden verteilten sich, im Flur des Zellentrakts sah er Hermann E. stehen, nach einer Decke rufend. Herbert B. rannte die Treppe zum Hintereingang hoch, holte aus dem nächstbesten Streifenwagen eine Decke, wickelte sie sich um den Kopf und lief wieder hinunter. Er ist Profi, zu DDR-Zeiten war er als Brandoberinspektor der Großfeuerwehr Dessau zuständig für Brandermittlung und Todesfälle, seit 1990 kriminalpolizeilicher Brandursachenermittler der Dessauer Polizei.[157]

Der Vorraum war bereits schwarz, atmen war kaum noch möglich. Unter der Qualmdecke sei er zur Zelle gerobbt, 50 oder 80 cm vor der Tür musste er aufgeben, er habe hineingeblickt und einen etwa 10 mal 10 cm großen Flammenschein gesehen, den er später als großen runden dunkelroten Feuerball beschrieb. Einen Menschen habe er nicht

156 „Warum starb Oury Jalloh?", LG Dessau, 12. Prozesstag, 13.6.2007.

157 LG Dessau-Roßlau, Urteil vom 8.12.2008, Az.: 6 Ks 4/05, S. 9.

erkannt, hätte ihn auch nicht retten können. Von der Fixierung wusste er zu dem Zeitpunkt noch nichts. „Wenn ich das gewusst hätte, wäre ich schon gar nicht so runtergegangen“, sagte er als Zeuge in Magdeburg.[158] „Wenn ein Feuerlöscher da gehangen hätte, hätten Sie ihn mitgenommen?“, fragt Oberstaatsanwalt Christian Preissner. „Selbstverständlich. Es ist noch niemand an einem Feuerlöscheinsatz gestorben.“ Seit 1990 ist er bei der Polizei, nie hat er erlebt, dass jemand fixiert wurde. Das zu begreifen sei ihm schwer gefallen.

Herbert B. verließ den Gewahrsam, ging die Treppe hoch. Da standen Kollegen, die wissen wollten, was passiert war. Nachdem das Feuer gelöscht und sich der Rauch verzogen hatte, nahm er den Handscheinwerfer und ging wieder nach unten. Der Revierleiter beauftragte ihn, Fotos machen zu lassen, die später nicht gefunden werden. Zum ersten Mal sah er den verbrannten Leichnam, der auf der Pritsche lag. Die Anweisung kam, keine Untersuchungen mehr durchzuführen, die Polizeidirektion Stendal übernehme.

Die Fotos machten Gregor S. und Hugo D. vom Kriminaldauerdienst (KDD). Der Kommissar vom Lagedienst (KvL) hatte sie angefordert. Zwischen 12 Uhr 30 und 13 Uhr trafen die beiden Männer am Tatort ein, hatten aber nicht die Information bekommen, dass ein Mensch in der brennenden Zelle lag. Gregor S. erinnert sich als Zeuge im Dessauer Prozess: „Es war jede Menge Polizei aus dem Revier auf dem Hof. Ich kannte sie alle.“ Die Feuerwehr war schon dagewesen, sie besprachen kurz mit dem Revierleiter organisatorische Fragen und gingen dann ohne Begleitung in den Keller. Nur zwei Meter in die Zelle hinein, um die ersten Fotos vom Tatort und der Leiche zu machen. Die ersten Fotos sind besonders wichtig. Ein Dokument in der Akte belegt, dass die Fotos von der Speicherkarte der Kamera auf CD-ROM kopiert und am 13. Januar 2005 an die Polizeidirektion Stendal geschickt wurden. Wo sie entweder nie ankamen oder auf unbekannte Weise verschwanden, denn in der Akte befinden sich nur später aufgenommene

158 NK-Mitschrift der Vernehmung in der HV Magdeburg vom 19.5.2011.

Fotos und Videoprints der Tatortgruppe des LKA. Es gibt auch keinen schriftlichen Bericht über den Einsatz der KDD-Beamten. „Es wurde keiner angefordert", sagte Gregor S. Obwohl sie sechs oder sieben Stunden vor Ort waren, sich mit dem Bereitschaftsarzt Andreas Pilz und anderen Polizeikollegen, die sie im Verlauf des Nachmittags in den Trakt begleiteten, unterhalten hatten. Namen wurden nicht genannt. In erster Linie seien sie für die Absicherung des Gewahrsamsbereichs verantwortlich gewesen und dafür, dass es immer genug Licht für die Scheinwerfer gab.[159]

Gegen 15 Uhr 45 gingen Herbert B. und alle anderen, die noch im Keller waren, zurück auf den Hof. Hier stimmt was nicht, sagte B. zu den Kollegen, hier gibt's nichts zu brennen, wie kann das sein? „Die anderen haben nichts dazu gesagt."[160]

Herbert B. war nicht der einzige Berufsfeuerwehrmann des Reviers. Der andere war Kurt K., einer der beiden Streifenpolizisten, die Oury Jalloh festgenommen hatten. Bis zu seinem Eintritt in die Polizei war S. als Feuerwehrmann in einem Dessauer Chemiebetrieb beschäftigt, der verschiedene hoch brennbare Stoffe herstellte, auch Pyrotechnik. Als Spezialist für schwere Brände muss er gewusst haben, wie man sich bei Feuer zu verhalten hat.[161] Die Firma hieß „Dessauer Gärungschemie", eine Nachfolgerin der Degussa, die für die Nazi-Regierung Zyklon B herstellte. Sie produzierte 99,8 % reinen Alkohol, er galt als der reinste Alkohol der Welt. 1992 wurde die Gärungschemie abgewickelt und privatisiert.

Kurt K. wurde Polizist.

159 Aussagen der KDD-Beamten in der HV Dessau am 11.1.2008 und der HV Magdeburg am 13.6.2012.

160 Zeugenaussage am 18. Verhandlungstag, LG Magdeburg 19.5.2011.

161 In seinen polizeilichen und richterlichen Vernehmungen hatte Kurt K. dies verschwiegen. Die Information erhielt die Autorin im März 2014 von einem Justizbeamten. Name ist der der Autorin bekannt.

12. Feuerwehreinsatz und erste Maßnahmen

Was Hans H. tat, nachdem er zurück in den ersten Stock gerannt war und sich die Fesselschlüssel aus der Leitstelle geschnappt hatte, konnte vor Gericht nicht geklärt werden. Sicher ist, dass er nicht mehr in den Keller ging. Sehr wahrscheinlich stoppte er an der Hauswache im Parterre, um zu telefonieren. Mit wem? „Mit mir", behauptete sein direkter Vorgesetzter, Reviereinsatzleiter Julius J., als Zeuge vor dem Landgericht Dessau. Dem widersprach die Mitarbeiterin der Hauswache, Frau F., die in der Pförtnerloge Dienst tat. Sie habe gehört, dass Hans H. die Kollegin Jutta L. anwies, Feuerwehr und Notarzt zu rufen. Die Uhr zeigte 12 Uhr 10. Jutta L. bestritt den Anruf, sie sei nicht informiert worden und habe nur auf Zuruf von Kollegen im Keller reagiert. Ein ihr unbekannter Mann habe am Fenster in der Leitstelle gestanden und heruntergeschaut. Sie erinnerte sich an ihn während ihrer Zeugenaussage im Dessauer Prozess, er trug eine Brille, sagte sie, und als sie ihn fragte, ob ein Rettungswagen benötigt werde, habe er mit ihr gesprochen. Seine Stimme sei dunkel gewesen. In die Akten geht die Person als „Fremder Mann mit Brille" ein.

Es ist Freitagmittag, 12 Uhr 11. Jutta L. entscheidet selbst, den Notruf der Feuerwehr zu alarmieren. Das Telefonat im Wortlaut:

FW: Feuerwehr, Schumann

Jutta L.: Ja Polizeirevier, wir bräuchten mal 'nen Wagen hier, und zwar Notarzt hatten sie gebrüllt. Für den, der im Gewahrsam ist. Wir haben hier so was wie, ich weiß es nicht, meine Kollegen sind alle unten, Rauchschwaden kommen raus.

FW: Rauchschwaden?

H: Jaaa.

FW: Also brauchen Sie 'ne Feuerwehr oder 'nen Notarzt?

H: Warte mal (zu Kollegen:) Ruf doch mal runter und frag, was die nun brauchen alles. Ich stehe hier oben, ich seh' nichts auf dem Monitor. Feuerwehr auch?
Kollege: Feuerwehr?
(Telefonklingeln)
H: Die husten alle nur. 'Nen RTW [Rettungswagen] so schnell wie möglich.
FW: Ja, gut.
H: Brandverletzung. Und Notarzt auch (schreit nach unten:) Und Feuerwehr, nicht? Frag, ob die Feuerwehr …
Kollege: Feuerwehr?
Kollege unten: Feuerwehr auch?
H: Ja. Ja.
FW: Gut, alles klar.
FW: Bis gleich.[162]

Oury Jalloh stand in Flammen, als dieses Telefonat geführt wurde. Verwaltungsangestellte Karin S. suchte den DGL-Raum auf und sah auf dem Monitor der Überwachungskamera im Gewahrsamsflur bereits ein vollkommen schwarzes Bild. Inzwischen standen Polizeibeamte auf dem Hof, auch Hans H., der Günter G. aufgefordert hatte, einen Feuerlöscher aus einem der dort geparkten Einsatzfahrzeuge zu holen. Einige haben rußgeschwärzte Gesichter, so Hermann E. und Herbert B. Sie waren kurz im Keller gewesen, wollten Hilfe leisten, konnten aber nichts ausrichten.

Für Wolfgang W. war nach der Zellenkontrolle Feierabend. Er verließ den Gewahrsamsbereich, wechselte die Kleidung und ging zu seinem privaten Pkw, den er auf dem Parkplatz hinter dem Gebäude abgestellt hatte. Es war 12 Uhr 20, Wolfgang W. saß am Steuer seines Pkw und wollte gerade abfahren, als die Feuerwehr auf den Hof kam. Er stieg wieder aus, um das Löschfahrzeug einzuweisen. Wegen seiner

162 Transkript des für die Akte gesicherten Bandmitschnitts.

Zivilkleidung ignorierte ihn der Fahrer. Wolfgang W. blickte um sich und sah aus der offen stehenden Hintertür zum Zellentrakt schwarzen Rauch austreten. Nicht einmal eine halbe Stunde zuvor war er dort gewesen, und nun brannte es. Er setzte sich trotzdem wieder ins Auto und fuhr los. „Was haben Sie sich dabei gedacht", wird ihn Claudia Methling fragen, die Vorsitzende der Magdeburger Schwurgerichtsverhandlung. „Wenige Minuten vorher waren Sie noch dort?" Er konnte die Frage nicht beantworten. Den Qualm aus dem Zellentrakt und die einfahrenden Feuerwehr- und Rettungswagen habe er nicht miteinander in Verbindung gebracht.

Am Tag seiner Vernehmung vor dem Magdeburger Landgericht, dem 4. März 2011, war Wolfgang W. 56 Jahre alt. Die Vernehmung verlief zäh, er ließ sich sprichwörtlich jedes Wort aus der Nase ziehen. Gabriele Heinecke, Anwältin der Nebenklage, suchte die Ursache für sein irritierendes Verhalten: „Wurden Sie auf Ihre Aussage vorbereitet?" Wolfgang W. bestätigte: „Bei einem Treffen wurde uns gesagt, wie wir die Aussage verweigern können." Aus der Zuschauergruppe ertönte lautstarker Protest. Hilfesuchend und offensichtlich erschrocken blickte Wolfgang W. zum Prozessbeobachter der Polizei in der vorderen Reihe und bat die Vorsitzende um eine Pause, die er bekam. Danach wurde die Vernehmung fortgesetzt. Die Rechtsanwältin fragte nun, ob er sich mit einem der Anwesenden beraten wollte. Wolfgang W. bejahte, mit dem hier anwesenden Vertreter der Gewerkschaft. Er ist Stufenpersonalratsvorsitzender der Polizei Dessau-Roßlau.

Sein Verhalten in der Vernehmung blieb undurchsichtig. Als hätte er seine Erinnerung verloren, beantwortete er die meisten Fragen mit „Kann ich nicht sagen" oder „Weiß ich nicht mehr". Er und Jutta L. hatten Oury Jalloh als Letzte lebend gesehen. Seine Zeugenaussage ist von großem Wert. Die Vorsitzende gab ihm zu bedenken, dass sie Ordnungsgeld und Beugehaft verhängen könne, um seinen Erinnerungswillen zu fördern, und vertagte seine Vernehmung.

Als nächste Zeugin erschien Jutta L., aber nur, um mitzuteilen, dass sie von ihrem Recht auf Aussageverweigerung Gebrauch machen wolle.[163] Dadurch endete der Verhandlungstag früher als geplant. Das Gericht zog sich zurück, und auch alle anderen Anwesenden verließen das Gebäude.

Ich blieb einen Moment lang bei den Garderobenständern der Presseetage im 2. Stock sitzen, um mir Notizen zu machen, und wurde so ungeplant Zeugin eines kurzen Dialogs zweier Männer im Treppenhaus. Sie trafen sich auf dem Podest zwischen Erdgeschoss und erster Etage. Von oben kann das Podest perfekt eingesehen werden, die akustischen Bedingungen des Treppenhauses sind so, dass ich jedes Wort des kurzen Dialogs verstehen konnte. Der eine der beiden Männer war der aktuelle Polizeipräsident Karl-Heinz Willberg, der andere der ständige Prozessbeobachter der Polizei. Der Polizeipräsident fragte: „Wie hat er sich geschlagen?“, der Beobachter antwortete: „gut“. Beide Männer lachten. Dann gingen sie getrennt ihrer Wege.

Im Revier war am 7. Januar 2005 wie üblich um 12 Uhr Schichtwechsel. Ein Polizist wollte wissen, ob er nach Hause fahren dürfe. Das Telefonat hat folgenden Wortlaut:

P: Polizeinotruf Dessau.
A: Ja, W., sag mal, können wir abhauen?
P: Nee, du bleibst jetzt mal stehen, die Feuerwehr kommt schon:
A: Das weiß ich doch, hör ich ja.
P: Ja.
A: Und ansonsten können wir abhauen?
P: Ja, was willst du denn machen?
A: Nee, ich sag, mit uns hat das ja nichts zu tun, nee?
P: Nee, da brennt's.
A: Wieso?

163 Die Staatsanwaltschaft hatte gegen sie wegen Verdacht der Falschaussage ermittelt, stellte das Verfahren aber im Mai 2009 mangels „hinreichenden Tatverdachts“ ein. Az.: 601 Js 8355/05.

P: Weiß ich nicht. Die sind runtergekommen, da war alles schwarzer Qualm.

A: Ja, ich hätte fast gesagt gut. Alles klar, schönes Wochenende. Ciao Ciao.[164]

Den Einsatz des Löschtrupps leitete Brandoberrat Lutz K. Seine Vorinformation lautete „Brand im Kellerbereich des Polizeireviers, eine Person wird vermisst." Kurt K. hatte Lutz K. die Schlüssel für Hand- und Fußfesseln gegeben,[165] aber nicht gesagt, dass die gefesselte Person in der Zelle 5 liegt und, was noch wichtiger gewesen wäre, dass sie nicht fliehen kann. Lutz K. ging davon aus, dass der Mann zwar gefesselt war, aber laufen konnte und die geöffneten Türen dazu nutzte, abzuhauen und sich irgendwo im Haus zu verstecken. Zwischen 12 Uhr 21 und 12 Uhr 26 suchten drei Rettungstrupps im Keller und in den oberen Etagen nach der vermeintlich entlaufenen Person. Ohne Erfolg. Um 12 Uhr 35 gab Lutz K. das Kommando, die Kübelspritze einzusetzen – einen tragbaren Behälter, mit dem das Feuer innerhalb von Sekunden gelöscht wurde. Ein Rest des Löschmittels blieb sogar übrig.

Zurück auf dem Hof erfuhren die Feuerwehrleute von den Polizisten, die den Rettungsarbeiten zugesehen hatten, dass sich die vermisste Person noch in der Zelle 5 aufhalte. Lutz K. ging wieder in den Gewahrsamskeller. In der Zelle 5 war nur am Boden ein wenig Sicht möglich. Auf allen Vieren kroch er am Rand des Betonsockels entlang, bis er einen Kopf sah. Er stieß an die linke Schulter und bemerkte einen Feuerschein. Der Unterkörper brannte noch, vom Bauch bis zu den Oberschenkeln und weiter, ein Quadratmeter groß war der brennende Bereich, die Flammen 50 cm hoch. Sie wurden gelöscht, der Keller gelüftet, der schwarze Rauch abgesaugt. Um 12 Uhr 40 war der Einsatz beendet, der Löschtrupp rückte ab.[166]

164 Bandmitschnitt, gesichert für die Akte am 11. 1. 2005.

165 Polizeiliches Vernehmungsprotokoll vom 7. 1. 2005.

166 Alle Informationen zum Ablauf des Feuerwehr-Einsatzes gemäß den Zeugenaussagen von Lutz K. in den Hauptverhandlungen Dessau und Magdeburg.

Die beiden Beamten des Kriminaldauerdienstes der Polizeidirektion Dessau sicherten den Tatort mit rot-weißem Absperrband.

*

Jeder Brandort ist ein Tatort. Frank Dieter Stolt, Kriminaltechniker und Experte für Brandursachenermittlung aus Mannheim, wies mich auf diesen Grundsatz hin.[167] Er sei elementar, weil Versäumnisse oder Fehler beim „ersten Angriff" während Spurensicherung und Dokumentation später kaum noch wieder gutzumachen seien. Der Grundsatz schließt ein, dass nichts verändert werden darf. Nur die Ermittler dürfen den Brandort noch betreten. Auf einem Videoprint des LKA ist jedoch zu sehen, dass der Brandschutt auf dem Zellenfußboden übersät ist mit Schuhabdrücken. Eindeutig zu erkennen sind die Spuren der Gummistiefel von Lutz K, dem Einsatzleiter der Feuerwehr. Der Bereitschaftsarzt Dr. Andreas Pilz kam erst später zum Tatort, um den Totenschein auszustellen. Auf der Schwelle zur Zelle 5 machte er halt. Um den Tod festzustellen, musste er den Raum nicht betreten. Die Kriminaltechniker des LKA arbeiteten schon.

Am 18. Verhandlungstag in Magdeburg wurde Herbert B. gefragt, wer außer ihm noch in der Zelle war. „Ich war voll drin, bis zur Mitte des Raums", sagte B., „ich habe geleuchtet damit die Kollegen Fotos machen können."Die beiden Kollegen hätten auf dem Flur gestanden, „in die Zelle kam keiner".

Revierleiter Ronnie Z. und Reviereinsatzleiter Julius J. hatten sich den verrußten Keller angesehen, kamen wegen der schlechten Luft aber nur bis zum Vorraum. Um 12 Uhr 25 – der Feuerwehreinsatz hatte begonnen – informierte der Revierleiter die Polizeiführung im zweieinhalb Kilometer entfernten Präsidium Kühnauer Straße. Zuerst rief

167 Ich traf Frank Dieter Stolt während meiner Recherche zu dem Radio-Feature von 2014 („Oury Jalloh – Die widersprüchlichen Wahrheiten eines Todesfalls". Von Margot Overath, in: MDR Kultur – Das Radio (2014), 7.7.2023, https://www.mdr.de/kultur/podcast/feature/feature-oury-jalloh-margot-overath-100.html) am 4.5.2014 in Lüneburg, wo er als brandsachverständiger Gutachter vom Landgericht Lüneburg geladen war.

er die damalige Polizeipräsidentin Brigitte Scherber-Schmidt an, etwas später Hauke V, der für die Organisation des Einsatzdienstes in der Polizeidirektion zuständig war. Die Information hatte den Inhalt: Ein alkoholisierter Schwarzafrikaner habe sich in der Zelle „selbst angezündet“ und sei verstorben.

Sofort setzten sich die Direktoren zusammen. Um 12 Uhr 55 wurde das Innenministerium in Magdeburg informiert. Hauke V. veranlasste den Inspekteur der Polizei, Ermittlungen einzuleiten. Jetzt hätte der Bereitschaftsstaatsanwalt F. am Tatort erscheinen, den Tatort besichtigen und die wichtigsten Zeugen vernehmen müssen, um sich ein eigenes Bild zu machen, so schreiben es die Richtlinien für das Strafverfahren in schwierigen Fällen vor. Ohne Frage handelte es sich hier um einen schwierigen Fall. Aber er kam nicht, ließ sich nur telefonisch unterrichten und wurde auch später nie als Zeuge gehört.

Harald A. hatte inzwischen Hans H. und Jutta L. in der Einsatzzentrale abgelöst. Um 13 Uhr 05 sah er aus dem Fenster des DGL-Raums auf den Hof hinunter, wo der abgelöste DGL Hans H. mit Revierleiter Ronnie Z., Reviereinsatzleiter Julius J. und dem Streifenpolizisten Günter G. zusammenstand.

Um 13 Uhr 25 forderte das Lagezentrum der Polizeidirektion Dessau die Tatortgruppe des Landeskriminalamts Magdeburg an. Walter W. wird die Gruppe leiten. Er war 41 Jahre alt, ein erfahrener Mann, seit Jahren beim LKA. Die Kriminaltechniker aus Magdeburg erreichten das Dessauer Revier Wolfgangstraße um 15 Uhr 30, knapp drei Stunden nach Abzug der Feuerwehr. Die Ermittlungsgruppe des Fachkommissariats 2 der Polizeidirektion Stendal, die alle zur Tatzeit im Revier anwesenden Mitarbeiterinnen und Mitarbeiter vernehmen soll, traf um 16 Uhr 40 ein. Deren Chef wird Kriminalhauptkommissar Ansgar A., Leiter der Mordkommission in Stendal. Zu sechst fahren sie mit zwei Dienst-Pkws nach Dessau.

Revierleiter Ronnie Z. empfing die Tatortgruppe in seinem Büro, informierte sie über den Suizid eines „Schwarzafrikaners“ in der Gewahrsamszelle und zeigte ihnen die Örtlichkeiten. So berichtete

Helmut H., Videograf der Tatortgruppe, als Zeuge vor der Dessauer Strafkammer.[168] Ansprechpartner für die Ermittlungsgruppe aus Stendal wurde Revierkriminaldienstleiter Klaus K. Er übergab dem Leiter das Gewahrsamsbuch und begleitete die Gruppe in den Zellentrakt. Zum ersten Mal sah er die Leiche. „Es war die einzige Gelegenheit, wo ich sie hätte sehen können," erinnerte er sich als Zeuge in Magdeburg.[169]

168 „Warum starb Oury Jalloh?", HV Dessau, 37. Prozesstag, 22.1.2008.

169 NK-Mitschrift der HV Magdeburg vom 17.11.2011

13. Spurenarbeit

Außer ihrem Leiter, Kriminaltechniker Walter W., gehörten der Tatortgruppe des Landeskriminalamts Magdeburg die beiden Videografen Helmut H. und Hajo T. an sowie der Fotograf Adrian G. Ihren Dienstwagen hatten die LKA-Beamten am Nachmittag des 7. Januar vor der Tür zum Hintereingang des Gewahrsams abgestellt. Im Kofferraum lag ein Photoionisationsdetektor (PID), ein hochempfindliches Brandgasspürgerät, mit dem an Brandorten regelmäßig nach Resten von Brandbeschleunigern gesucht wird. Er kann in der Umgebungsluft geringste Mengen brennbarer Flüssigkeiten im Brandschutt wie Benzin, aber auch andere Brandlegemittel aufspüren, indem er die chemischen Verbindungen erkennt und analysiert.

Nach der Einweisung durch den Revierleiter[170] begannen die Kriminaltechniker mit ihrer Spurenarbeit. Es war kurz nach 15 Uhr 30. Der Videograf Helmut H. holte seine Kamera aus dem Pkw, schaltete sie ein und nahm sie auf die Schulter. Die Kamera hat ein integriertes Mikrofon für die Tonspur. Er begann sofort zu sprechen.

Originalton Helmut H.: „Wir befinden uns auf dem Hof des Polizeireviers Dessau, Wolfgangstraße. Am hinteren Eingang …" – ein Polizist kommt ins Bild, er wackelt mit dem Kopf, eine merkwürdige, ja befremdliche Geste in dieser Situation – dann spricht Helmut H. weiter:

170 „Warum starb Oury Jalloh?", LG Dessau, 31. Prozesstag: „Nach einer kurzen Einweisung in die Räumlichkeiten und den vorliegenden Sachverhalt durch den Revierleiter (im Dokument Vorname plus 1. Buchstabe des Familiennamens) seien die Beamten der Tatortgruppe und des FK 2 der PD Stendal arbeitsteilig vorgegangen. Gegenstand der Sachverhaltsdarstellung durch den Revierleiter sei gewesen, dass der Verstorbene alkoholisiert Frauen belästigt haben soll und nach seiner Festnahme im Gewahrsamstrakt versucht hätte, sich selbst zu verletzen und auch Blut im Gewahrsamstrakt vorhanden sei."

„zum Abgang in die Arrestzellen". Die Kamera auf Helmut H.s Schulter bewegt sich zur Tür und verbleibt kurz auf dem Podest rechts von der Tür. Weiter Originalton Helmut H.: „Ich begebe mich jetzt in den Keller, in dem sich ein schwarzafrikanischer Bürger in einer Arrestzelle angezündet hat." Unten angekommen, geht er um zwei Ecken und steht, nachdem er den Vorraum hinter sich gelassen hat, in einem weiteren Vorraum zum Zellentrakt. Der Fußboden im Flur ist von Ruß bedeckt. Helmut H.: „Wir befinden uns jetzt in dem Arrestzellentrakt, gleich die erste Zelle wurde durch den Schwarzafrikaner belegt und hier…" – die Kamera schwenkt nach rechts, zu sehen ist die Tür zur Zelle 5 – „… hat er sich auch angezündet".[171]

Helmut H. steht im Türrahmen. Der Zellenboden ist mit quadratischen, die Wände sind von oben bis unten mit rechteckigen Fliesen gekachelt. Im unteren Bereich sind die Fliesen noch hell, oberhalb einer Linie von 60 bis 70 Zentimeter sind sie schwarz berußt. Nur um die beschädigte Wandfliese mit dem Befestigungsbügel für die Fessel der rechten Hand zieht sich der schwarze Ruß vom Boden bis an die Decke der Zelle. Vorne links ist die Hocktoilette, dahinter das Fußende des Betonpodestes. Die Kunstledermatratze hat sich in eine schwarze Masse verwandelt, die über die Ränder des Podests auf den Zellenboden geflossen ist.

Der Videograf spricht weiter in das Kameramikrofon: „In dieser Arrestzelle befinden sich außer einer auf der Erde befestigten Fliesenpritsche mit einer immerhin [das letzte Wort ist schwer zu verstehen] Matratze keine weiteren Gegenstände." Dann macht er eine Pause von neun Sekunden. Sein nächster Satz lautet: „Die fragliche Person ist an Händen und Füßen gefesselt…" – er hält die Kamera auf die linke und dann die rechte Fußfessel – „…die Fesselung ist intakt". Er richtet das Objektiv seiner Kamera auf die linke Seite des Leichnams, zoomt auf

171 Transkript des abgebrochenen Tatortvideos. Das Tatortvideo ist Teil der Gesamtakte (Az.: 141 Js 13260/10), archiviert bei der Generalstaatsanwaltschaft Naumburg.

die linke gefesselte Hand, deren Finger verbrannt sind, dann auf die rechte Hand, die in der Fesselung an der Wand hängt, und auf den Kopf des Leichnams. Vom oberen Ende der Liege geht er langsam zur Tür zurück. Noch einmal zeigt er den rechten gefesselten Fuß und zum Schluss den Leichnam in der Totalen. Vier Minuten und 17 Sekunden sind vergangen, jetzt sollte der wichtigste Teil der Dokumentation beginnen: die Spurenarbeit. Aber die fehlt. Der Rest der Datei ist ohne Inhalt.

Walter W. begann mit der Spurensicherung. Wie seine Arbeit ablief, wie das Spurenmaterial unter der Leiche aussah, dafür gibt es bis heute keinen einzigen Beleg. Sieben Wochen nach seinem Einsatz, am 25. Februar 2005, gab Walter W. seinen Bericht ab. Er nannte ihn „Ereignisortbefundbericht" und „Tatortbefundbericht", aber der Ablauf der Arbeiten ist darin nicht nachvollziehbar beschrieben. Dokumentation und Interpretation gehen durcheinander. Statt zu dokumentieren wird kommentiert und bewertet: „Nach Entfernen der Leiche vom Podest wird unter dem Rücken ein nicht verbrannter Bereich sichtbar, der augenscheinlich aus Resten der Matte (gelber Schaumstoff mit braunem Kunstlederbezug), Resten einer braunen Cordhose und Resten eines T-Shirts besteht (Ass. 1.1). Dieser Block wird im Ganzen gesichert, um ihn später auf das Vorhandensein von brandbeschleunigenden Substanzen zu untersuchen."[172] Wie er die Leiche vom Podest entfernte, darüber ist in seinem Bericht nichts zu sehen und nichts zu lesen. Als Zeuge in Magdeburg sagte Walter W. aus, er habe sie gemeinsam mit dem Videografen Helmut H. angehoben.[173] Helmut H. bestritt dies: „Dafür hätte ich Handschuhe dabei haben müssen, hatte ich aber nicht."[174] Die Nebenklage wollte den zweiten Videografen Hajo T. hören, aber ihr Antrag wurde abgelehnt.

172 Ereignisortbefundbericht/Tatortbefundbericht vom 25.2.2005, Az.: 33.1/0085/2005.

173 NK-Mitschrift der HV Magdeburg vom 25.8.2011.

174 NK-Mitschrift der HV Magdeburg vom 3.11.2012.

Weiter heißt es im Bericht: „Bei dieser Untersuchung durch die Brandsachverständigen wird zwischen diesen Resten ein verschmortes Gasfeuerzeug ‚Tokai', Ass. 1.1.1, gefunden."[175] Doch am Tatort war kein Feuerzeug gefunden worden. Deshalb gehört der nachträglich hinzugefügte angebliche Fund nicht in diesen Bericht. An einer anderen Stelle heißt es, dass Jalloh fixiert worden sei, „da er mehrfach versuchte sich durch Anschlagen des Kopfes an Wänden und Tisch zu verletzten". Und als der Rauchmelder Feueralarm auslöste, hätten „die sofort zur Zelle eilenden Beamten" ein starkes Feuer vorgefunden.[176] Das sind keine objektiven Tatsachen, das sind Erzählungen, die nichts in einem Protokoll über die kriminaltechnische Tatortarbeit zu suchen haben. Tatortarbeit ist die Basis für alle weiteren Ermittlungen. Urteile, Schlussfolgerungen und spätere Ereignisse dürfen darin nicht vorkommen. Eine Behauptungen des Revierleiters vor Beginn der Tatortarbeit, das Opfer habe sich selbst angezündet, darf für die Kriminaltechniker keine Rolle spielen. Sie haben ausschließlich Sacharbeit zu leisten.

Im Bericht heißt es weiter: „Beim Umdrehen der Leiche werden im nicht verbrannten Rückenbereich lagegerechte Totenflecke mit Aussparungen an den Auflagestellen festgestellt." Kein Anhaltspunkt, ob es einen oder mehrere Zündstellen gab. Kein Bild, ob der PID angeschlagen hatte, und wenn ja, welchen Wert er anzeigte. So bleibt fraglich, ob Walter W. ihn überhaupt benutzt hat. Er sagte in Magdeburg aus: „Ja, wir haben ihn eingesetzt, er hat nichts angezeigt."[177] So steht es auch in seinem Bericht unter Punkt 5.3 „Sonstige Maßnahmen": „Vor der eigentlichen Ereignisortuntersuchung wird mittels Gasspürgerät ein Vortest auf verschiedene brandbeschleunigende Substanzen durchgeführt. Es können keine derartigen Substanzen nachgewiesen werden."

175 Ereignisortbefundbericht/Tatortbefundbericht vom 25. 2. 2005, Az.: 33.1/0085/2005.

176 Protokoll über kriminaltechnische Tatortarbeit vom 10. 1. 2005 im Ereignisortbefundbericht.

177 NK-Mitschrift der HV Magdeburg vom 25. 8. 2011.

Ansgar A., der die Ermittlungsgruppe der Polizeidirektion Stendal leitet, widersprach Walter W. als Zeuge vor Gericht. Wenn ein PID am Einsatzort war, müsste das in einem Ergebnisprotokoll dokumentiert sein. Fehlanzeige.[178] Das kann nur bedeuten, dass der PID nicht eingesetzt wurde, oder er wurde eingesetzt, aber die Daten wurden nicht ausgedruckt. Eine dritte Möglichkeit blieb unerwähnt: Dass jemand das ausgedruckte PID-Protokoll verschwinden ließ, weil es der Selbstanzündungsthese widersprach. Wurde ersatzweise ein Brandmittelspürhund eingesetzt? Ein Polizist behauptete, es „gerüchteweise" gehört zu haben, einer wollte sogar einen Hund gesehen haben. Aber Walter W. wies die Gerüchte zurück.

Der sieben Wochen nach Oury Jallohs Tod abgegebene Bericht hatte eine Entwicklungsgeschichte. Die begann am 10. 1. mit einem Protokoll, das am 11. 1. zum ersten Mal und am 13. 1. zum zweiten Mal ergänzt, dann bis 25. 2. bearbeitet und schließlich vom Leiter der Tatortgruppe Walter W. unterschrieben wurde. Ich legte den Bericht dem ehemaligen Hamburger Kriminalbeamten Burker Wieland Jüngling vor. Seine Einschätzung: „Ich vermute, dass Walter W. den Bericht nicht selbst geschrieben hat. Es steht zu viel drin, was erst später relevant wird, was schon zum Bereich der Ermittlungen gehört. Walter W. wusste ganz bestimmt, wie es geht. Ich habe auch noch nie erlebt, dass ein Beamter, der jahrelang Tatortarbeit macht, den Bericht sieben Wochen später erst abliefert. Ich will keinen an den Pranger stellen. Aber das war mindestens schlampig, schlecht, unzureichend. Ich mutmaße, dass es sehr wohl einen Tatortbericht gegeben haben mag, der allen Anforderungen entsprach, der aber missfiel und deshalb in irgendeiner Weise nicht in die Akte kam. Warum auch immer. Und dass der am 25. 2. vorliegende Bericht vom Leiter der Tatortgruppe nur unterschrieben wurde, gleichgültig wer ihn abgefasst hat."[179]

178 NK-Mitschrift der HV Magdeburg vom 1. 9. 2011.

179 Transkript des Interviews der Autorin mit Burker Wieland Jüngling am 17. 7. 2019.

Wie die Tatortarbeit hätte ablaufen müssen, ließ ich mir von Kriminaltechnikern und Kripochefs außerhalb Dessaus erklären. Das A und O sei die fotografische Dokumentation. Alles müsse von Anfang bis Ende festgehalten werden. Und tatsächlich waren ein Fotograf und zwei Videografen vor Ort. Der Tatort hätte in Teilbereiche eingeteilt und jeder einzelne Bereich anschließend untersucht und beschriftet, nummeriert und katalogisiert werden müssen. Bestenfalls mithilfe von standardisierten Materialien, z. B. Spurentafeln, Fähnchen oder Bändern. Bei Nahaufnahmen wären die Größenverhältnisse mit Maßstab und Nummerntafel deutlich geworden. Diese Art der Ursachenermittlung werde oft schon im Normalfall praktiziert und erst recht, wenn ein Mensch im Feuer zu Tode kam. Die – wenn möglich dreidimensionale – Dokumentation steht im Zentrum der Beweissicherung. Es kommt vor, dass in unaufgeklärten Fällen nach langer Zeit neue Hinweise eingehen. Für Mord gibt es keine Verjährung, eingestellte Mordermittlungsverfahren können also immer wieder aufgemacht, Fotos und Videos von der Tatortarbeit neu betrachtet und mit anderen Augen ausgewertet werden.

Der Brandschutt wäre dann in Spezialbehältern gesichert und zeitnah zur kriminaltechnischen Untersuchung gegeben worden. Wenn der Leichnam angehoben wird, muss fotografisch dokumentiert werden, wie es darunter aussieht. Die Brandursachenermittlung ist ein extrem wichtiges Glied in der Kette, die später von Kriminalpolizei und Staatsanwaltschaft abzuarbeiten ist. Je besser die Spurensicherung, desto größer die Chance, alle offenen Fragen zu beantworten. Wie zum Beispiel die nach der größten Brandlast, nach der Ausbruchstelle und nach der Anzahl der Zundstellen. Wenn an mehreren Stellen gezündelt wurde, kann es nicht der Verbrannte selbst gemacht haben. Oder die nach dem Zustand des Leichnams. Wie sah der Rücken aus, waren alle Bekleidungsstücke verbrannt? Ein sachkundiger Brandermittler wäre hinzugezogen worden, der an Ort und Stelle nach Brandlegemitteln gesucht hätte.

Walter W. hätte dafür sorgen müssen, dass alle Personen die sich am Tatort aufgehalten und zuletzt körperlichen Kontakt zu Oury Jalloh

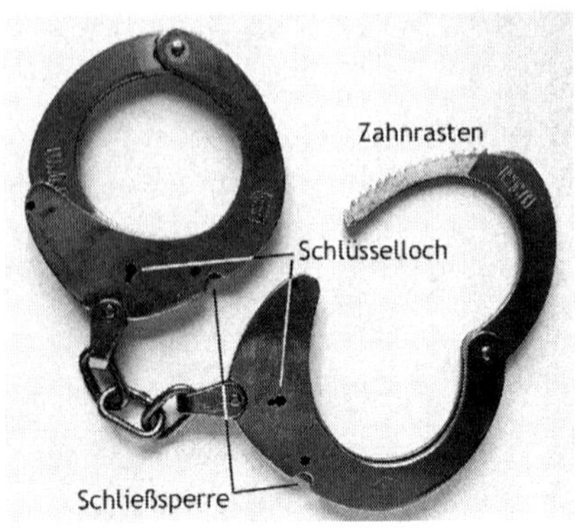

Handfessel
Wikimedia Commons, CC-BY-SA-2.0-DE Autor: Robb at German Wikipedia

hatten – ausnahmslos Polizisten – vor Ort bleiben, um von Uniformjacken und anderen Bekleidungsstücken, vielleicht auch von den Händen, Spuren abnehmen zu können.[180] Aber der Revierleiter hatte seine Leute nach Hause geschickt. Zwischen 15 und 17 Uhr verließen alle Polizisten das Revier,[181] zur Vernehmung am späten Nachmittag und Abend kamen sie zurück. In Zivilkleidung.

Hände und Füße des Leichnams waren mit Hand- und Fußfesseln an vier Bügeln fixiert. Drei Bügel an den Seiten der Betonpritsche und eine – die für die rechte Hand – an der Zellenwand. Hand- und Fußfesseln sind nicht gleich, bei den Fußfesseln erlaubt eine Art Abstandshalter zwischen Fußschelle und Fesselungsbügel einen größeren Bewegungsspielraum.

Walter W. löste die Fessel der linken Hand vom Bügel und beließ sie an der Leiche. Sie wurde später abgenommen und zu den Asservaten

180 So Martin Herrnkind, Ausbilder für Kriminologie an einer Fachhochschule der Polizei in Schleswig-Holstein: „Es gibt hier nicht nur die Tatversion des Suizid, das ist absurd. Wenn andere Tatversionen infrage kommen, müssen entsprechende Spurensicherungsmaßnahmen an den Menschen stattfinden, die zuletzt mit Herrn Jalloh körperlichen Kontakt hatten, also die dort gearbeitet haben. Das wäre eine normale Herangehensweise gewesen." Zitiert nach Transkript des Interviews vom 25.8.2019.

181 „Warum starb Oury Jalloh?", HV Dessau, 8. Prozesstag, 9.5.2007.

Detailaufnahme vom Tatort aus der Todesermittlungsakte
© LKA Sachsen-Anhalt

gegeben. Die rechte – entscheidende – Handfessel, Oury Jalloh war Rechtshänder, beließ er „am Ereignisort“, weil er sie nicht vom Handgelenk der Leiche „abbekommen“ habe, sagte er als Zeuge in der Magdeburger Hauptverhandlung. Der Schlüssel ließ sich nicht im Schloss drehen, „ich musste eine Zange holen“.[182] Warum er nicht versuchte, mit dieser oder einer größeren Zange die Fessel vom Bügel zu lösen, wurde nicht ermittelt. Die Fessel zu sichern wurde dann laut Magdeburger Urteil „vergessen“.[183]

Der Hausmeister war an diesem Nachmittag vor Ort. Er nahm die Fessel später mithilfe eines Bolzenschneiders ab, schnitt sie in kleine Teile und warf sie in die Abfalltonne. Auf diese Weise verschwand sie für immer. Warum er das getan habe, wollten die Anwälte der Neben-

182 NK-Mitschrift der Zeugenvernehmung vom 25.8.2011.

183 LG Magdeburg, 1. Große Strafkammer – Schwurgericht – Geschäftsnummer: 21 Ks 141 Js 13260/10 (8/10).

klage wissen. Sein Chef habe ihm gesagt, alles könne weg, die Untersuchungen seien abgeschlossen. Das war eine Woche nach dem Ereignis. „Die Handschelle habe ich zerschnitten, damit niemand sieht, dass eine Handschelle weggeworfen wurde.“[184]

Der Zustand der rechten Handfessel einschließlich der Kettenglieder hätte zeigen können, wie eng die Hand gefesselt war, ob sich das Material in der großen Hitze verformte und ob der Bewegungsspielraum der rechten Hand reichte, unten an der Matratze das Feuer zu legen. Die rechte Hand hing wandseitig leicht erhöht am Bügel.

Resümee der Tatortarbeit:

Da der Bereitschaftsstaatsanwalt den ersten Zugriff versäumt hatte, wäre allein die Tatortgruppe in der Lage gewesen, die Spuren des Tatorts zusammenzutragen.

Ihr Leiter Walter W. hatte vor dem Einsatz die Aufgaben verteilt: Adrian G. sollte Fotos von der Leiche und vom Tatort machen, Helmut H. sollte am Tatort ein Video drehen, das die Suche nach Beweismaterial, die Leichenschau sowie die Bergung der Leiche dokumentiert. Tatsächlich fotografierte Adrian G. die Leiche erst auf dem Sektionstisch, nicht aber in der Zelle, wie es notwendig gewesen wäre. Am Tatort machte er Aufnahmen der baulichen Gegebenheiten, im Gewahrsamskeller von verrußten Fluren, Wänden und Türen. In den Diensträumen oben fotografierte er den Flur und den Raum des DGL mit der Leitstelle, deren Einrichtung und technische Ausstattung. Auf die Frage der Nebenklage, ob er in der Zelle Fotos gemacht habe, sagte er „Üblich wäre es gewesen.“[185]

Fotos oder Videos von Hajo T., dem zweiten Videografen der Tatortgruppe, befinden sich nicht in der Akte. Bis zuletzt bleibt unklar, in welcher Weise sich T. beteiligte und was er gesehen hat. Die Anwälte der Nebenklage im Magdeburger Prozess wollten ihn als Zeugen hören, doch die Kammer lehnte ihren Beweisantrag ab. Helmut H. drehte am

184 NK-Mitschrift der HV Magdeburg vom 19.1.2012.

185 NK-Mitschrift der HV Magdeburg vom 27.7.2011.

Tatort ein Video, das abbricht, noch bevor die Leiche angehoben wurde, um den Zustand der Fläche darunter anzusehen. Von der 90-Minuten-Kassette blieben knapp 86 Minuten unbespielt. Ein fast leeres Video, kein Foto – somit existiert keine fotografische Dokumentation der Tatortarbeit.

Walter W. durchkämmte den Brandschutt an Ort und Stelle mit den Händen und prüfte ihn mit den Augen, fand aber keine Zündquelle. Laut Sicherungsprotokoll gab er folgendes Material zu den Asservaten: 1 Kleinteil von 15 mm Durchmesser aus verschmolzenem Kunststoff; 1 Hosenknopf; 4 Metallnieten; 1 Reißverschlussschlitten.[186]

Adrian G. hatte mit Wattetupfern und destilliertem Wasser „zwei Wischproben einer bluttypischen Antragung vom Tischbein im Arztraum“ abgenommen. Die Spur wurde gesichert, später verschwand sie. Mit einem Besen fegte Walter W. den ganzen Brandschutt zusammen. Reste von Bekleidung und Matratze unter der Leiche sowie den zusammengefegten Schutt füllte er in vier Spezialtüten, verschloss diese mit Klebebändern und legte sie in den Pkw. Am Ende der Arbeit war die Zelle „besenrein“, erst danach wurde der Brandexperte des LKA informiert und an den Tatort gebeten.

Gegen 18 Uhr 30 wurde die Leiche zur Überführung ins Institut für Rechtsmedizin der Universität Halle freigegeben. Eine halbe Stunde später beendete die Tatortgruppe ihren Einsatz in Dessau. Mit vier Tüten Brandschutt fuhren Tatortgruppenleiter Walter W. und sein Fotograf Adrian G. nach Halle, wo sie als Vertreter der Polizei der Obduktion beiwohnten. Adrian G. fotografierte die Leiche auf dem Sektionstisch und spater die inneren Organe, die ihr entnommenen worden waren. Die Bilder beschriftete er. Dass er dabei Luft- und Speiseröhre verwechselte, fiel Jahre später einem Mediziner aus der Initiative in Gedenken an Oury Jalloh auf. Videograph Helmut H. fuhr zum Arzt und ließ sich krankschreiben.

186 Siehe die Spuren-/Asservatenliste im Anhang.

14. Das Video

Videograf Helmut H. blieb zwei Monate seinem Arbeitsplatz fern. Wegen einer Allergie sei er arbeitsunfähig gewesen, erklärt er später als Zeuge in Dessau.

Am 37. Verhandlungstag im Dessauer Schwurgerichtsverfahren erklärte er, nicht weiter mit den Aufnahmen befasst gewesen zu sein, nachdem er die digitale Mini-DVD abgegeben habe. Dass nur 4 Minuten und 17 Sekunden bespielt wurden, habe er erst Wochen später erfahren. Ob er eine Erklärung dafür habe, fragte ihn der Vorsitzende Richter Manfred Steinhoff. Helmut H. antwortete: „Wahrscheinlich hat die Kamera durch einen technischen Defekt an irgendeinem Punkt nicht weiter aufgezeichnet", mehr könne er dazu nicht sagen. „Ich hatte die Kontrollleuchte abgeschaltet, die anzeigt, dass die Kamera aufnimmt. Deshalb ist mir nicht aufgefallen, dass sie nicht mehr aufnimmt."[187]

Helmut H. gab sich ratlos. An das Fabrikat bzw. den Namen seiner Kamera erinnere er sich nicht, obwohl die Kamera sein Arbeitsmittel war. Herbeischaffen könne er sie auch nicht, denn, so sagte er später in Magdeburg: „Die Kameras von damals sind nicht mehr im Bestand."[188]

Die Magdeburger Kammer hatte Helmut H. knapp vier Jahre nach seiner Aussage in Dessau als Zeugen geladen. Zum selben Thema. Nun gab Helmut H. eine andere Erklärung für die Kürze des Videos ab: „Der Akku hat nicht lange gehalten. Ich habe die Kamera auf das Stativ gesetzt und sie ans Stromnetz angeschlossen. Dann bin ich rausgegangen um eine zu rauchen und als ich zurück kam sagte man mir, dass der Strom kurzzeitig weg war." Die Anwälte der Nebenklage waren überrascht. Rechtsanwalt Philipp Napp wollte wissen, wer ihm gesagt habe, dass

187 „Warum starb Oury Jalloh?", HV Dessau, 37. Prozesstag, 22.1.2008.

188 NK-Mitschrift der HV Magdeburg vom 3.11.2011.

der Strom ausgefallen war. Helmut H.: „Weiß ich nicht mehr, tut mir leid." Rechtsanwältin Gabriele Heinecke insistierte: „Die Geschichte vom Stromausfall hat bisher noch keiner Ihrer Kollegen erzählt." Aber Helmut H. blieb dabei. „Wegen der vielen Scheinwerfer in dem dunklen Keller war das Netz überlastet. Auf die kleine rote Lampe hat hinterher niemand mehr geachtet." Hausmeister Wolfgang G. wurde gefragt, ob er den Stromausfall bestätigen könne. Das konnte er nicht: „Im Gewahrsamskeller hatten wir noch nie einen Stromausfall."[189] Die Vorsitzende Richterin Claudia Methling neigte dazu, dem Videomann zu glauben. Sie habe ihrer Erinnerung nach eine Kopie gesehen, bei der die Aufnahmen im Stativbetrieb enden, das spräche für Helmut H.s Abwesenheit. Die Kopie wurde gesucht, es gab sie nicht. Alle Aufnahmen der Videos enden im Handbetrieb.

Helmut H. hatte mehrfach die Unwahrheit gesagt. Weder hatte seine Kamera einen Netzanschluss, noch zog er ein Stromkabel hinter sich her. Einer Steckdose im Eingang zur Zelle bediente er sich auch nicht. Im November 2018 überraschte der Generalstaatsanwalt mit der Erklärung, dass die „filmische Dokumentation [...] misslang [...], weil beim Einschalten der Kamera der Aufnahmeschalter nicht in der ‚Ein'-Stellung völlig eingerastet wurde, so dass dieser wieder in die ‚Aus'-Stellung zurücksprang."[190]

189 NK-Mitschrift der HV Magdeburg vom 19.1.2012.

190 Prüfvermerk der Generalstaatsanwaltschaft Naumburg (Anonymisiertes Presse-Exemplar), Nov. 2018, Az.: 111 Js 89/17 GenStA, S. 26.

15. Die Fotos

Der zweite für die Bilddokumentation zuständige LKA-Beamte war Adrian G. Er beschriftete 44 Fotos – seine eigenen und einige Prints des kurzen Videos – und fasste sie in einer Lichtbildmappe zusammen. Sie wurden zum Bestandteil von Walter W.s „Ereignisortbefundbericht" vom 25. Februar 2005.[191] Zu sehen sind Fotos der Einrichtung im DGL-Bereich, diverse Gebäudeteile, verrußte Flure, Wände und Türen, die Zellentür mit der Nummer 5 von innen (Bild Nr. 17) und beide Haupteingangstüren zum Gewahrsamsbereich (Bild Nr. 15 und 16). Für die Beurteilung des Brandverlaufs sind diese Fotos von großer Bedeutung. Sie blieben unbeachtet. 17 Jahre lang hielt der Brandgutachter des Instituts der Feuerwehr Sachsen-Anhalt es für seinen Untersuchungsauftrag unerheblich, welche Spuren der Rauch hinterließ.

2014 bat die Initiative in Gedenken an Oury Jalloh den forensischen Brandexperten Iain Peck aus London um ein gerichtsmedizinisches Gutachten zum Brandverlauf. Im Juni 2015 interpretierte Peck als Erster die Fotos mit den Rauchspuren. Unter Punkt 11 seiner Expertise schreibt er:

> „In dem Video, das nach dem Feuer gemacht wurde, waren Rauchverfärbungen an den Flurwänden ersichtlich, die hinunter zur Gewahrsamszelle führen. Rauchverfärbungen an der Tür am Ende des Flurs deuten darauf hin, dass die Tür während des Feuers geöffnet war. Die Tür zu Zelle 5 hat Rauchverfärbungen im oberen Teil der Innenseite und auf der Scharnierseite. Dies deutet meiner Meinung nach darauf hin, dass die Tür für Zelle 5 für einen Großteil der Dauer des Brandes geöffnet war. Zusätzlich zu den Rauch-

191 Az.: 33.1/0085/2005. Der Kriminaltechnische Bericht ist Teil der Gesamtakte „zum Nachteil Ouri Jallow" (Behördenschreibweise), Az.: 141 Js 13260/10.

Bild Nr. 17 der Lichtbildmappe des LKA vom 18. Januar 2005:
Aufnahme des Zellenganges vom Eingang her gesehen.
© LKA Sachsen-Anhalt

verfärbungen an der Zellentür ist ein ähnliches Niveau im Flur aufzufinden. Die Rauchverfärbungen im Inneren der Zelle waren auf dem Niveau des Fußbodens in der Nähe der Matratze, vermutlich war die Tür im frühen Stadium der Rauchentwicklung geöffnet.“[192]

Das Foto des Zellenganges zeigt vorne rechts die Tür zur Zelle 5. „An der Wand und an der Innenmauer der Tür geht der Rauchsee bis zur viertuntersten Kachel. Hingegen ist der Türspalt unten frei von Ruß, aber oben stark berußt.“[193] Das Türblatt innen ist wesentlich schwächer berußt.

192 Beglaubigte Übersetzung des gerichtsmedizinischen Gutachtens „Principal Forensic Services“ vom 15.6.2015. Hervorhebungen M. Overath.

193 Dr. Peter X. Iten, Schriftliche Interpretation der Lichtbildmappen-Fotos zu der Frage, ob die Türen offen oder geschlossen waren, vom 11.6.2022. Im Besitz der Autorin.

Ausschnitt aus Bild Nr. 21 der Lichtbildmappe des LKA vom 18. Januar 2005: Blick vom Zelleninnern nach außen.
© LKA Sachsen-Anhalt

Die Rauchablagerungen im oberen Bereich der Türinnenfläche und der Scharnierseite der Tür weisen darauf hin, dass die Tür zur Zelle 5 während eines Großteils der Branddauer offen stand, so Iain Peck.

Peter X. Iten bestätigt Pecks Befund. Für ihn entsprechen die Rußspuren auf dem Türblatt von der Oberkante bis etwa zum Spion den Spuren im Flur. Im gesamten Flur ist das gleiche Niveau zu finden, das bedeutet, „dass die Tür zur Zelle 5 während einem längeren Zeitraum offen stand. Nicht auszuschließen ist, dass sie sogar während des ganzen Brandes offen war."[194]

Zu sehen ist hier aus einer anderen Perspektive, dass die Wand der Zelle 5 stark mit Ruß belegt ist. Die Tür mit der Nummer 6 an der gegenüberliegenden Flurseite ist ebenfalls mit Ruß belegt.

Als am 7. Januar 2005 um kurz nach 12 Uhr die ersten Beamten den Tatort erreichten und die Zellentür öffneten – Hermann E., der DGL Hans H. und kurz danach Herbert B. –, kam ihnen dicker schwarzer Qualm entgegen. Der Qualm war so massiv, dass die Leiche auf dem Betonpodest nicht oder fast nicht zu erkennen war. Hermann E. sah die Flamme, aber nicht den brennenden Körper. Herbert B. sah einen

194 Ebenda.

Feuerball. Dieser schwarze, fettige Qualm legte sich rundherum ab, schwärzte die Wände der Zelle und schlug sich an den Türinnenrahmen nieder. Aber – wie die Fotos zeigen – nicht am Türblatt.

Hermann E. ist ein besonders wichtiger Zeuge, er gilt als erste Person, die den Brandort nach Ausbruch des Feuers betreten hat. Er müsste wissen, ob der Gewahrsam und die Zelle verschlossen waren. Er muss gesehen haben, in welcher Phase sich das Feuer befand. In seiner Vernehmung am 12. Verhandlungstag in Dessau erzählte Hermann E., er und Hans H. seien durch den Haupteingang zum Gewahrsam in den Trakt eingetreten, das heißt durch die Brandschutztür. Ob die Tür bei seiner Ankunft schon offen stand, habe er nicht mitbekommen, weil er hinter dem DGL ging, der allein im Besitz des Schlüssels war. Schon im Flur türmten sich schwarze Rauchwolken auf. Er habe durch den Türspion in die Zelle 5 geblickt, aber nichts erkennen können. Alles sei völlig dunkel gewesen. Hans H. habe den Schlüssel ins Schloss der Zelle 5 gesteckt, umgedreht, die Riegel zurückgezogen und die Tür „ganz weit" geöffnet.[195] Das war genau der Moment, von dem Jutta L. behauptet, über die Wechselsprechanlage in der Leitstelle Oury Jalloh gehört zu haben. „Mach mich los. Feuer", soll er gerufen haben.

Im Laufe des gesamten Verfahrens gegen Hans H. wird Hermann E. viermal vernommen. Über den Zustand der Türen berichtete er:

- Am Tattag, dem 7. Januar 2005, habe er unten im Schlitz der Tür zur Zelle 5 Qualm bemerkt, der nach außen drang.
- Am 9. Mai 2007, dem achten Verhandlungstag, behauptet er als Zeuge vor dem Landgericht Dessau, der Qualm sei aus der unteren Türschwelle und rechts und links der Tür ausgetreten.
- Am 13. Juni 2007, dem 12. Dessauer Verhandlungstag, wird er noch einmal vernommen, jetzt spricht er wieder von Qualm im unteren Bereich der Tür.

195 Diese und die folgenden Zeugenaussagen von Hermann E. stammen vom 8. und 12. Prozesstag. „Warum starb Oury Jalloh?", HV Dessau, 8. Prozesstag, 9. 5. 2007 und 12. Prozesstag, 13. 6. 2007

- Am 15. April 2011, dem 14. Verhandlungstag vor der Magdeburger Strafkammer, bittet ihn Staatsanwalt Christian Preissner, noch einmal die Situation an den Türen zu beschreiben. Hermann E. sagt: „Wir standen vor der Zelle 5 und sahen schon, dass Ruß austrat." Preissner fragt nach: „Im unteren Bereich?" Der Zeuge: „An den Türpfosten oben und an den Seiten, am oberen Türblatt". Erneut hakt Preissner nach: „Unten?" Hermann E. steht auf und zeigt an der Tür den Bereich oben und an der Seite. Nicht unten. Preissner stellt fest: „Das wäre nicht unten."

Preissner weiß, dass die untere Hälfte der Tür zur Zelle 5 kaum berußt ist, verliert aber in dieser Situation kein Wort darüber. Viermal war Hermann E. vernommen worden, nur in der letzten, der Magdeburger Vernehmung, beantwortete er die Fragen zum Thema „Rauch- bzw. Qualm- oder Rußaustritt aus der Zellentür" richtig. Der Qualm muss aus dem Spalt über der Tür ausgetreten sein. Die Tür blieb möglicherweise offen. Warum er dreimal falsch aussagte, wurde nie aufgeklärt. Die Staatsanwaltschaft brachte zahlreiche Ermittlungsverfahren gegen Polizeizeugen in Gang, die falsch ausgesagt hatten, aber keines gegen Hermann E. Von der Dessauer Strafkammer war E. nach seiner Aussage vereidigt worden, die Magdeburger Kammer ließ ihn unvereidigt.

Hermann E. hatte vor seiner Aussage im Dessauer Prozess Beruhigungsmittel eingenommen. OStA Preissner wollte wissen, warum, er sei doch ein erfahrener Beamter, den eine Aussage als Zeuge nicht beunruhigen müsse. Hermann E. versuchte zu erklären. Er habe gegrübelt und sich verschiedene Phasen durch den Kopf gehen lassen, ihm sei aber kein anderer Ablauf eingefallen. Die bevorstehende Zeugenaussage habe ihn in einen psychischen Ausnahmezustand versetzt.[196]

196 Aussage des Vertragspsychologen der Polizei. NK-Mitschrift der HV Magdeburg vom 16.2.2012.

Bild Nr. 15 der Lichtbildmappe des LKA vom 18. Januar 2005.
Hinten ist – vom Vorflur aus – die Innenseite der offen stehenden Brandschutztür (Haupteingangstür zum Gewahrsamsbereich) zu sehen.
© LKA Sachsen-Anhalt

Bevor Hermann E. im Rücken von Hans H. den Gewahrsam betreten hatte, muss die Brandschutztür geöffnet worden sein. Oder war auch sie bereits offen? Jutta L. hatte das Schließen der Brandschutztüren gehört, als oben bereits der Rauchmelder angegangen war. Zur Erinnerung: Ihr Vernehmer schrieb den folgenden Hinweis/Nachsatz: „Während der Zeugenvernehmung am 7.1.2005 äußerte die Polizeibeamtin, Jutta L., dass sie zu irgendeinem Zeitpunkt, als bereits ersichtlich war, dass es zu einer Rauchentwicklung/Brand gekommen war noch deutlich das Schließgeräusch der Brandschutztüren gehört hatte."

Was sich bei der Innenseite der Tür zur Zelle 5 zeigt, wiederholt sich bei der Innenseite der Brandschutztür. Sie ist – im Verhältnis zur umgebenden Wand – viel weniger berußt. Die Wände sind deutlich berußt, und zwar mindestens im oberen Drittel. Wäre diese Tür für

Bild Nr. 16 der Lichtbildmappe des LKA vom 18. Januar 2005. Aufnahme der Außenseite der Brandschutztür zum Zellenflur.

längere Zeit geschlossen gewesen, müsste eine solche Berußung auf der Innenseite der Tür in etwa gleicher Stärke vorhanden sein, weil sich der Ruß rundum niederlegt. Das ist aber nicht der Fall.

Das Dreieck an der Tür „entstand durch Rauch, der von der Zelle 5 via Zellenflur kommend, oben an der Decke nach außen ‚floss'. Zu dieser Zeit stand die Tür offen. […] Die Leiche von Oury Jalloh [war] sehr stark verbrannt und verkohlt. Das heißt, das Feuer muss effektiv stark und lange gebrannt haben, also auch viel Sauerstoff zur Verfügung gehabt haben, d. h. die Türe[n] müssen grundsätzlich längere Zeit offen gestanden sein."[197]

197 Dr. Peter X. Iten, Schriftliche Interpretation der Lichtbildmappen-Fotos zu der Frage, ob die Türen offen oder geschlossen waren, vom 11.6.2022. Im Besitz der Autorin.

„Während die Wand rechts im oberen Teil ein waagrechtes feines Rußband aufweist, ist das Türblatt selbst praktisch nicht berußt. Auch der ganze Vorraum zeigt ein gleiches Rauchablagerungsbild wie der Wandteil rechts im Bild." Die Rauchschnäutze an den Scharnieren der Außenseite der Brandschutztür wiesen darauf hin, dass diese Tür während des Brandes an einem oder mehreren kurzen Abschnitten geschlossen war.[198]

Der Sachverständige Iain Peck hatte etwas herausgefunden, das den am Prozess beteiligten Experten entgangen war, weil die Staatsanwaltschaft ihnen die falsche Frage gestellt hatte. Fakt ist jedoch: Ein solches Feuer mit dieser enormen Rußproduktion ist undenkbar ohne den Einsatz eines Brandbeschleunigers. Wann es zu brennen begann bzw. wann der Brand gelegt wurde, ist damit noch nicht eindeutig beantwortet.

2021 ließ die Initiative in Gedenken an Oury Jalloh mithilfe des Künstlers Mario Pfeifer und der Gruppe „Forensic Architectures" ein dreidimensionales Modell der Situation im Gewahrsamsbereich anfertigen, das seit September 2021 in mehreren deutschen Städten öffentlich ausgestellt wurde. Der Londoner Brandexperte Iain Peck unterstützte die Performance mit einer neuen Stellungnahme zum Brandverlauf, ausgehend von den Rauchspurenauf auf den Fotos und Videoprints der Tatortgruppe.[199]

Forensic Architectures gab die folgende Erklärung ab:

„1. Zunächst weist der niedrige Rauchhorizont im Innern der Zelle auf eine erhebliche Rauchansammlung hin, was verständlich ist, wenn man bedenkt, dass dies der Brandherd war (Bild 1). Der Rauchhorizont über der Innenseite der Zellentür folgt jedoch nicht dem Rauchmuster innerhalb der Zelle, wie man es erwarten würde, wenn die Tür für eine längere Zeit geschlossen gewesen wäre. Im

198 Dr. Peter X. Iten, ebenda.

199 Iain Peck, „Der Tod von Herrn Oury Jalloh", Stellungnahme vom 26.10.2021.

Gegenteil, der Rauchhorizont über der Zellentür entspricht genau dem an der Flurwand und ist deutlich höher als der Rauchhorizont um das Zelleninnere (Bild 2).

2. Zweitens weist die Tür, die sich im Korridor, direkt vor Zelle 5 auf der linken Seite befindet, starke Rauchflecken an ihrem Scharnier auf der Außenseite auf (Bild 1). Diese Flecken sind das Ergebnis von Rauch, der sich hinter dieser Tür (im inneren Korridor außerhalb von Zelle 5) ansammelt, einen Druckunterschied erzeugt und infolgedessen durch die kleinen Öffnungen um das Türscharnier gedrückt wird. Dies deutet darauf hin, dass die Korridortür wegen der Rauchentwicklung einige Zeit geschlossen war, aber auch, dass die Zellentür für die gleiche Zeit offen gewesen sein müsste, damit dieser Druckunterschied entstehen konnte. Diese Beweise widersprechen den Aussagen der Polizei, die behauptete, dass beide Türen geschlossen waren, bis die Beamten das Feuer bemerkten (12:09), und zu diesem Zeitpunkt beide Türen schnell hintereinander öffneten. Wenn dies wahr wäre, hätte es auf der anderen Seite dieser Tür keine Rauchbildung, keinen Druckunterschied und keine Rauchspuren um das Scharnier herum gegeben.

Zusammenfassend zeigt unsere Analyse, dass es äußerst unwahrscheinlich, wenn nicht unmöglich ist, dass die oben genannten Rauchmuster erzeugt wurden, als die Zellentür 9 Minuten lang geschlossen war (12:00 bis 12:09, wie die Beamten behaupten). was fast 1/3 der Branddauer ausmacht. Im Gegenteil, die Zellentür war höchstwahrscheinlich die ganze Zeit offen, was auf eine Beteiligung der Beamten an Ourys Tod hindeutet.“[200]

Der Originaltext der E-Mail lautet:

200 Dimitria Andritsou, Forensic Architecture Berlin, am 19.9.2022 per E-Mail an die Autorin.

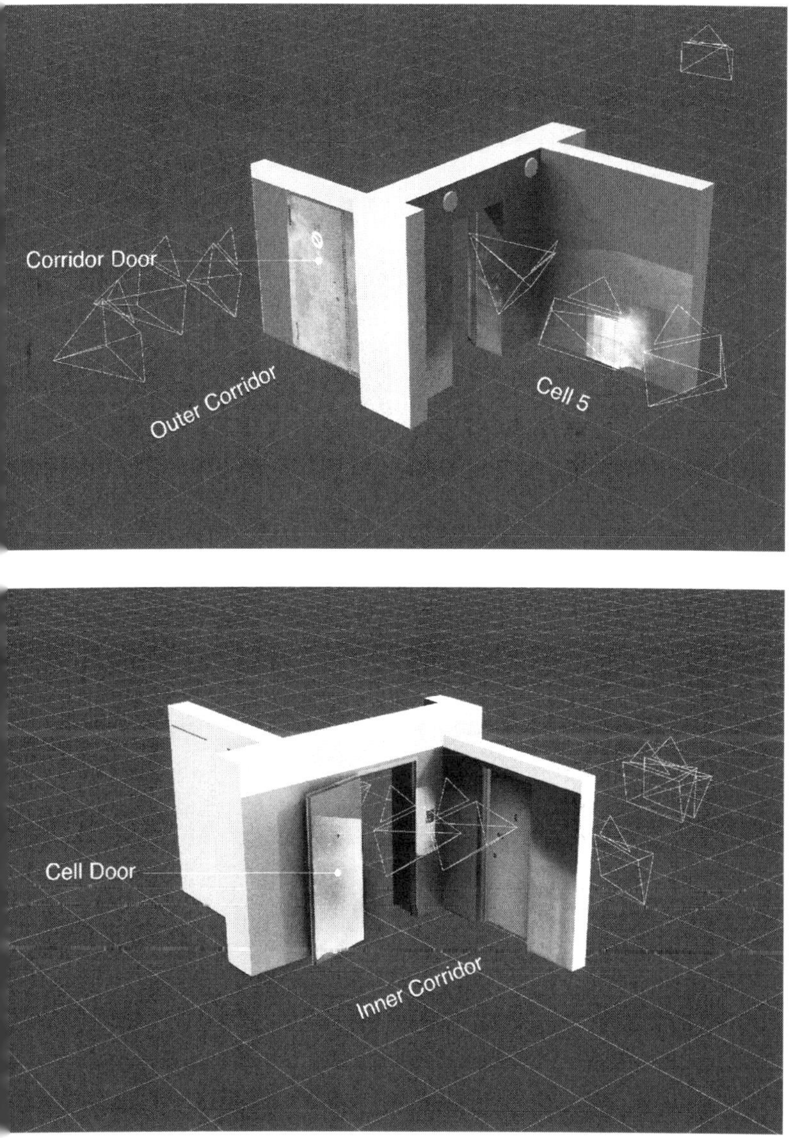

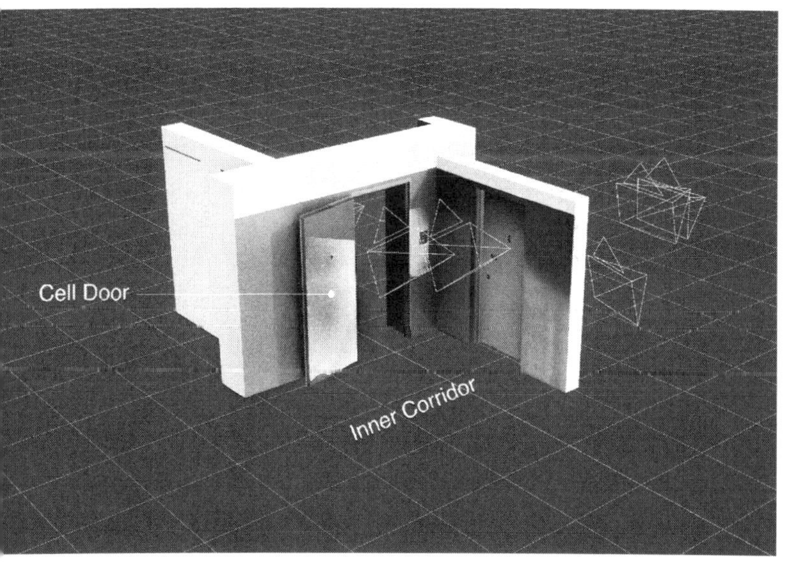

Dreidimensionales Modell der Situation im Gewahrsamsbereich.
© Forensic Architectures

„Our analysis is based on two sources: a set of photographs and a video both made by police personnel on the day of the fire, which recorded the smoke deposition on the walls of the cell 5 as well as the surrounding corridor. Our findings, which build upon the research previously conducted by forensic fire investigator Dr Iain Peck and the artist Mario Pfeiffer, suggest that the door of the cell was open for most or likely all of the time that smoke was being emitted. This is supported by two patterns:

1. First of all, the low smoke horizon inside the cell indicates a significant accumulation of smoke, which is understandable considering that this was the centre of the fire (image 1). However, the smoke horizon across the inner side of the cell door does not follow the smoke pattern inside the cell, as one would expect should the door have been closed for a significant amount of time. On the contrary, the smoke horizon across the cell door closely matches that on the corridor wall, and is significantly higher than the smoke horizon around the interior of the cell (image 2).
2. Secondly, the door located in the corridor, just outside cell 5 on the left side, demonstrates intense smoke stains on its hinge on the outer side (image 1). These stains are the result of smoke accumulating behind this door (in the inner corridor, outside of Cell 5), creating a difference in pressure, and as a result being forced through the small openings around the door hinge. This indicates that the corridor door was closed for some time as smoke was being produced, but also that in order for this difference in pressure to be created, the cell door would need to have been open for the same amount of time. This evidence contradicts the statements of police, who claimed that both doors were closed, until officers became aware of the fire (12:09), at which time they opened both doors in quick succession. If this were true, there would have been no buildup of smoke on the other side of this door, no pressure difference, and no smoke traces around the hinge.

To conclude, our above analysis indicates that it is extremely unlikely, if not impossible, for the aforementioned smoke patterns to have been created with the cell door being closed for 9 minutes (12:00 to 12:09, as the officers claim), which constitutes almost 1/3 of the fire's duration. On the contrary, the cell door was most likely open all of the time, suggesting the implication of the officers' in Oury's death"

16. Der Leichnam

Am Abend des 7. Januar 2005 um 20 Uhr 25 begann im Institut für Rechtsmedizin am Universitätsklinikum Halle die Sektion. Wie üblich fingen die Gerichtsmediziner Dr. Klintschar und Dr. Stiller mit der äußeren Besichtigung der Leiche an. Die Fesseln der Füße und die Fessel der linken Hand hingen an der Leiche, die Fessel der rechten Hand fehlte. Die Leiche wies extreme Verbrennungen auf, an der linken Hand fehlten die Endglieder der Finger. Fremdkörper waren in beiden Fäusten nicht nachweisbar. Die Beugemuskulatur der Extremitäten hatte sich als Folge der starken Schrumpfung zusammengezogen, Beine und Arme waren angewinkelt. Diese Beugung ist für Brandleichen typisch. Rechtsmediziner bezeichnen sie als „Fechterstellung". Zwischen Schulter und Gesäß stellten die Obduzenten eine handbreite Brücke intakter, unverletzter Haut, fest. Nach der äußeren erfolgte die innere Besichtigung der Leiche, der Kopfhöhle, der Brust- und Bauchhöhle und des Skelettsystems. Von verschiedenen Körperteilen entnahmen sie Proben und sicherten sie in speziellen Gefäßen. Stücke von Lungenlappen, Luft aus der Luftröhre, Blut aus der Hauptschlagader. In Luftröhre und Speiseröhre fanden sie Rußschlieren, auch zwei kleine Schlieren im Magen. Oury Jalloh muss mit Rauchgas in Verbindung gekommen sein. Im Obduktionsbericht heißt es dazu: „Diese Befunde belegen eine eigene Atemtätigkeit bei Ausbruch des Brandes."[201]

Der Verdacht eines Tötungsdelikts stand im Raum. Der Leiter des Instituts für Rechtsmedizin an der Universität Halle, Prof. Manfred Kleiber, wurde benachrichtigt. Um 21 Uhr 20 betrat Kleiber den Sektionssaal, gut eine Stunde später, um 22 Uhr 30, endete die Sektion.

201 Protokoll der Sektion Nr. 10/05, Rechtsmedizin der Universitätsklinik Halle vom 10.1.2005, Prof. Kleiber, Az.: 601 Js 796/05.

Entnommene Asservate und Proben wurden zur feingeweblichen Untersuchung und zur Bestimmung des CO-Hb den Pathologen übergeben. CO-Hb (Carboxy-Hämoglobin) entsteht in der Lunge nach Einatmen von giftigem Kohlenmonoxid-Gas (CO) durch Andocken an den roten Blutfarbstoff Hämoglobin (Hb), was zu Sauerstoffmangel im Körper und schließlich zum Ersticken führt. Der Kriminaltechniker Walter W. und der Fotograf Christian G., die zugesehen hatten, fuhren nach Hause.

Drei Tage nach der Obduktion wurde das Sektionsprotokoll mit den Untersuchungsergebnissen der Staatsanwaltschaft Dessau zugestellt. Diagnose: Tod durch Brandeinwirkung. Im Blut waren noch 2,68 Promille Alkohol gemessen worden, im Urin 3,42 Promille. Der auffälligste Wert ist der des Gehalts an Kohlenmonoxid im Herzblut, mit dem ermittelt wird, ob die verbrannte Person noch lebte, als das Feuer ausbrach. Er wird mit 0,0 Prozent angegeben.

Kohlenmonoxid, auch Brandgas genannt, ist als Vitalzeichen in Brandleichen immer vorhanden. Es ist ein äußerst giftiges farb-, geruch- und geschmackloses Atemgift, wird sehr leicht über die Lunge aufgenommen und gelangt dadurch rasch in den Blutkreislauf. Es kommt zu Atemnot, schneller Bewusstlosigkeit und als Folge zum Tod. Wird in einer Brandleiche kein Kohlenmonoxid gefunden, gebe es dafür nur zwei Erklärungen: Entweder war der Mensch schon tot, als es zu brennen begann, oder er ist so schnell gestorben, dass er keine Zeit hatte, noch relevant etwas einzuatmen. Dass so etwas ohne Brandbeschleuniger abläuft, sei eher ungewöhnlich, erfuhr ich von Prof. Michael Tsokos, dem Leiter des Rechtsmedizinischen Instituts der Charité Berlin.[202]

Der Sektionsbefund sagt nichts darüber aus, ob nach Rückständen von Brandbeschleunigern gesucht wurde. Am 10. November 2011, dem 34. Verhandlungstag der Magdeburger Hauptverhandlung, stand Prof. Kleiber der Kammer Rede und Antwort. Oberstaatsanwalt Christian

202 Erstveröffentlicht in meinem Radio-Feature von 2014 („Oury Jalloh – Die widersprüchlichen Wahrheiten eines Todesfalls"). Interviews der Autorin mit Prof. Michael Tsokos vom 20.3.2014.

Preissner wollte wissen, ob an der Leiche Spuren eines Brandbeschleunigers gefunden wurden. Kleiber musste passen, der Verbrennungszustand sei zu weit fortgeschritten gewesen. „Wenn Suizidale Brandbeschleuniger gebraucht haben, aber von Hilfspersonen gerettet wurden, dann ja – aber die sehen ja anders aus. Hier haben wir ja die Verkohlung des ganzen Körpers.“[203] Ende März 2005 war im Rahmen der Frankfurter Zweitsektion im Lungengewebe nach Resten von Brandbeschleunigern gesucht worden, ohne Erfolg.[204] Das war nicht überraschend, denn in den Innereien suche man danach immer vergebens, klärte mich Prof. D. auf, Rechtsmediziner einer mittelhessischen Universität.[205]

Am 14. Februar 2005 legte Prof. Kleiber seine erste gutachterliche Stellungnahme vor. Sie beginnt mit dem Fazit, dass die Einatmung kohlenmonoxidhaltiger Gase während des Brandgeschehens normalerweise zum Tod führe. Diese Gase sind postmortal im Leichenblut nachweisbar. Aber „im vorliegenden Fall wurde kein Kohlenmonoxid im Blut nachgewiesen“. Er zog daraus den Schluss, dass Oury Jalloh sehr schnell gestorben sein muss, nachdem er einer großen Hitze ausgesetzt war. Im Verlauf seiner Beurteilung verweist Kleiber auf verschiedene Stellen in der Fachliteratur, die sich mit dem „Hitzeschock“ beschäftigen, auch „Flash Fire“ genannt: „Den unmittelbar tödlichen Mechanismus erklärt man dabei als reflektorischen Atemstillstand (vegetatives Nervensystem, Vagusreflex) oder/und einen reflektorischen Kehlkopfkrampf bzw. krampfartigen Verschluss der Atemwege (Bronchospasmus), ebenfalls hervorgerufen durch den Inhalationshitzeschock. Charakteristisch für diese Ereignisse ist, dass sich im Blut chemisch-toxikologisch keine Hinweise auf die Brandgase finden lassen und dass die morphologisch fassbaren Anzeichen ebenfalls vollständig fehlen können oder nur sehr gering ausgeprägt sind.“ Eine Lübecker Arbeitsgruppe habe 106 Opfer von Brand-Todesfällen untersucht, von denen vier Prozent ebenfalls

203 NK-Mitschrift der HV Magdeburg vom 10.11.2011.

204 NK-Mitschrift der HV Magdeburg vom 25.8.2011.

205 Telefonische Auskunft von Dr. D. vom 26.5.2014. Dr. D. bat mich, auf die Nennung seines Namens zu verzichten.

Ruß eingeatmet hatten, doch – vergleichbar mit Oury Jalloh – kein Kohlenmonoxid nachweisbar war. Die Autoren dieser Studie hätten einen Zusammenhang mit Brandbeschleunigern hergestellt.[206]

Demnach lag schon früh ein Hinweis auf dem Tisch, dass auch in der Zelle 5 möglicherweise ein Brandbeschleuniger eingesetzt worden war. In der Diskussion über den „Hitzeschock" als Todesursache spielte dieser Hinweis aber keine Rolle mehr. Er passte nicht in das Konstrukt der Dienstpflichtverletzung. Der „inhalative Hitzeschock" wurde als Ausschlussdiagnose durchgesetzt. Die Brandbeschleuniger-Frage verschwand, obwohl es geboten gewesen wäre, sie ernsthaft zu stellen. Eine Tötung durch „dritte Personen" wurde nicht in Betracht gezogen. Prof. Kleiber als Zeuge in Magdeburg: „Nach Ausschluss innerer Erkrankungen, nach Ausschluss äußerer Beeinträchtigungen, ist die Todesursache im inhalativen Hitzeschock zu sehen. Angeblich [er bezieht sich hier auf die Literatur, d. A.] genügt schon ein einzelner Atemzug, dass es zu einem reflektorischen Atemstillstand kommt."[207]

Das Magdeburger Gericht kommt zu der folgenden Erklärung:

> „Während sich das Feuer nach und nach ausbreitete und die Hitze den Körper Jallows zunehmend gefährdete, bemerkte er, dass die erhoffte sofortige Reaktion der Polizeibeamten ausblieb. Da das Feuer sich aber bereits schnell zu einem größeren Brand des Matratzenkerns ausgebreitet hatte, geriet Ouri Jallow nun in Panik. Er versuchte, seinen Körper möglichst weit von dem Feuer weg in Richtung Zellenmitte zu bewegen, wobei die Fesselung ihm hierbei aber wenig Raum beließ. Entweder bei diesen Ausweichbewegungen, möglicherweise auch bei einem Versuch, das Feuer noch auszublasen, geriet Ouri Jallow mit der Nase bei leicht erhobenem und nach rechts ausgerichteten Oberkörper über oder in die heißen

206 Institut für Rechtsmedizin, Universitätsklinik Halle, Gutachterliche Stellungnahme vom 14. 2. 2005.

207 NK-Mitschrift der HV Magdeburg vom 10. 11. 2011.

Gase der Flamme oder die Flamme selbst. Dadurch atmete er Luft mit einer Temperatur von 180°C oder mehr ein. Nach wenigen Atemzügen, möglicherweise auch nur einem einzelnen Atemzug mit dem Einatmen von derart heißer Luft, erlitt Ouri Jallow einen inhalativen Hitzeschock, der zu seinem sofortigen Tod führte."[208]

Dem Urteil zufolge soll Oury Jalloh in Panik geraten sein, als ihm klar geworden sei, dass die Flamme nicht mehr auszupusten war. Diesem Befund widerspricht der Züricher Kriminologe und Toxikologe Dr. Peter X. Iten in seinem Gutachten für die Nebenklage:

> „Ein akzidentelles, d.h. ein unfallmäßiges Todesgeschehen kann praktisch ausgeschlossen werden. Denn hätte O.J. bloß Feuer gelegt, um losgebunden zu werden, dann hätte er schon bei der Annäherung ans Feuer oder beim ersten Feuerkontakt den Kopf blitz- und reflexartig zurückgezogen, so dass es nicht zu einem Hitzeschock gekommen wäre. Wäre das Feuer dann langsam immer näher gekommen, hätte er um Hilfe geschrien. Ohne Hilfe wäre der Tod langsam und schmerzhaft eingetreten und die entsprechenden Vitalzeichen wären sehr deutlich ausgefallen."[209]

208 LG Magdeburg, 1. Große Strafkammer – Schwurgericht – Geschäftsnummer: 21 Ks 141 Js 13260/10 (8/10), S. 20.

209 Dr. Peter X. Iten, Forensisches Gutachten zum gegenwärtigen Wissensstand vom 9.3.2018, S. 48. In meinem Radio-Feature von 2014 („Oury Jalloh – Die widersprüchlichen Wahrheiten eines Todesfalls") hatte Iten bereits erklärt, dass der schnelle Tod in der Regel nur möglich sei, wenn ein Brand fast explosionsartig ausbricht, z.B. durch Übergießen mit Brandbeschleuniger und Anzünden. Eine Person im Feuerball sei nicht mehr in der Lage, die heißen Brandgase längere Zeit einzuatmen, weil reflektorisch die Atmung abstellt und der Tod sehr rasch eintritt. Es könnten praktisch keine Brandbeschleunigungsspuren in die Lunge kommen und nachgewiesen werden. Möglich sei aber in dieser Phase, dass Rußteilchen und kleinere Teilchen solcher Stoffe noch eingeatmet werden (vgl. Sendemanuskript, S. 12, https://www.margotoverath.de/skript.pdf).

„Panik“ wird als starke Stressreaktion des Organismus auf eine oft unerwartete und erschreckende Situation definiert, die mit vielfältigen vegetativen, körperlichen und psychischen Symptomen einhergeht. Ob Stress erlebt wurde, lässt sich postmortal anhand der Werte der körpereigenen Stresshormone nachvollziehen. Gerold Kauert leitete bis 2009 das Institut für Forensische Toxikologie an der Goethe-Universität Frankfurt am Main. Er ist Spezialist auf diesem Gebiet, für seine Habilitation hatte er Flüssigkeiten und Innereien von 200 Leichen untersucht und war zu dem Ergebnis gekommen, dass die Adrenalin- und Noradrenalinwerte bei Verstorbenen, die vor ihrem Tod einer lebensbedrohlichen Situation ausgesetzt waren, exzessiv erhöht waren. Michael Bohnert, Leiter des Instituts für Rechtsmedizin an der Universität Würzburg und seit dem Dessauer Prozess als Gutachter in die Causa involviert, machte die Magdeburger Kammer auf Kauerts Forschungsergebnisse aufmerksam. Da sich die Kammer Aufschluss über die sogenannte Rettbarkeit versprach, bat sie Kauert um seine Interpretation der Werte. Hätte Oury Jalloh noch gerettet werden können, wenn Hans H. sofort nach dem Brandalarm mit den Fesselschlüsseln in den Gewahrsam geeilt wäre?

Am 34. Verhandlungstag hielt Prof. Kauert seinen Vortrag als Sachverständiger.[210] Zunächst sprach er von einer weiteren nicht vorhandenen Spur. Der Kern der Matratze aus der Zelle 5 bestand aus Polyurethan (abgekürzt: PUR oder PU). Obwohl Jallohs Leichnam schwerste Verbrennungen bis zur Verkohlung aufwies, fanden sich in Lunge und Hirn keine Spuren dieses Materials, was für einen sehr raschen Todeseintritt spreche. Dann klärte Kauert die Prozessbeteiligten über die Bedeutung von Adrenalin und Noradrenalin auf. Beides sind Stresshormone. Noradrenalin ist auch als Notfallhormon bekannt, es hält die Herztätigkeit aufrecht und soll den Blutdruck regulieren, der Körper schüttet es in höchster Gefahr aus, und zwar alles, was er hat. Es bestehe aber ein Unterschied zwischen normalem und lebens-

210 NK-Mitschrift der HV Magdeburg vom 10.11.2011.

bedrohlichem Stress. Um den Prozessbeteiligten die Stresssituation so plausibel wie möglich darzulegen, nahm Kauert sein eigenes aktuelles Auftreten im Verhandlungssaal als Beispiel. Obwohl sein Stress vergleichbar moderat sei, sagte er, produziere sein Körper mit Sicherheit Noradrenalin. Oury Jalloh dagegen befand sich in Lebensgefahr, eine bedrohlichere Lage ist nicht denkbar.

Normalerweise wird das Blut untersucht, aber Oury Jallohs Blut war für eine Analyse nicht mehr verwertbar, die große Hitze hatte es aufgelöst. Aber sein Urin war verfügbar, darin hätte sich das Noradrenalin kurze Zeit später zeigen müssen. Zuerst wäre es durch die Niere gelaufen und dann in der Blase angekommen. Der Lauf hätte etwa eine Minute gedauert. Kauert fand jedoch kein einziges Zeichen einer tödlichen Stresseinwirkung. Oury Jalloh muss sehr schnell gestorben sein, noch bevor das Notfallhormon die Nieren erreichte.

Oberstaatsanwalt Christian Preissner, der damals noch die Selbstanzündungs-These favorisierte, konterte Kauerts Äußerungen mit der Idee, Jalloh habe sich nicht aufgeregt, weil er das Feuer wollte. Aber so funktioniere der Körper nicht, gab Kauert zu bedenken. In offensichtlicher Lebensgefahr gebe es keine Selbstberuhigung, nur Stress in höchstem Maße. Und spontane Schreie. Stattdessen soll er sich trotz des Feuers in ruhigem Ton an die Leitstelle, wo sich Jutta L. aufhielt, gewandt haben. Das konnte nicht möglich sein, noch dazu, ohne toxische Brandgase einzuatmen. Dass er das Atmen vermeiden konnte, hielt Kauert für unwahrscheinlich.

Keine Panik, kein Noradrenalin, kein Kohlenmonoxid, kein Polyurethan. Auch Cyan-Verbindungen waren nicht gefunden worden. Kein Blausäuregas[211] und keine anderen brandrauchtypischen Gase wie Benzol, Xylol oder Naphthalin, jedoch Rußspuren in der Luftröhre und Rußpartikel in Speiseröhre und Magen.

211 Prof. Manfred Kleiber, Institut für Rechtsmedizin an Universität Halle, Zusammenfassung der rechtsmedizinischen Gesichtspunkte, Gutachten vom 22.8.2008, Az.: 6 Ks 4/05.

Der Einsatz von Brandbeschleunigern wird trotz der chemisch-toxikologischen Befunde, die darauf hinweisen, kategorisch ausgeschlossen. Oury Jalloh hatte sicher keinen Brandbeschleuniger bei sich. Den hätte nur ein Täter, im Juristendeutsch eine „dritte Person", vielleicht auch mehrere, in die Zelle bringen können. Zivile Personen hatten keinen Zugang zum Gewahrsam.

In Halle war der Leichnam nur geröntgt worden, auf der Aufnahme ließen sich „keine äußeren Verletzungen" feststellen. Die Familie und Freunde des Opfers zogen das Ergebnis in Zweifel. Sie verlangten eine detailliertere Aufnahme mithilfe eines Computertomografen, der 3D-Röntgenbilder anfertigt. Die Staatsanwaltschaft war dagegen. Auf eigene Kosten, finanziert aus Spendengeldern, ließ die Initiative in Gedenken an Oury Jalloh am Institut für Rechtsmedizin der Universitätsklinik Frankfurt am Main eine Zweitsektion der Leichenasservate und die von Dessau verweigerte Untersuchung im CT durchführen. Es blieb beim fehlenden Kohlenmonoxid, aber das CT machte einen Nasenbeinbruch sichtbar. Und im Serum aus Leichenblut und im Leichenurin wurden Kokain-Metaboliten gefunden, das sind Abbauprodukte von früher konsumiertem Kokain.

Oury Jalloh war vom Alkohol schwer berauscht, darin sind sich alle einig, doch die wissenschaftlichen Meinungen über die Bedeutung dieses Fundes gehen auseinander. Für den Toxikologen Prof. Kauert sprach die Konzentration der Kokain-Metaboliten entweder für den Konsum einer geringen Dosis in der Nacht vor seinem Tod oder eine länger zurückliegende Kokain-Aufnahme.[212] Der Rechtsmediziner Prof. Kleiber deutete die Werte als Hinweis auf einen „hochgradigen Rauschzustand infolge Mischintoxikation".[213] Prof. Bohnert, ebenfalls Rechtsmediziner, ging davon aus, dass sich Kokain und Alkohol in

212 Prof. Gerold Kauert, Institut für Forensische Toxikologie am Klinikum der Universität Frankfurt am Main, Gutachten, 31.3.2005.

213 Prof. Manfred Kleiber, Institut für Rechtsmedizin an Universität Halle, Zusammenfassung der rechtsmedizinischen Gesichtspunkte, Gutachten vom 22.8.2008, Az.: 6 Ks 4/05.

ihrer Wirkung gegenseitig verstärken können.[214] 2002 hatte der Bereitschaftsarzt Dr. A. B. schon einmal Oury Jallohs Alkoholpegel gemessen und 3,19 Promille festgestellt. Er war also mindestens „alkoholerfahren".

Kokain bzw. Crack konsumierte Oury Jalloh nur hin und wieder, ob in der Nacht vor seinem Tod zusätzlich zum Whiskey, bleibt ungewiss. Wenn, dann hätte sein Körper aus der Wechselwirkung von Alkohol und Kokain Cocaethylen gebildet. Der Londoner Toxikologe Michael Scott-Ham wies darauf in seinem gerichtstoxikologischen Gutachten zum Tod von Oury Jalloh hin, das er im Juni 2015 im Auftrag der Initiative in Gedenken an Oury Jalloh vorlegte.[215] Die Werte hätten sich in den Befunden aus der Leiche bzw. den Leichenasservaten abbilden müssen, waren aber von den Rechtsmedizinern nicht erhoben worden. Cocaethylen habe giftigere Auswirkungen auf das Herz als Kokain, schreibt Scott-Ham. Ohne Nachweis ließe sich jedoch nichts schlussfolgern.

Im Jahr 1998 gab die „Canadian Medical Association" (CMA) in Ottawa eine Studie zu Todesfällen im Polizeigewahrsam heraus. Zwischen 1988 und 1995 waren 21 Menschen unerwartet im Polizeigewahrsam zu Tode gekommen, von denen einige Kokain konsumiert hatten.[216] Prof. Gerold Kauert wies mich 2023 auf die Studie hin. Im Magdeburger Verfahren war sie nicht ausdrücklich zur Sprache

214 NK-Mitschrift der Aussage von Prof. Michael Bohnert, Institut für Rechtsmedizin an der Universität Würzburg, in der HV Magdeburg am 16. 12. 2011.

215 Principal Forensic Services, Forensic Toxicological Report by Michael Scott-Ham Concerning the Death of Oury Jalloh vom 18. 6. 2015, Az.: PFTDC.26.14, https://initiativeouryjalloh.files.wordpress.com/2015/10/report-mike-scott-ham-18-06-2015.pdf.

216 Michael S. Pollanen/David A. Chiasson/James T. Cairns/James G. Young, Unexpected death related to restraint for excited delirium: a retrospective study of deaths in police custody and in the community, in: Canadian Medical Association Journal (CMAJ) 158 (1998), 12, S. 1603–1607, https://www.cmaj.ca/content/cmaj/158/12/1603.full.pdf.

gekommen, aber die Vorsitzende der Magdeburger Kammer hatte sich offen Gedanken darüber gemacht, den Angeklagten Hans H. wegen eines Tötungsdelikts zu belangen, obwohl Oury Jalloh vielleicht schon tot war, als das Feuer ausbrach. Bei der mündlichen Begründung des Urteils sagte sie, die Aufgabe der Kammer sei es gewesen, ein mögliches Fehlverhalten des Angeklagten zu ermitteln. Die Frage, ob Dritte Oury Jallohs Tod herbeigeführt hatten, sei zwar in die Überlegungen einbezogen worden, aber nicht Gegenstand dieses Verfahrens gewesen.

War der Tod von Oury Jalloh mit den untersuchten unerwarteten Todesfällen vergleichbar? Die festgenommenen Menschen aus der kanadischen Studie starben unmittelbar, nachdem sie wegen polizeilicher Zwangsmaßnahmen in extremen Stress geraten waren. Sie waren gefesselt, auf den Bauch gelegt, mit Pfefferspray besprüht oder anderen Zwangsmitteln ausgeliefert gewesen. Auch Oury Jalloh war gefesselt und im Arztraum auf den Bauch gelegt worden, ihm war zwangsweise Blut abgenommen worden, und höchstwahrscheinlich wurde er verprügelt. Der Nasenbeinbruch, fissurale Brüche der Nasenscheidewand bis in das vordere Schädeldach und ein Bruch der elften rechten Rippe sprechen dafür. Aber daran kann er nicht gestorben sein. Er starb Stunden später, nach Ausbruch des Feuers. Die Spuren von Ruß in den Atemwegen und der Lunge beweisen, dass er geatmet hat. Handlungen der Kriminaltechniker wie Anstoßen, Umdrehen oder Ablegen konnten keine Rußspuren ins Innere der Leiche befördern. Alle im Verfahren angehörten Rechtsmediziner – Hansjürgen Bratzke, Manfred Kleiber und Michael Bohnert – schlossen diese Möglichkeit kategorisch aus.

17. Die Selbstanzündungsthese

Am Nachmittag des 7. Januar 2005 gab die Polizei ihre erste Pressemitteilung heraus. Das wichtigste Detail – Oury Jallohs Fixierung – wurde nicht mitgeteilt.

> „Dessau, den 7. Januar 2005
> Brand im Dessauer Polizeirevier – 21-jähriger Mann verstorben.
> Am 07.01.05 gegen 12.05 Uhr wurde aufgrund eines Feueralarms ein Brand im Gewahrsamsbereich des Polizeireviers Dessau bemerkt.
> Polizeibeamte versuchten noch den Brand zu löschen, gelangten aber infolge der sehr starken Rauchentwicklung nicht mehr in die Zellen.
> Für einen 21-jährigen Mann aus Sierra Leone kam jede Hilfe zu spät. Er konnte durch die Kräfte der Feuerwehr Dessau nur noch tot geborgen werden.
> Der 21-Jährige befand sich in Gewahrsam, nachdem er mehrere Frauen im Stadtgebiet von Dessau belästigt und Widerstand gegen die hinzugerufenen Polizeibeamten geleistet haben soll.
> Die Brandursache ist bis zum jetzigen Zeitpunkt unklar. Die Ermittlungen haben das 2. Fachkommissariat der Polizeidirektion Stendal und die Tatortgruppe des Landeskriminalamt[s] Sachsen-Anhalt übernommen und dauern bis zum gegenwärtigen Zeitpunkt noch an.“[217]

217 Polizeidirektion Dessau – Pressemitteilung Nr.: 004/05, https://presse.sachsen-anhalt.de/not-rated/2005/01/07/brand-im-dessauer-polizeirevier-21-jhriger-mann-verstorbenpd-dessau/.

Auch in der Pressemitteilung der Staatsanwaltschaft Dessau-Roßlau zum Tod von Oury Jalloh vom 13. Januar 2005 wird nicht über die Fesselung informiert. Aber schon jetzt wird die Selbstanzündungsthese richtungweisend eingeführt: „In diesem Zusammenhang wird auch geprüft, ob sich der Verstorbene möglicherweise selbst angezündet hat.“[218] Eine dritte Pressemitteilung wird am 20. Januar 2005 veröffentlicht, darin heißt es schon: „Nach den vorläufigen Ergebnissen der bisherigen Untersuchungen am Brandort ist eine Entzündung der Matratze durch den im Gewahrsam befindlichen 21-jährigen Mann aus Sierra Leone aus sachverständiger Sicht wahrscheinlich. Zwischenzeitlich sind in diesem Bereich auch Reste eines Feuerzeuges gefunden worden.“[219] Noch immer kein Wort über Oury Jallohs Fesselung und Fixierung.

Anfang Februar kam die Fesselung über Feuerwehrleute, die in ihrem privaten Umfeld vom Einsatz im Revier erzählt hatten, ans Licht. Ein Mitglied der damaligen PDS-Fraktion bekam Kenntnis davon und wollte als Abgeordneter in Erfahrung bringen, ob es sich um ein Gerücht handele. Auf der Sitzung des Innenausschusses vom 2. Februar 2005 stellte er die Frage, wie es zum Ausbruch des Feuers kam und ob der Inhaftierte gefesselt war. Innenminister Klaus-Jürgen Jeziorsky (SPD) war anwesend, sein Ministerialdirigent Jörg-Michael Martell gab die Darstellung der Polizei weiter: Es sei zweckmäßig gewesen, den Mann zu seinem eigenen Schutz während des Gewahrsams fixiert zu halten.

218 Staatsanwaltschaft Dessau – Pressemitteilung Nr.: 001/05, Dessau, den 13.1.2005, https://www.sachsen-anhalt.de/bs/pressemitteilungen?tx_tsarssinclude_pi1%5Baction%5D=single&tx_tsarssinclude_pi1%5Bcontroller%5D=Base&tx_tsarssinclude_pi1%5Buid%5D=19186&cHash=ac73233e654c9f28cb88c26f93806309

219 Staatsanwaltschaft Dessau – Pressemitteilung Nr.: 002/05, Dessau, den 20.1.2005, https://sta-de.sachsen-anhalt.de/aktuelles?tx_tsarssinclude_pi1%5Baction%5D=single&tx_tsarssinclude_pi1%5Bcontroller%5D=Base&tx_tsarssinclude_pi1%5Buid%5D=19238&cHash=50ea3ec5fb0aacfd4bff2ae03e9b7e59.

Am 9. Februar 2005 erschienen in mehreren regionalen Zeitungen (MZ, Volksstimme u.a.) und im SPIEGEL Berichte über die Fesselung. Der angebliche „Selbstmord in Fesseln" werfe Fragen auf. Die Mitteldeutsche Zeitung titelte: „Tod eines Asylbewerbers in Dessau. Ermittlungen nähren Zweifel an Selbstmord."[220] Wie der Mann mit gefesselten Händen ein zuvor verstecktes Feuerzeug benutzen konnte, sei unklar.

Erst am 14. Februar 2005 lud die Staatsanwaltschaft Dessau mit ihrer vierten Pressemitteilung zur Pressekonferenz am folgenden Tag ein, auf der „wesentliche Ermittlungsergebnisse" vorgestellt werden sollten. Auf der Pressekonferenz am 15. Februar 2005 gab der Leitende Oberstaatsanwalt Folker Bittmann den Medien die Möglichkeit nachzufragen. Er stellte die bisher vorliegenden Ermittlungsergebnisse vor und verteilte eine Zeittafel der Ereignisse vom 7. Januar 2005 zwischen 8:30 und 12:35 Uhr. Bittmann: „Es wird mit Akribie, mit Blick auf sämtliche Details, gründlich, intensiv und vor allem ohne jegliches Ansehen der Person oder etwaiger Folgen ermittelt."

Am folgenden Tag legte die Staatsanwaltschaft im Rechtsausschuss des Landtags ihre Sicht dar. Anwesend waren außer Justizminister Curt Becker (CDU) und Generalstaatsanwalt Jürgen Konrad die Dessauer Oberstaatsanwälte Folker Bittmann und Christian Preissner. Zunächst rügte der Generalstaatsanwalt die Presse, sie habe von sich aus Ursachenforschung betrieben, was die Ermittlungen der Staatsanwaltschaft erschwert habe. Diese habe, behauptet er, bisher alle Ergebnisse in vollem Umfang an die Medien weitergegeben. Dann stellte der Leitende Oberstaatsanwalt Folker Bittmann die Fesselung dar, als sei sie eine normale alltägliche Behandlung durch Polizeibeamte im Gewahrsam: Der Festgenommene sei in die Zelle 5 gebracht worden, wo seine Hände und Füße fixiert wurden. Am Ende der Sitzung informierte

220 Mitteldeutsche Zeitung und Volksstimme vom 9.2.2005; Mutmaßlicher Selbstmord in Polizeizelle. Asylbewerber war gefesselt, in: SPIEGEL Panorama, 9.2.2005, https://www.spiegel.de/panorama/mutmasslicher-selbstmord-in-polizeizelle-asylbewerber-war-gefesselt-a-340933.html.

Ministerialdirigent Jörg-Michael Martell, inzwischen sei eine Arbeitsgruppe eingerichtet worden, die beraten würde, wie solche „unvorhersehbaren Fallkonstellationen“ abgefangen werden könnten. Auch diese vermeintliche Aufarbeitung geriet zum Desaster. Ein Polizeioberrat aus Halle, Teilnehmer der Arbeitsgruppe, fiel durch die rassistische Bemerkung auf: „Schwarze brennen eben länger.“[221]

Folker Bittmanns Behauptung, die Fesselung sei eine alltägliche Behandlung im Gewahrsam, war falsch. Fakt ist, dass es verboten ist, in Gewahrsam genommene Betrunkene zu fesseln und sich selbst zu überlassen. Und Oury Jalloh war mit 2,98 Promille Alkohol im Blut volltrunken. Er hätte sich übergeben und am Erbrochenen ersticken können, ihn in diesem Zustand zu fesseln, war für ihn lebensgefährlich. Erst fünf Wochen später und auf Druck der Medien wurde die Fesselung zugegeben. In der ersten Mitteilung stand die angebliche Belästigung von Frauen der Stadtreinigung im Vordergrund. Ein Anruf bei den betroffenen Frauen hätte genügt, um die Erzählung zu entlarven. Die Staatsanwaltschaft hielt die Information über die Fesselung so lange zurück, bis sie glaubte, Suizid bzw. Selbstanzündung beweisen zu können.

Im Mai 2005 erhob sie Anklage gegen den Dienstgruppenleiter Hans H., weil er nicht für die erforderliche Sicherheit im Gewahrsam gesorgt habe, und gegen den Streifenpolizisten Günter G., weil er den Tod Oury Jallohs durch fahrlässiges Unterlassen – das Übersehen des Feuerzeugs – verschuldet habe. Wie und durch wen das Feuer entstanden war, waren keine offenen Fragen mehr. Die Selbstanzündungsthese wurde zur Prämisse der Frage, ob Oury Jallohs Tod hätte verhindert

221 Landesportal Sachsen-Anhalt, Aktuelle Pressemitteilungen – Ministerium des Innern – Pressemitteilung Nr.: 026/08 vom 12.2.2008: Hövelmann verurteilt menschenverachtende Äußerungen zum Tode von Oury Jalloh, https://www.sachsen-anhalt.de/bs/pressemitteilungen/ministerien/ministerium-fuer-inneres-und-sport/?no_cache=1&tx_tsarssinclude_pi1%5Buid%5D=31938&tx_tsarssinclude_pi1%5Baction%5D=single&tx_tsarssinclude_pi1%5Bcontroller%5D=Base.

werden können, wenn die Polizisten ihn besser überwacht hätten. Am Montag nach dem Brand war ein Feuerzeug aufgetaucht, damit sollte zweifellos bewiesen werden, dass Oury Jalloh sich selbst angezündet hatte. Nicht um sich zu töten, sondern um die Polizisten zu zwingen, ihn aus dem Gewahrsam zu entlassen.

Die Selbstanzündung sollte ein sogenannter Bewegungsversuch demonstrieren, der auf Video aufgezeichnet, als Beweis zur Akte gegeben und von den Strafkammern in Dessau und Magdeburg anerkannt wurde. Als Versuchsperson stellte sich Kriminalhauptmeister Christian C. von der Ermittlungsgruppe der Kripo Stendal zur Verfügung.

18. Das Feuerzeug

Zwei Beamte der Tatortgruppe hatten am Nachmittag des 7. Januar 2005 den Brandschutt in der Zelle mit Händen durchsucht, aber kein Feuerzeug oder Teile davon wie Zündkappe oder Zündrädchen und auch kein anderes Zündmittel gefunden.[222] Den Schutt schoben sie in vier Spezialbeutel, jeden Beutel verschlossen sie mit einem Klebestreifen. Den restlichen in der Zelle herumliegenden Brandschutt fegten sie zusammen, er landete im Müllcontainer. Von Dessau aus fuhren sie nach Halle, wo sie als Vertreter der Polizei bis 22 Uhr 30 den Rechtsmedizinern bei der Obduktion zusahen. Eigentlich sollten die Spezialbeutel noch an diesem Freitagabend oder dem folgenden Samstag im LKA auf Brandbeschleuniger untersucht werden – dafür gibt es einen Bereitschaftsdienst, der, wie schon der Name sagt, auch am Wochenende bereitsteht. In diesem Fall jedoch blieben die Asservate bei Walter W. – „wegen des Wochenendes". Was mit den Dienstvorschriften der Polizei, insbesondere der PDV100 über „Führung und Einsatz" nicht in Übereinstimmung zu bringen sei, sagt Frank Dieter Stolt, Kriminologe und Polizeiwissenschaftler aus Mannheim. Ein Wochenende sei für ihn „absolut kein Argument. Und steht auch so nicht in der PDV100. Die PDV100 ist die verbindliche Polizeidienstvorschrift ‚Führung und Einsatz'. Und da steht nicht, dass bestimmte polizeiliche Ermittlungsmaßnahmen nur auf die Wochentage beschränkt sind. Im Gegenteil. Dafür gibt es Dauerdienste, Bereitschaftsdienste etcetera. Dass eben dies auch sichergestellt ist."[223]

222 „Warum starb Oury Jalloh?", HV Dessau, Zeugenaussagen von Walter W. in der HV Dessau, 31. Prozesstag, und NK-Mitschrift, HV Magdeburg, 25.8.2011.

223 Transkript des Interviews der Autorin mit dem inzwischen verstorbenen SV Frank Dieter Stolt am 4.5.2014.

Im Lauf des Montags, dem 10. Januar 2005 – wann genau, ist nicht bekannt, denn im Übergabeprotokoll fehlt die Uhrzeit – brachte Tatortgruppenleiter Walter W. zwei der vier Tüten ins Labor des LKA Magdeburg. Vermutlich am Nachmittag, denn am Morgen um 10 Uhr wurde Ludwig L., Sachverständiger des LKA für Brände und Raumexplosionen, telefonisch gebeten, den Tatort zu besichtigen. Ihm wurde mitgeteilt, dass sich die gesicherten Spuren noch in der Zuständigkeit der Tatortgruppe befänden.[224] Ludwig L. fuhr nach Dessau und traf gegen Mittag im Polizeirevier Dessau Klaus Steinbach, Brandoberrat am Institut der Feuerwehr Sachsen-Anhalt. Beide hatten dem Innenministerium zugesagt, sich gemeinsam als Team der Brandursachenforschung zur Verfügung zu stellen. Die erste Beratung des Sachverständigenteams mit Revierleiter Ronnie Z. und Beamten aus Tatort- und Ermittlungsgruppe begann um 13 Uhr 30. Eine halbe Stunden später standen die beiden Brandexperten zum ersten Mal in der verrußten, ansonsten aber besenreinen Zelle 5. Ludwig L. musste feststellen, dass die Liegefläche völlig frei war, nur die rechte Handfessel hing noch im Bügel an der Wand. Alle anderen Spuren waren entfernt worden, von der Brandausbruchstelle war nichts mehr zu sehen. Für einen Brandsachverständigen ganz sicher kein normales Bild. Und es fehlte immer noch ein Zündmittel.

Sabine S., Diplom-Chemikerin des LKA und dort als Sachverständige für forensische Chemie tätig, sollte den Inhalt der beiden Spurenbeutel im Gaschromatografen auf Reste von Brandbeschleunigern untersuchen. Das Gerät ist eine Art Ofen, der übliche Brandbeschleuniger wie Benzin, Diesel oder Lösungsmittel aufspüren kann, Spiritus oder andere seltener genutzte Mittel jedoch nicht. Nacheinander legte Sabine S. die Behälter in das auf 60 Grad aufgeheizte Gerät. Ein Signalton meldet das Ende der Untersuchung, im Display erschien die Anzeige „negativ“, das heißt, es wurden keine Reste von Brandlegemitteln gefunden. Was nicht bedeutet, dass es keine gab. In der großen Hitze könnten sie schon im Feuer vollständig verbrannt sein. „Wenn

224 NK-Mitschrift der HV Magdeburg vom 13.10.2011.

ich einen negativen Befund habe, kann es sein, dass es vorher etwas gab, das verdampft ist", machte Sabine S. in der Magdeburger Hauptverhandlung deutlich. „Das hängt davon ab, wie der Brand ablief, wie hoch die Temperatur war und wann die Probe zu mir kam."[225]

Sie habe die Tür des Ofens geöffnet, die erste Tüte herausgenommen und den Inhalt auf einer großen Platte ausgeschüttet. Auf Beutel 1 klebte ein Etikett mit der Aufschrift „Spur 1.1 diverser Brandschutt unterhalb der Leiche. Keinerlei Hinweis auf ein Feuerzeug".[226] Weil es sich um ein Brandereignis mit Todesfall handelte, rief sie ihren Chef Peter Kietz hinzu. „Es fehlte ja ein Entzündungsmittel. Da er der Sachverständige für Brände und Raumexplosionen war, habe ich ihn dazu gebeten", so Sabine S. in Magdeburg. Inmitten des Schutts hätten sie ein verkohltes Feuerzeugfragment der Marke Tokai entdeckt. „Wir waren beide relativ überrascht, in der Spur eines zu finden. Das ist ein Teil, was man sieht. Es war schon sehr überraschend."[227]

Sie habe sofort Walter W. von der Tatortgruppe angerufen. Der informierte um 14 Uhr 45 Christian C. von der Ermittlungsgruppe aus Stendal, der am 12. Januar 2005 in einem Vermerk protokollierte, ihm sei das Auffinden eines geschmolzenen Feuerzeugfragments im Brandschutt mitgeteilt worden, „welches unter der linken Körperhälfte der Leiche gesichert wurde". So trug er zu der falschen Vorstellung bei, dass das Feuerzeugfragment in der Zelle gefunden wurde, obwohl es tatsächlich erst im Labor aus einer Tüte mit der Aufschrift „keinerlei Hinweis auf ein Feuerzeug" geholt wurde. Sabine S. berichtet, später

225 NK-Mitschrift der Sachverständigen-Aussage in der HV in Magdeburg, 26. Verhandlungstag am 28.7.2011.

226 Ebenda. Alle weiteren Zitate von „Sabine S." (Pseudonym) aus dieser Vernehmung.

227 In der 2. Ergänzung zur Spurenliste/Asservatenliste vom 10.1.2005, erstellt am 11.1.2005, Az.: 33.1/0085/2005, heißt es unter Punkt 1.1.1 „Rest eines Gasfeuerzeuges, Farbe rot, Marke ‚Tokai', mit starken Verschmelzungen und Verbrennungen, gesichert während der Untersuchung durch den Brandsachverständigen Herrn Kietz am 10.1.2005."

sei Walter W. zur Besichtigung des Feuerzeugs gekommen und habe es gleich mitgenommen.

Zu diesem Zeitpunkt war die Arbeit der Tatortgruppe beendet. Warum deren Leiter das Feuerzeug abgeholt und mitgenommen haben soll, aber nicht zur Spurenanalyse an die Staatsanwaltschaft weitergab, wurde nicht thematisiert.

Nicht nur Sabine S. will den Leiter der Tatortgruppe angerufen haben, sondern auch ihr Chef Peter Kietz. In den Hauptverhandlungen in Dessau und Magdeburg wurde er gefragt, ob Walter W. selbst gekommen sei. Peter Kietz fehlte die Erinnerung. Walter W. erklärte als Zeuge in Dessau, das verbrannte Feuerzeug unverzüglich erhalten zu haben.[228] Ob er es geholt oder ob es ihm gebracht wurde, wusste er in Dessau nicht mehr, später in Magdeburg fiel es ihm wieder ein: „Ich war bei Herrn Kietz, habe es dort abgeholt." Angerufen worden sei er aber weder von Kietz noch von Sabine S. „Ich wurde von Ludwig L. informiert", teilte Walter W. in der letzten Vernehmung durch Oberstaatsanwalt Christian Preissner mit.[229] Er sei dann am Montagnachmittag zum Labor gegangen und habe das Feuerzeug fotografiert.

Preissner fragte ihn, ob er von dem Verdacht gehört habe, er habe die Tüten manipuliert. Ja, habe er, aber das sei unmöglich, weil man die Tüten nicht allein öffnen könne, einer müsse den Tütenrand umknicken und festhalten, der andere das Klebeband aufbringen. Der Staatsanwalt beließ es dabei, er fragte nicht nach. Im Jahr 2013 hatte er damit begonnen, Widersprüche zu sammeln. Dass es davon eine Menge gab, war ihm im Lauf der Magdeburger Hauptverhandlung aufgefallen und brachte ihn eine Woche vor der Urteilsverkündigung dazu, ein gesondertes Todesermittlungsverfahren gegen Unbekannt wegen Mordes aufzulegen.[230] Im Moment war Walter W. nur einer seiner erneut vernommenen Zeugen.

228 „Warum starb Oury Jalloh?", HV Dessau, 31. Prozesstag, 15.11.2007.

229 Vernehmungsprotokoll vom 11.9.2015.

230 Az.: 111 UJs 23785/13 StA Dessau-Roßlau.

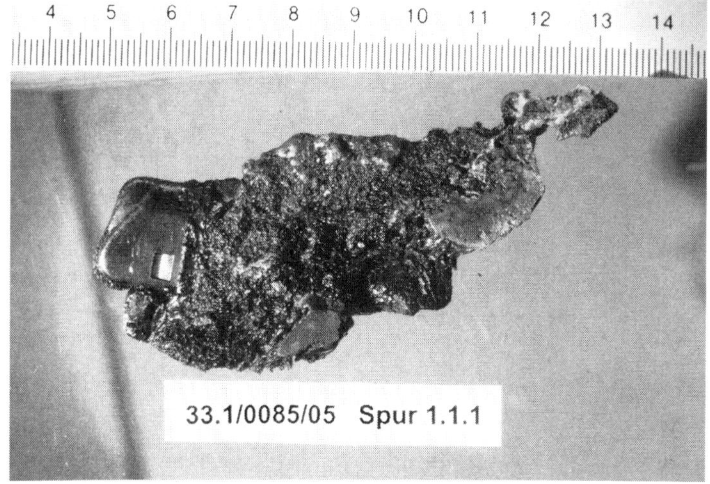

Das gefundene Feuerzeug.
© LKA Sachsen-Anhalt (veröffentlicht in: Prüfvermerk der Generalstaatsanwaltschaft Naumburg zu den Ermittlungen zum Todesfall Ouri Jallow [Anonymisiertes Presse-Exemplar], Nov. 2018, Az.: 111 Js 89/17 GenStA, S. 102 und 169)

Nachdem das Feuerzeug W. zufolge in einem der beiden Spurenbeutel aufgetaucht war, verzichtete er darauf, die Beutel drei und vier auswerten zu lassen. Er habe es für überflüssig gehalten und sie ungeprüft zu den Asservaten gegeben. Für einen erfahrenen Kriminaltechniker ein schwer nachvollziehbarer Fehler, denn jedes Spurenaufkommen muss gesichert und geprüft werden – es könnten sich weitere wichtige Hinweise auf das Tatgeschehen ergeben. Vom Feuerzeug machte er zwei Fotos, eines von jeder Seite. Sechs Fotos wären nötig gewesen, um es dreidimensional zu erfassen: Länge, Breite, Dicke. Auf dem Foto ist ein stark verschmortes normales Einweggasfeuerzeug zu sehen, ca. 8–10 cm lang, von schwarzem Plastik ummantelt. Am Kopfende gut zu erkennen sind die rote Farbe und das Hersteller-Logo „Tokai".

Für die Dokumentation sollte Sabine S. den Inhalt der Brandschuttbeutel fotografieren. Sie hätte aber nur den Rest des Inhalts ohne Feuerzeug aufnehmen können, denn das befand sich angeblich bereits bei Walter W. Und weil sie nur über eine Sofortbildkamera verfügte, habe der LKA-Sachverständige Ludwig L. die Spur aus Beutel 1.1 mit einer eigenen Kamera fotografiert. Wenn diese Fotos Beweismittel sein sollen, beweisen sie, dass kein Feuerzeug im Brandschutt war. Ludwig L. wurde in Magdeburg zum Umgang mit dem Feuerzeug befragt, heraus kam eine neue Version: „Als Peter Kietz und Sabine S. die Reste des Gasfeuerzeugs gefunden haben, ist es von Herrn Kietz zur Tatortgruppe gebracht worden und danach wieder zu mir, weil ich mit der weiteren Untersuchung beauftragt worden bin."[231] Doch Peter Kietz erinnerte sich nicht, das Feuerzeug zur Tatortgruppe gebracht zu haben, und Ludwig L. hat das Feuerzeug nicht weiter untersucht. Da kein Protokoll der Übergabe existiert, lässt sich der Weg des Feuerzeugs nicht nachvollziehen. Auch nicht, aus welchem Grund der Leiter der Tatortgruppe das Feuerzeug zurückhaben wollte.

Peter Kietz war schon im ersten Prozess in Dessau vernommen worden. Am 27. Verhandlungstag – es war der 9. Oktober 2007 – ging es um die Frage, warum Walter W. ohne den Beistand eines Brandexperten gearbeitet hatte. Kietz brachte kein Verständnis dafür auf. Im Gegenteil, es bestünden klare Vorgaben, dass mit der Spurensicherung nicht begonnen werden darf, bevor ein Brandexperte vor Ort ist.[232] Vier Verhandlungstage später, am 15. November 2007, wird Walter W. mit der Aussage des Sachverständigen konfrontiert. Walter W. räumt ein, kein Brandexperte zu sein, die Entscheidung, sich nicht an die Vorgabe zu halten, sei aber nicht von ihm getroffen worden: „Dafür war die ermittelnde Behörde zuständig, die hätte einen Brandexperten beauftragen müssen."[233] Was sie offensichtlich unterließ.

Die Frage, ob gut verschlossene Brandschuttbeutel wieder geöffnet werden können, beantwortet Peter Kietz mit einem klaren Ja: „Ein mehrmaliges Öffnen der Tüten ist möglich, wenn man zum Wieder-

231 Zeugenaussage von Ludwig L. in der HV Magdeburg am 13. 10. 2011.
232 „Warum starb Oury Jalloh?", HV Dessau, 27. Prozesstag, 9. 10. 2007.
233 „Warum starb Oury Jalloh?", HV Dessau, 31. Prozesstag, 15. 11. 2007.

verschließen ein neues Klebeband nimmt." Die Möglichkeit wurde nicht weiter in Erwägung gezogen.

Am 31. Verhandlungstag der Dessauer Hauptverhandlung war Walter W. als Zeuge geladen. Er sollte erklären, warum er das Feuerzeug nicht gefunden hatte, als er den Brandschutt mit den Händen durchsuchte. H. erzählte von einem „Asservat", das er nach dem Anheben „zwischen Leiche und Unterlage" gefunden habe, das teilweise „mit der Leiche verschmolzen" sei. Es sei sofort als „Block" in dampfdichten Brandtüten gesichert worden.[234] Zum gleichen Thema in Magdeburg befragt, sagte er: „Als wir die Leiche anheben wollten, lag darunter etwas gut Erhaltenes. Das haben wir sofort in die Tüte gesteckt. Dass da drin ein Feuerzeug steckte, haben wir nicht erkannt. Ich stelle mir vor, dass das irgendwo an der Seite der Leiche fest gehangen haben muss."[235] Das „gut Erhaltene" nennt er jetzt „eine Art Paket", vom Rücken abgenommen, ohne genaue Sichtung in die Tüte geschoben – und unbemerkt das Zündmittel gesichert.[236] Seine Behauptung ist nicht nachprüfbar. Die Tatortarbeit wurde nicht per Foto oder Video dokumentiert, und in seinem Sicherungsprotokoll hatte Walter W. weder einen „Block" noch ein „Paket" oder eine „Art Paket" vermerkt.

Kurz wurde an diesem Verhandlungstag noch diskutiert, aus welchem Grund Oury Jalloh das Feuerzeug unter seinem Rücken versteckt haben könnte und wie das zu schaffen war. Durch einen geschickten Wurf?[237] Seine gefesselte rechte Hand hing im Bügel an der

234 Zeugenaussage in der HV Dessau am 15.11.2007.

235 Zeugenaussage in der HV Magdeburg am 25.8.2011.

236 Zeugenaussage in der HV Magdeburg am 25.8.2011.

237 „Wenn er ein Storch wäre mit ‚nem langen Schnabel, dann könnte er das da unten noch drunter legen, aber sonst nicht", so Robert Weihmann, Leiter der Dortmunder Kripo im Ruhestand und Verfasser des Standardwerks „Kriminalistik. Ein Grundriss für Studium und Praxis" (Verlag Deutsche Polizeiliteratur, 7., aktualisierte und erw. Aufl. 2004). Weihmanns Zitat entstammt dem WDR/NDR/MDR-Radio-Feature „Oury Jalloh und die Toten des Polizeireviers Dessau", Erstsendung 21.6.2020, WDR5.

Wand. Dass es keinen Abdruck an Oury Jallohs Rücken hinterlassen hatte, kam nicht zur Sprache.

Oberstaatsanwalt Christian Preissner hatte schon im Januar 2005 einen „Bewegungs- und Zündversuch" durchführen lassen, den er am 22. Februar 2005 wiederholen und auf Video aufzeichnen ließ. Der Versuch war so angelegt, dass seine Arbeitshypothese „Oury Jalloh konnte das Feuerzeug in einer Hosentasche in die Zelle schmuggeln" bestätigt werden konnte. Die Versuchsperson war Kriminalhauptmeister Christian C. von der Ermittlungsgruppe des 2. Fachkommissariats der PD Stendal. Als „kontrolliert, ruhig und gefasst" beschreibt ihn Nebenklage-Rechtsanwalt Philipp Napp.[238] Selbstverständlich war er nicht eingeschränkt durch Alkohol oder die Folgen der Prügel. Seine Statur ähnelt nicht der von Oury Jalloh, statt 55 kg wie Jalloh bringt Christian C. 88 kg auf die Waage. Er ist zwar nur einen Zentimeter größer, aber durch seinen Leibesumfang entschieden kompakter. Die Versuchsmatte war wegen Beschädigungen eigentlich ausgemustert worden, für den Einsatz in der Zelle war sie nicht mehr geeignet. Im Durchführungsprotokoll der Kripo Stendal heißt es lapidar: „Diese Vergleichsliegematte war bereits beschädigt und wurde im Rahmen des Versuches erneut beschädigt und entzündet."[239] Ausgemustert wurden Matten meistens wegen Schäden an der Naht, erklärte die Verwaltungsbeamtin Frau S. als Zeugin. Zuerst würden sie aufbewahrt und später entsorgt. Auch stimmte die Breite der Versuchsmatte nicht mit der Originalmatte aus der Zelle überein. Sie war fünf Zentimeter schmaler als die verbrannte Matte, was den Bewegungsradius der Versuchsperson verbesserte. Im Video ist zu sehen, wie Christian C. sich auf die Matte legt, an Händen und Füßen gefesselt wird und seinen Körper nach rechts zur Wandseite der Matte bewegt. Dann fischt er in mehreren Versuchen, in denen er unterschiedliche Hosen trägt, ein Feuerzeug aus einer der Hosentaschen.

238 NK-Mitschrift der HV Magdeburg vom 11. 8. 2011.

239 Bestätigt durch Vernehmung des Zeugen Christian C. in der HV Magdeburg am 11. 8. 2011.

Oberstaatsanwalt Preissner befindet sich im Versuchsraum, steht neben der Matte und gibt Anweisungen. Christian C. schmort die – möglicherweise bereits vorgeschädigte – Seitennaht der Matte mit einem Feuerzeug an und erweitert die so entstandene Öffnung mit den Fingern, dann zupft er etwas vom PU-Schaum heraus und entzündet ihn. Dieser Ablauf war notwendig, weil vorherige Versuche gezeigt hatten, dass die Hülle der Sicherheitsmatratze den Flammen standhielt. Als ein Zipfel des Schaums brennt, wird der Versuch beendet. Kommentar Preissner: „Jetzt Schluss, Feuer löschen, wir wollen ja hier keinen richtigen Brand."[240]

Beide Strafkammern – Dessau und Magdeburg – akzeptierten das Ergebnis als plausibel. Obwohl der Versuchsaufbau im Video nicht der Originalsituation in der Zelle 5 entsprach, der Versuch damit – nach wissenschaftlichen und juristischen Kriterien – unbrauchbar war. Weder Person noch Matte noch Umstände des Versuchs können als fundierte Rekonstruktion gelten, zumal nicht nachprüfbar ist, ob die Versuchsperson genauso eng gefesselt war wie das Opfer in der Zelle. Gegen die Glaubwürdigkeit des Versuchs sprechen weitere Argumente:

Walter W. hatte schon als Zeuge in Dessau berichtet, noch am Freitagnachmittag in der Zelle den ganzen Brandschutt mit den Händen durchkämmt zu haben. Er wollte das Zündmittel finden, fand aber nur Kleinteile vom Reißverschluss und nicht vollständig verbrannte Reste einer Hose, darunter eine Gesäßtasche sowie weniger verbrannte Fetzen der Matratzenhülle. Alles andere war pulverisiert. Er müsste also hellwach geworden sein, als er angeblich unter dem Rücken der Leiche ein „Paket" entdeckte. Aber ausgerechnet das will er als Ganzes gesichert haben, ohne es mit den Händen zu durchsuchen. Wenn es das „Paket" gab, hätte Walter W. an Ort und Stelle kontrollieren müssen, was darin steckt. Seine Behauptung lässt sich nicht überprüfen, da die Arbeit der Kriminaltechniker nicht dokumentiert wurde. Es gibt keine Fotos und kein Video, es gibt auch keine schriftliche Darstellung.

240 Laut DVD des Versuchs.

Auf dem Sektionstisch war der Leichnam von allen Seiten fotografiert worden. Ein großer Teil des Rückens war nicht verbrannt, an keiner Stelle ist eine Vertiefung zu sehen, und im Sektionsprotokoll ist auch keine vermerkt. Wenn aber da ein „Paket" geklebt oder gehangen oder gelegen hätte mit einem Feuerzeug darin, hätte es einen Abdruck hinterlassen, der auf dem Foto zu sehen gewesen wäre. Wenn Walter W. nicht nur Länge und Breite des Feuerzeugs fotografiert und ausgemessen hätte, sondern auch seine Tiefe, wäre klar geworden, dass die Behauptung auch aus diesem Grund nicht stimmen kann.

Das Feuerzeug aus dem Brandschuttbeutel war verschmort. Unter dem Rücken wäre es aber vor Hitze und Feuer geschützt gewesen. 2013 wies der irische Brandgutachter Maksim Smirnou dies experimentell nach. Wenn es an einer weniger geschützten Stelle gelegen hätte – was der Brandversuch von 2016 zeigte[241] –, wäre der ganze Plastikteil des Feuerzeugs verbrannt und nicht nur verschmort. Am seitlichen Rücken wären Brandmale eindeutig zu erkennen gewesen. Der angebackene Plastikklumpen am Feuerzeug hätte auf jeden Fall mit dem Material der Matratzenhülle übereinstimmen müssen. Und nicht zuletzt stellt sich die Frage, ob ein alkoholisierter und gefesselter Mensch in der Lage ist, eine stabile Flamme zu erzeugen. Das Rädchen wäre sehr heiß geworden, weil es wieder und wieder gedreht und lange hätte gehalten werden müssen.

Die Staatsanwaltschaft hatte darauf verzichtet, das Feuerzeug auf DNA-Spuren von Oury Jalloh untersuchen zu lassen. Im Sommer 2012 beantragte die Nebenklage, dies nachzuholen, die Magdeburger Strafkammer stimmte zu. Sie bat das Landeskriminalamt um ein Gutachten zu der Frage, ob auf dem Feuerzeug Oury Jallohs DNA und andere Spuren aus der Zelle zu finden sind. Zwei Spezialisten des Magdeburger LKA, Dr. Joachim H., Sachverständiger für forensische Chemie, und Rita R., Sachverständige für forensische Textilkunde, lieferten im Juni 2012 neue überraschende Erkenntnisse: Auf den Metall-

241 Der Brandversuch von 2016 wird in Kapitel 24 beschrieben.

Anteilen des Feuerzeugs, das sind Zündrad und Kappe, wurde keine DNA-Spur gefunden, aber auf dem geschmolzenen Plastikkörper fand sich „DNA in geringer Intensität", die mit deutschen Populationsdaten übereinstimmten.[242] Möglicherweise habe er seine DNA hinterlassen, sagte der Sachverständige, er habe unbedacht nicht mit Handschuhen gearbeitet.[243] Die Spur wurde nicht weiter untersucht. Obwohl es möglich gewesen wäre, sie mit der DNA von Joachim H. zu vergleichen. Wäre keine Übereinstimmung festgestellt worden, war das vielleicht ein Hinweis auf den früheren Nutzer.

Ob Spuren aus der Zelle am Feuerzeug gefunden wurden, war die nächste Frage an die Sachverständigen. Joachim H. antwortete: „Wir haben das Feuerzeug auf Reste von eingeschmolzenen Textilfasern und Reste des Matratzenkerns aus der Zelle untersucht. Wir haben keine Rückstände festgestellt. Durch die Hitze hätte eine Übertragung von Fasern aus dem Matratzenbezug auf das Feuerzeug stattfinden können, was aber nicht geschehen ist." Auch der Vergleich der Faserspuren auf dem Feuerzeug mit den Resten von Hose und Matratzenhülle aus dem Brandschuttbeutel endete negativ. „Wir haben von den in das Feuerzeug eingeschmolzenen Materialien keinen Verursacher gefunden. Zwischen den Fasern vom Feuerzeug und den Vergleichsspuren aus dem Brandschutt ergeben sich keine Übereinstimmungen. Nicht nur bezüglich der Farbe, auch die anderen Eigenschaften sind zu unterschiedlich. Sowohl im Brandschutt als auch am Feuerzeug haben wir Polyesterfasern gefunden, aber unterschiedliche. Die Trägermaterialien aus der Matratze haben Eigenschaften, die einfach nicht zu denen am Feuerzeug passen", fasste Rita R. als Zeugin ihre Untersuchungsergebnisse zusammen.[244]

Gabriele Heinecke, Anwältin der Nebenklage, interpretierte: „Das Feuerzeug muss an einer Stelle erhitzt worden sein, an der die fremden

242 LG Magdeburg, 1. Große Strafkammer – Schwurgericht – Geschäftsnummer: 21 Ks 141 Js 13260/10 (8/10), S. 161.

243 NK-Mitschrift der HV Magdeburg vom 22.6.2012.

244 NK-Mitschrift der Sachverständigen-Vernehmungen in der HV Magdeburg, 22.6.2012.

Fasern in den Plastikteil einschmelzen konnten. Das war nicht die Zelle."[245]

Zwei Jahre nach der ersten Begutachtung durch die Sachverständigen des LKA Sachsen-Anhalt bat die Staatsanwaltschaft Experten des LKA Baden-Württemberg zu prüfen, ob die Fasern am Feuerzeug mit Dienstkleidungsstücken von Polizisten übereinstimmen. Die Stuttgarter verfügen über Messinstrumente, die exakte Ergebnisse liefern. Keine der textilen Anhaftungen entsprach der zum Vergleich vorgelegten Dienstkleidung. Der Stuttgarter Gutachter entdeckte „das Vorkommen von völlig verkohlten Textilresten und Feuerzeugteilen gemeinsam mit augenscheinlich gänzlich unversehrten Fasermaterialien, die zum Teil den verkohlten Textilresten und -bröckchen direkt aufgelagert waren. Wenn sich die unversehrten Fasern schon vor dem Brandgeschehen an den betreffenden, nunmehr verkohlten Teilen befunden hätten, müssten sie ebenfalls Hitzeschäden aufweisen." Außerdem wurden zwei verschieden lange, nicht verbrannte Tierhaare gefunden. Herkunft unbekannt.[246]

Wer könnte diese Fasern eingeschleppt haben? Eine ähnliche Frage hatte im Juni 2012 die Magdeburger Kammer der LKA-Chemikerin Rita R. gestellt. Ob sie etwas über die Herkunft der Fasern am verbrannten Tokai-Feuerzeug sagen könne? Das könne sie nicht, so Rita R., sie könne

245 Sechs Gründe, warum Oury Jalloh nicht selbst Feuer gelegt haben kann. Erklärung von Rechtsanwältin Gabriele Heinecke vom 25.9.2015, https://initiativeouryjalloh.files.wordpress.com/2015/10/sechs-grucc88nde-gabriele-heinecke-25-09-2015.pdf, S. 3.

246 Weiter heißt es im Gutachten des LKA Baden-Württemberg vom 31.7.2014: „Das völlige Fehlen von Hinweisen auf Hitzeeinwirkung spricht daher aus Sicht des Sachverständigen für die Annahme, dass die betreffenden Fasern erst nach dem Brandgeschehen, beispielsweise im Zuge der Maßnahmen zur Spurensicherung an die Textil- oder Feuerzeugreste gelangt sind. Insofern stellt sich die Frage, ob die fraglichen Fasern überhaupt einen Bezug zum Brandgeschehen aufweisen. Diesbezüglich wäre beispielsweise von Interesse, wie und unter welchen Umständen die Maßnahmen zur Spurensicherung erfolgt sind."

nur sagen, dass jene Fasern nicht im Vergleichsmaterial aus der Zelle vorkamen. In Hosentaschen fänden sich mikroskopisch kleine Fasern, und wenn das brandgeschädigte Feuerzeug in einer Hosentasche aufbewahrt worden sei, könnten sie übertragen worden sein. Dass es so war, könne sie jedoch nicht bestätigen.[247] Die Kammer beließ es dabei. Nachforschungen in diese Richtung erachtete sie „als nicht ergiebig".[248]

Dass der Sachverständige des LKA Baden-Württemberg im Juli 2014 auf dem Feuerzeug kleine fremde unverbrannte Fasern finden wird, konnte damals noch keiner wissen. Kamen solche Fasern in Hosentaschen vor? Die Akte enthält keinen Versuch der Staatsanwaltschaft, Art und Herkunft der fremden Fasern zu erklären und die Frage zu beantworten, ob die Tierhaare von einem Hund oder einer Katze stammten. Das ist schwer nachvollziehbar, da es um die Aufklärung eines Kapitalverbrechens geht. Peter X. Iten stellte in seinem Gutachten für die Nebenklage fest: „Nach gesamtheitlicher Wertung aller Befunde kommen wir zu dem Schluss, dass das Feuerzeug (Spur 1.1.1) praktisch mit Sicherheit während des Ereignisses nicht im maßgeblichen Brandbereich der Zelle war."[249]

„Darum konnten keine Kontaktspuren mit dem Brandschutt entstehen. Es passt alles zusammen, wenn man sich folgendes Szenario vorstellt: die Zeugin Sabine S. wird während der Untersuchung des Brandschutts von der Tatortgruppe angerufen und informiert, dass man noch ein Feuerzeugrest gefunden habe, den S. in ihr Protokoll mit aufnehmen möge. Darum schreibt sie in ihre KT [Kriminaltechnische]-Akte: ‚Feuerzeug aus Spur 1.1 bei Tatortgruppe'. Für diese Überlegung spricht, dass die SV [Sachverständige] bezüglich aller übrigen Asservate noch vorhandene Farben beschreibt. Nur bei dem Feuerzeugrest findet sich schlicht ‚ein Feuerzeug (stark brand-

247 LG Magdeburg, 1. Große Strafkammer – Schwurgericht – Geschäftsnummer: 21 Ks 141 Js 13260/10 (8/10), S. 163.

248 Ebenda.

249 Dr. Peter X. Iten, Forensisches Gutachten zum gegenwärtigen Wissensstand vom 9. 3. 2018.

geschädigt)'. Eine Beschreibung erfolgt erst in einer ‚2. Ergänzung zum Spurenbereich 1 der Spurenliste/Asservatenliste vom 10.01.2005' von KOK [Walter W.] (Tatortgruppe LKA LSA): ‚Rest eines Gasfeuerzeuges, Farbe rot, Marke, Tokai', mit starken Verschmelzungen und Verbrennungen …' Ein Übergabeprotokoll, das dokumentieren könnte, wann und von wem der angeblich den SV [Sachverständigen] S. und Kietz vorliegende Feuerzeugrest zur Tatortgruppe des LKA gekommen ist, gibt es nicht", schreibt Gabriele Heinecke.[250]

Wenn es stimmt, dass die LKA-Chemikerin Sabine S. dieses Feuerzeug inmitten des ausgeschütteten Brandschutts entdeckt hatte, dann muss ihr die bräunlich-rote Metallkappe mit dem Herstellernamen „Tokai" aufgefallen sein und dann hätte sie genau das notiert – ebenso präzise wie die anderen Teile aus dem Schuttbeutel: ein „textiles T-Shirt mit blau-weißen Schriftzeichen", den „Rest einer schwarzen Cordhose", ein „braunes Kunstlederstück", „Reste des braunen Kunstlederbezuges". Aber das Feuerzeug beschreibt sie nur als „stark brandgeschädigt".[251] Das lässt schlussfolgern, dass sie es nicht gesehen oder bemerkt hat. Erinnert sei an die merkwürdigen Wege und Umwege des Feuerzeugs, nachdem es angeblich im Brandschutt entdeckt wurde. Bei einem Staatsanwalt, wo es hingehört hätte und der es analysieren lässt, kam es nie an.[252]

Schließlich berief sich die Kammer auf den Paragrafen 261 der Strafprozessordnung, der ihr erlaubt, über das Ergebnis der Beweisaufnahme nach freier, „aus dem Inbegriff der Verhandlung geschöpften Überzeugung" zu entscheiden. Im Urteil heißt es dazu: „Keines dieser drei Gutachten [des LKA Magdeburg] hat daher ein verlässliches Ergebnis dazu gebracht, ob das Feuerzeug bei Brandbeginn, während

250 Sechs Gründe, warum Oury Jalloh nicht selbst Feuer gelegt haben kann. Erklärung von Rechtsanwältin Gabriele Heinecke vom 25.9.2015, S. 5. Im Original sind die Namen nicht anonymisiert.

251 LKA Sachsen-Anhalt, Kriminaltechnische Akte, Tgb.-Nr. 80/05.

252 Die Bestimmung der DNA am Feuerzeug hätte einen Hinweis auf diejenige Person geben können, die es manipuliert haben könnte.

des Brandes oder an dessen Ende in der Zelle 5 gewesen sein muss. Die Kammer hat demzufolge anhand der verbliebenen Möglichkeiten der Beweiswürdigung festgestellt, dass sich zu Beginn des Brandausbruchs ein Feuerzeug in der Zelle befunden hat."[253]

Den Beweis dafür, wer es in die Zelle brachte und wer es benutzte, lieferte die Kammer nicht. Sie zog nur Schlussfolgerungen, die sich mit den eigenen Prämissen decken. Nicht nur an dieser Stelle.[254] Weil sie nicht über die Anklagepunkte der Staatsanwaltschaft hinausgehen wollte,[255] gab es nur den einen deduktiven Schluss: Das Opfer kann sich nur selbst angezündet haben.

Oury Jalloh war Rechtshänder. Seine verkohlte, fixierte Leiche wurde am linken Rand der Matratze gefunden. Ein Teil der linken Schulter und der linke Arm hingen über den Rand der Matte hinaus, die Spitze des Ellenbogens berührte den Zellenboden. Die Hitze muss enorm gewesen sein. Nicht nur die Weichteile verbrannten, auch die oberen Glieder der Fingerknochen. Das Feuer hat sie amputiert und verzehrt. Die Hand am ausgestreckten rechten Arm hing im Fesselungsbügel an der Wand.

Die Bilder befinden sich in der Akte, wer sie sieht, wird sie nie wieder vergessen. Knochen kalzinieren erst, wenn das Feuer mehr als 700 Grad heiß ist und die Temperatur zehn Minuten anhält. Die Hand muss auf einem brennenden Flüssigkeitsbett gelegen haben.

253 LG Magdeburg, 1. Große Strafkammer – Schwurgericht – Geschäftsnummer: 21 Ks 141 Js 13260/10 (8/10), S. 164.

254 Rechtsanwältin Gabriele Heinecke an Generalstaatsanwaltschaft Naumburg, Beschwerde gegen die Einstellung des Verfahrens, 10. 1. 2018. Heinecke äußerte den Verdacht, „dass eine offene Auseinandersetzung mit den vorliegenden Beweistatsachen, die eine Brandlegung durch Oury Jalloh ausschließen, nicht stattfinden soll".

255 Verfügung der Staatsanwaltschaft Dessau-Roßlau vom 7. 12. 2012, Az.: – 111 AR /12 – in EA_Band_1 Az.: 111 UJs 23785/13. „Das Schwurgericht hat entsprechende Beweisanträge bzw. Beweisanregungen der Nebenklage […] für das anhängige Strafverfahren zu Recht abgelehnt."

Die Position der Leiche ist mit der Annahme, Oury Jalloh habe mit einem Feuerzeug in der rechten gefesselten Hand die Matratze geöffnet, den PU-Schaum angezündet und dabei die Flamme eingeatmet, nicht in Übereinstimmung zu bringen.

„Tote lügen nicht", sagen Rechtsmediziner. Es ist ihre Aufgabe, den Tod zu „lesen". Wie liest ein Rechtsmediziner dieses Bild? Am 1. August 2012 nahm Prof. Michael Bohnert zur Auffindeposition Stellung: „Die wesentliche Frage ist die nach der Überlebenszeit", sagt Bohnert, „wenn er [Jalloh] sich aufgerichtet hat und von der Wand weggerückt ist, hätte man im Urin Noradrenalin finden müssen." Das bekanntlich nicht vorhanden war. Für die Position des Leichnams gebe es nur zwei Möglichkeiten. Entweder ist Jalloh im bewussten Zustand ein Stück rüber gerückt, dagegen spreche das fehlende Noradrenalin und dass er nicht um Hilfe geschrien hat, oder „wenn es Bewegung nach dem Tod gab, dann wäre er rüber bewegt worden, im Zustand der Bewusstlosigkeit".[256]

Staatsanwaltschaft und Richter stellten sich vor, Oury Jalloh habe die Flamme an der von ihm aus gesehen rechten Wandseite der Matte gezündet, sie eingeatmet, davon einen inhalatorischen Hitzeschock erlitten, an dem er verstorben sei, und sei auf die linke Matratzenseite niedergesunken. Wie unrealistisch das ist, hatte Prof. Bohnert der Kammervorsitzenden in Magdeburg bereits etwa zwei Wochen vor seiner Vernehmung als Sachverständiger am Telefon gesagt. Rechtsanwältin Gabriele Heinecke beschreibt das Telefonat in ihren „Sechs Gründen":

> „Die Vorsitzende des Schwurgerichts in Magdeburg hat in der HV vom 18.07.2012 nach einem Telefonat mit dem SV Prof. Dr. Bohnert berichtet: ‚Ich habe in der Pause in Anwesenheit der Mitglieder der Kammer mit dem SV Bohnert gesprochen. Er hat mir hinsichtlich der Auffindesituation der Leiche dargelegt, dass

256 NK-Mitschrift der Sachverständigen-Aussage in der HV Magdeburg, 1.8.2012.

die Lage der Leiche mit einem natürlichen Fluchtverhalten vereinbar ist und dass er nicht davon ausgeht, dass Oury Jalloh sich nach dem Hitzeschock noch bewegt hat. Er geht davon aus, dass ein Mensch, der dem Feuer ausgesetzt ist, sich soweit wie möglich davon entfernt. Es müsse ein Aufbäumen gegeben haben, wobei das nicht mehr im Rahmen einer kontrollierten Handlung erfolgt sein muss. Die heißen Gase müssen nach seiner Auffassung in der Position eingeatmet worden sein, wie auf dem Bild [...] zu sehen. Er geht davon aus, dass der Körper aufgerichtet gewesen sein muss. Ein Wegrutschen von der Wand hält er nachträglich nicht für möglich.'"[257]

257 Sechs Gründe, warum Oury Jalloh nicht selbst Feuer gelegt haben kann. Erklärung von Rechtsanwältin Gabriele Heinecke vom 25. 9. 2015, S. 9.

19. Die nicht dokumentierte Kontrolle

Ab halb zwölf Uhr mittags bietet die Kantine des Polizeireviers Wolfgangstraße warme Mahlzeiten an. Die Beschäftigten gehen zu Tisch, wie es ihr Arbeitsablauf zulässt. So war es auch am 7. Januar 2005. Viele Jahre lang hatten die Kantinenzeiten keine Rolle gespielt, weder für die Anklagebehörde noch für die Dessauer Strafkammer. In den Fokus rückten sie zum ersten Mal am 14. April 2011 in Magdeburg. Polizeihauptmeister Reinhard R., der zum Erstaunen der Magdeburger Kammer nicht polizeilich vernommen worden war, wurde als Zeuge gehört. Im Verlauf der Befragung berichtete Reinhard R. über zwei Begegnungen mit Oury Jalloh am Vormittag des 7. Januar. Das erste Mal habe er ihn morgens im Arztzimmer gesehen, aufrecht auf dem Stuhl sitzend, „nicht renitent". Den anschließenden Vormittag habe er mit dem Kollegen Alfred A. auf Stadtfahrt im Funkstreifenwagen verbracht. Zurück im Revier, wollte er mit Günter G. zu Tisch gehen. Dies, so Reinhard R., führte zu seiner zweiten Begegnung mit Oury Jalloh, denn er habe Günter G. im Haus gesucht und ihn nach einem Hinweis von Kollegen bei Jalloh in der Zelle gefunden. Jalloh habe gelegen, „er machte kein Theater". Am Kopfende habe Kurt K. gestanden, Günter G. habe Jallohs Oberschenkel abgetastet, „der Günter ist gründlich". „Da hatte sich das erledigt mit dem Essen." Er sei dann zur Kantine gegangen. „Als ich zurück vom Essen kam, qualmte es schon." Er habe Kollegen, die auf dem Hof standen, gefragt, was los sei. Da kamen schon der DGL Hans H. sowie Hermann E. die Kellertreppe herauf, hustend und mit rußverschmutzten Gesichtern.[258]

Seine Aussage erinnerte an einen Abschnitt der Vernehmung von Jutta L. Die Streifeneinsatzführerin hatte am Abend des 7. Januar zu

258 NK-Mitschrift der Vernehmung von Polizeihauptmeister Torsten B. in der HV Magdeburg vom 14.4.2011.

Protokoll gegeben, dass sie um 11 Uhr 30 aus dem Lautsprecher der Überwachungsanlage das typische Klappergeräusch von Zellenschlüsseln gehört habe. War jemand im Keller, um den Mann in der Zelle 5 zu kontrollieren? Dann würde er bald heraufkommen, habe sie gedacht, um den Kontrollgang im Gewahrsamsbuch zu dokumentieren. Das Buch liegt bei ihr in der Leitstelle aus. Doch niemand kam, der Eintrag blieb aus. Eine Viertelstunde später sei sie nach unten gegangen, um in Begleitung von Wolfgang W., den sie unterwegs ansprach, nachzusehen. Weil sie sich vergewissern wollte, dass alles in Ordnung sei. Und ja, nach ihrem Eindruck war es so. Dabei blieb sie auch in ihrer richterlichen Vernehmung knapp zehn Wochen später, am 14. März 2005. Jutta L.: „Ca. 11 Uhr 30 gab es eine weitere Kontrolle. Ich habe dies daran bemerkt, dass ich den Zellenschlüssel hörte. Welcher Kollege oder welche Kollegin die Kontrolle durchführte, habe ich nicht erkannt, zumal ich das Gespräch nicht mitbekommen habe." Und auf Nachfrage eines Verteidigers: „Ich bin mir sicher, dass die letzte Kontrolle vor meiner Kontrolle gegen 11 Uhr 30 erfolgt ist."[259] Eine Viertelstunde später habe sie die Zellentür geöffnet und Oury Jalloh liegend vorgefunden, offenbar habe er sich schlafend gestellt. Dann habe es aber doch einen kurzen Wortwechsel gegeben. Er soll mit den Handfesseln gerasselt und gefragt haben, warum er hier sei, er wolle entlassen werden. Darauf sei sie nicht eingegangen, sie habe ihm sinngemäß geantwortet „Du weißt, warum du hier bist!" und die Zellentür wieder verschlossen.

Reinhard R., Polizeihauptmeister, war im Januar 2005 41 Jahre alt. Schon als Zeuge vor dem Landgericht Dessau hatte er berichtet, an diesem Vormittag ein zweites Mal „für zehn Sekunden" in der Zelle gewesen zu sein. Die Dessauer Aussage gleicht der in Magdeburg im Detail: Kurt K. habe am Kopfende der Liege gestanden, Günter G. habe Abtastbewegungen an der Hose gemacht.[260] Auch hatte Günter G. in einer frühen Phase, noch bevor die Staatsanwaltschaft Anklage erhob,

259 Protokoll der richterlichen Vernehmung vom 14. 3. 2005.

260 LG Dessau-Roßlau, Urteil vom 8. 12. 2008, Az.: 6 Ks 4/05, S. 14.

seinem Verteidiger von der zweiten Kontrolle erzählt.[261] In seiner Vernehmung am Tattag hatte Günter G. jedoch behauptet, „keinen weiteren Kontakt zu dem Afrikaner“[262] gehabt zu haben. Die Vorsitzende Richterin in Magdeburg konfrontierte Reinhard R. mit dieser Aussage, den Einwand des Verteidigers erwähnte sie nicht. Daraufhin relativierte Reinhard R. seine Angabe. Vielleicht war er gar nicht um halb zwölf unten gewesen, sondern schon früher, unterwegs zu einem zweiten Frühstück.[263] Das schien Oberstaatsanwalt Christian Preissner plausibel zu sein, dazu passten aber nicht die Erinnerungen an den Qualm („Als ich zurück vom Essen kam, qualmte es schon“) und die rußverschmutzten Gesichter. Die Vorsitzende Claudia Methling wollte wissen, wieso er „im ersten flüssigen Vortrag“ noch behauptet habe, es habe gebrannt, als er vom Essen zurückgekommen sei, und bei der Nachfrage ein zweites Frühstück ins Spiel bringt. Ob er darüber noch einmal nachdenken könne. Reinhard R. überlegte und entschied sich für das zweite Frühstück.

Rechtsanwältin Gabriele Heinecke regte als Vertreterin der Nebenklage an, mithilfe objektiver Beweismittel zu klären, wann sich Günter G. und Kurt K. auf Streifenfahrt befanden. Die Fahrtenbücher könnten Auskunft geben, doch sie sind verschwunden. Sie sollen in den Räumen der Staatsanwaltschaft abhanden gekommen sein. Die Anwältin regt „gegebenenfalls“ eine Durchsuchung in den Räumen der Staatsanwaltschaft an.[264] Dazu kam es aber nicht. Die Kammer ging nicht davon aus, dass die Fahrtenbücher mit Absicht vernichtet wurden, und hielt sie sowieso für mehr oder weniger bedeutungslos.[265]

261 Schreiben von RA Tamoschus an das LG Dessau vom 15.6.2005. G. wurde verdächtigt, Jalloh nicht ordnungsgemäß durchsucht zu haben.

262 Vernehmungsprotokoll vom 7.1.2005.

263 NK-Mitschrift der Vernehmung von Polizeihauptmeister Reinhard R. in der HV Magdeburg vom 14.4.2011.

264 Antrag der Nebenklage vom 19.5.2011.

265 LG Magdeburg, 1. Große Strafkammer – Schwurgericht – Geschäftsnummer: 21 Ks 141 Js 13260/10 (8/10), S. 100.

Hans H., Angeklagter, Polizeihauptkommissar, war im Januar 2005 44 Jahre alt. In der Magdeburger Hauptverhandlung meldete er sich selten zu Wort, am 14. April 2011 jedoch, nachdem Reinhard R. seine Zeugenaussage beendet hatte, bat er, etwas zur Sache sagen zu dürfen. Ihm sei eingefallen, dass er am 7. Januar 2005 zwischen 11 Uhr 15 und 11 Uhr 40 nicht in seinem Dienstzimmer gewesen sei, sondern bei einem Gespräch im Zimmer des Reviereinsatzleiters.[266] Die Kontrolle um 11 Uhr 30 fällt in dieses Zeitfenster. Das heißt, dass jemand, von ihm unbemerkt, um halb zwölf die Schlüssel für den Zellentrakt aus der Leitstelle holen konnte. Auch unbemerkt von seiner Vertreterin Jutta L., denn die saß am Pult, mit dem Rücken zum Schlüsselkasten. Seine späte Erinnerung war einerseits geeignet, Jutta L.s Wahrnehmung von Schlüsselgeräuschen zu bestätigen, und andererseits, jeden Polizeibeamten zu belasten, der zu dieser Zeit im Haus war. Sie kam überraschend. Hans H. hatte weder in seiner polizeilichen Vernehmung noch in der Dessauer Hauptverhandlung und auch nicht während der zweiten Vernehmung von Jutta L., bei der er anwesend war, ein Wort darüber verloren. Aber er blieb bei seiner Aussage: Er habe den Reviereinsatzleiter in seinem Büro aufgesucht, um mit ihm über „den Afrikaner“ im Gewahrsam zu sprechen.

Jakob J., Polizeivollzugsbeamter, trat im November 2011 als Zeuge in Magdeburg auf, er war 49 Jahre alt. 2005 fuhr er noch Streife mit dem Funkwagen, später wurde er Dienstgruppenleiter. Soviel bekannt ist, waren die Polizisten seiner Dienstgruppe nicht in das Geschehen am 7. Januar 2005 involviert. Im Juni 2008 nahm Jakob J. Kontakt zu Oberstaatsanwalt Christian Preissner auf. Der Prozess vor dem Landgericht Dessau dauerte schon länger als ein Jahr, es gab Probleme, die Herkunft des drei Tage nach der Tat gefundenen Feuerzeugs zu klären, das Medieninteresse war groß. Er fühle sich gefordert zu helfen, sagte Jakob J. dem Oberstaatsanwalt. Preissner vernahm ihn und setzte seinen Namen auf die Zeugenliste für den Dessauer Prozess.

266 NK-Mitschrift der HV Magdeburg vom 14. 4. 2011.

Die Schwurgerichtsverhandlung ging auf ihr Ende zu, als Jakob J. am 15. Oktober 2008 als Zeuge gehört wurde. Er berichtete von einer Streifenfahrt bei Nacht mit Kurt K. etwa zwei Wochen nach dem Feuer. Kurt K. habe ihm in dieser Nacht alles über den 7. Januar erzählt. Von Anfang an, von der Festnahme bis zu der Situation in der Zelle 5, wo Kurt K. und Günter G. noch einmal einen Kontrollgang durchgeführt hätten, weil Günter G. sein Feuerzeug vermisst und es in der Zelle gesucht habe. Weil er es dort nicht fand, habe er sich ein neues gekauft. G. war ein starker Raucher. Am Ende der Unterhaltung habe Kurt K. zu Jakob J. gesagt, bisher habe er das niemandem erzählt, und er werde auch in Zukunft mit niemandem darüber reden. „Falls mich jemand darauf anspricht, habe ich das nicht gesagt", soll Kurt K. angekündigt haben.[267]

Kurt K. wird mit der Aussage konfrontiert und streitet ab, dergleichen von sich gegeben zu haben. „Ich habe ihn nicht noch mal kontrolliert, das weiß ich 100prozentig, und wenn ich mich recht erinnere der G. auch nicht." Der Vorsitzende Manfred Steinhoff will von ihm wissen, ob er mit Günter G. über ein vermisstes Feuerzeug gesprochen habe. Die Antwort: „Das klingt doof, aber ich kann mich nicht erinnern." Von der Entwicklung so kurz vor Ende der Beweisaufnahme schien Steinhoff überrascht zu sein. „Unterstellen wir mal, dass G. an diesem Tag sein Feuerzeug verloren und sich ein neues gekauft hat", so Steinhoff, dann ergebe sich trotzdem für ihn kein „Kausalzusammenhang" im Hinblick auf das Tatgeschehen.[268]

Günter G., Angeklagter in Dessau, Polizeimeister, war im Januar 2005 43 Jahre alt. Er hatte schon im Juni 2005 seinem Anwalt berichtet, Oury Jalloh noch einmal in der Zelle kontrolliert zu haben. Der hielt die zusätzliche Kontrolle für einen Beweis besonders sorgfältiger Aufgabenerfüllung. Er informierte das Gericht, weil er darin die Chance erblickte, die Eröffnung der Hauptverhandlung für seinen Mandanten abwenden zu können. „Selbst im Gewahrsam hat Herr G. noch einmal

267 „Warum starb Oury Jalloh?", HV Dessau, 53. Prozesstag, 8.10.2008.

268 „Warum starb Oury Jalloh?", HV Dessau, 54. Prozesstag, 15.10.2008.

die Hose des Herrn Jallow abgetastet. Dies wurde durch den zufällig anwesenden Kollegen PHM Reinhard R. beobachtet."[269]

Im Laufe seiner ersten Vernehmung am frühen Abend des 7. Januar 2005 hatte Günter G. ein Feuerzeug aus der Tasche gezogen und seinem Vernehmer mit den Worten gezeigt: „Ich selber bin Raucher und habe nach Bekanntwerden des Vorfalls kontrolliert, ob ich mein Feuerzeug noch im Besitz habe. Ich habe ein Gasfeuerzeug, welches ich auch hier vorzeigen kann, es ist relativ neu."[270] Für Rechtsanwalt Felix Isensee, der damals Oury Jallohs Bruder Saliou vertrat, war dies „ein ungewöhnliches Aussageverhalten".[271] Ungewöhnlich und verwirrend. Als wollte er dem Verdacht vorbeugen, um 11 Uhr 30 bei Jalloh in der Zelle gewesen zu sein. In der Magdeburger Vernehmung sagte er, sein Feuerzeug eine Zeitlang vermisst und später in seiner Jacke wiedergefunden zu haben, die im Auto gelegen habe. Ein neues habe er nicht gekauft. Das Feuerzeug, das er am 7. Januar seinem Vernehmer gezeigt habe, sei das wiedergefundene gewesen.

Oberstaatsanwalt Christian Preissner wollte die Theorie vom zweiten Feuerzeug nicht weiter verfolgen, für ihn gab es keine Beweise, sondern „lediglich Zeugen vom Hörensagen". Es fehle „an jedem konkreten Hinweis auf den Verlust des Feuerzeugs in der Gewahrsamszelle 5, auf dem Weg dorthin oder auch im Vorbereitungsraum selbst. Vieles spricht vielmehr dafür, dass der [in Dessau] Angeklagte Günter G. den Verlust des Feuerzeugs in der Gewahrsamszelle auch bemerkt hätte, wenn es denn etwa aus seiner Hemdenbrusttasche auf die fixierte Person, auf die Matratze oder auf den Zellenboden gefallen wäre" – so Preissner in seiner schriftlichen Verfügung vom 19. August 2008.[272] Dabei blieb er auch während des Magdeburger Verfahrens. Das erinnerte Zusammentreffen

269 Schreiben von RA Tamoschus an das LG Dessau vom 15. 6. 2005, in: Az.: 601 Js 796/05.

270 Vernehmungsprotokoll vom 7. 1. 2005, Bl. 9.

271 „Warum starb Oury Jalloh?", HV Dessau, 53. Prozesstag, 8. 10. 2008.

272 Verfügung der Staatsanwaltschaft Dessau-Roßlau, Az.: 601 Js 796/05 StA Dessau-Roßlau.

von Reinhard R. mit Günter G. und Kurt K. in der Zelle um 11 Uhr 30 war für ihn ein „unbeabsichtigter Erinnerungsfehler“ des Zeugen.

Die Bewertung der Magdeburger Kammer fiel anders aus. Die Kontrolle um 11 Uhr 30 gilt im Urteil nicht als falsch erinnert oder ausgedacht, sondern wird im Gegenteil zu einem weiteren Indiz für die Selbstanzündung mit einem Feuerzeug, nämlich dem von Günter G., der Oury Jalloh noch einmal durchsucht habe, weil ihm am Vormittag bei der Fesselungsaktion sein Feuerzeug aus der Uniformjacke gefallen sei.

Im Urteil wird diese spekulative Lösung so begründet:

> „Nicht ausschließbar fand gegen 11.30 Uhr eine im Buch über Freiheitsentziehungen nicht dokumentierte Öffnung der Zelle 5 durch den Polizeibeamten G., möglicherweise in Begleitung seines Kollegen K., statt. Zum Hintergrund dieses Vorfalls vermochte die Kammer folgende nähere Umstände nicht auszuschließen: Der Beamte G. hatte im Zuge der Verbringung des Ouri Jallow in die Gewahrsamszelle unbemerkt sein Feuerzeug in der Zelle verloren und den Verlust des Feuerzeuges im Laufe des Vormittages bemerkt. Nachdem sich die Polizeibeamten G. und K. nach der Gewahrsamnahme Ouri Jallows entweder weiter im Revier aufgehalten hatten oder nach einer Streifenfahrt gegen 11:30 Uhr in das Revier zurück gekehrt waren, holte sich der Polizeibeamte G. in einem Moment, in dem sich der Angeklagte nicht im Zimmer des Dienstgruppenleiters befand und von der Streifeneinsatzführerin L. unbemerkt, den Gewahrsamsschlüssel aus dem Bereich des Dienstgruppenleiters und begab sich – möglicherweise in Begleitung seines Kollegen K. – in die Gewahrsamszelle 5, um diese und Ouri Jallow nach seinem verlorenen Feuerzeug zu durchsuchen. Dieses fand er jedoch nicht, woraufhin er die Zelle wieder verließ, sie verschloss und den Schlüssel wieder unbemerkt im Zimmer des Dienstgruppenleiters ablegte.“[273]

273 LG Magdeburg, 1. Große Strafkammer – Schwurgericht – Geschäftsnummer: 21 Ks 141 Js 13260/10 (8/10), S. 17 f.

Wenn es so war, hat Günter G. in seiner Vernehmung in Magdeburg am 14. November 2011 gelogen. Spätestens nach der Rechtskraft des Urteils hätte die Staatsanwaltschaft wegen des Verdachts der uneidlichen Falschaussage gegen ihn ermitteln müssen. Tatsächlich spricht nichts dafür, dass das drei Tage nach der Tat „entdeckte" Feuerzeug je in der Zelle war. Das Spurenmaterial stimmte nicht mit den Spuren aus der Zelle überein, statt Brandschuttresten aus der Zelle fanden Chemiker an dem Feuerzeugfragment verschmortes Plastikmaterial sowie fremde, zum Teil unversehrte Fasern und Tierhaare. Dennoch hielt die Kammer bis zum Schluss an diesem Feuerzeug als Tatwerkzeug fest und bezog sich dabei auf ihr Recht auf freie Beweiswürdigung im Strafprozess. Ein Feuerzeug müsse schließlich in der Zelle gewesen sein – und in der Tat hätte es ohne Zündmittel kein Feuer gegeben. Mit einem verlorenen Feuerzeug, das in einer nicht dokumentierten Kontrolle um 11 Uhr 30 gesucht wurde, sollte diese Lücke geschlossen werden.

Vielleicht sollte die Geschichte vom verlorenen Feuerzeug davon ablenken, dass Günter G. und Kurt K. die Zelle aus einem ganz anderen Grund aufgesucht hatten. Vielleicht wollten sie wissen, in welcher körperlichen Verfassung Oury Jalloh war. Höchstwahrscheinlich war er am Morgen heftig verprügelt worden – Jutta L. hatte ihrem Vernehmer gesagt, „Randale" gehört zu haben. Und es gab schon früh einen weiteren Hinweis auf Gewalt gegen seinen Körper. Der Staatsanwaltschaft war dieser Hinweis entgangen, weil der Leichnam in Halle nicht geröntgt worden war – es gab in der Pathologie kein Röntgengerät.

Die Freunde Oury Jallohs und seine Familie wollten sich damit nicht abfinden. Sie ließen den tiefgekühlten Leichnam im Zinksarg ins Institut für Forensische Medizin an der Universitätsklinik Frankfurt am Main bringen. Ende März 2005 nahmen die Frankfurter Rechtsmediziner eine computertomografische Untersuchung vor. Sie fanden „knöcherne Verletzungen" am Kopf, darunter einen bislang unentdeckten Nasenbeinbruch. Der Staatsanwalt hatte der Untersuchung nicht zugestimmt, er hielt sie für unnötig[274] und kam auch nicht für die Kosten auf. Die Initiative in Gedenken an Oury Jalloh zahlte die Rechnung.

Mehr als vierzehn Jahre später, im Oktober 2019, wertete Prof. Dr. Boris Bodelle vom Institut für Diagnostische und Interventionelle Radiologie an der Frankfurter Universitätsklinik die CD neu aus. Ein Multidetektor-Computertomograf mit angeschlossener Rekonstruktionskonsole, der damals nicht eingesetzt worden war, brachte weitere Verletzungen zum Vorschein – u.a. Knochenbrüche des Nasenbeins, der knöchernen Nasenscheidewand sowie ein Bruch der 11. Rippe rechtsseitig: „Es ist davon auszugehen, dass diese Veränderungen vor dem Todeseintritt entstanden sind."[275] Das Weichteilgewebe um die Rippenbrüche war verändert, die Muskulatur über dem Lungengewebe verdickt. Oury Jalloh muss vor seinem Tod massiver Gewalt ausgesetzt gewesen sein. Infolge der Nasen- und Schädelverletzung hielt Bodelle es für denkbar, dass er nicht mehr durch die Nase atmen konnte. Mehrere notfallmedizinische Maßnahmen zur Sicherung der Atemwege hätten ergriffen werden müssen. „Eine Bewusstlosigkeit in Folge der Verletzung ist möglich."[276]

Wo Oury Jalloh verprügelt wurde, in gefesseltem Zustand in der Zelle oder schon im Arztraum, ist unbekannt, aber dass er verprügelt wurde, kann als sicher gelten.[277] Wie lange er danach bewusstlos war, wann er wieder erwachte und was anschließend geschah, ob er später noch einmal mit Faustschlägen misshandelt wurde, ist nicht bekannt. Mehrere Polizisten müssen sich beteiligt haben, der Ablauf am Vormittag des 7. Januar legt das nahe.

274 Prof. Dr. Kleiber rechnete nicht damit, dass beim Röntgen etwas zu finden sei. NK-Mitschrift der HV Magdeburg vom 10.11.2011.

275 Prof. Dr. Boris Bodelle, Universitätsklinik Frankfurt am Main, Gutachten zu den bei Oury Jalloh festgestellten Verletzungen, 2.10.2019, Az.: 378/15, S. 13.

276 Ebenda.

277 Vgl. auch die anonymisierte Aussage eines Polizeibeamten des Reviers in: Oury Jalloh und die Toten des Polizeireviers Dessau. Von Margot Overath, in: WDR5 Tiefenblick: Oury Jalloh. Teil 2 von 5, 24.5.2020.

Am 10. Januar 2018 hatte Rechtsanwältin Gabriele Heinecke im Namen von Oury Jallohs Bruder Saliou bei der Generalstaatsanwaltschaft Naumburg Strafanzeige gegen zwei Polizisten gestellt. „Jede Person, die sich mit den seit Januar 2005 entstandenen Akten ausreichend befasst hat, weiß, dass sich der Anfangsverdacht gegen die Polizeibeamten Kurt K. und Günter G. richten muss", heißt es im Text der Anzeige. Die Staatsanwaltschaft Dessau-Roßlau habe den „Anfangsverdacht eines vorsätzlichen Tötungsdelikts zum Nachteil des Herrn Oury Jalloh" spät, nämlich zwölf Jahre nach der Tat, erkannt und belegt.[278] Rechtsanwältin Beate Böhler hatte am 29. Dezember 2018 im Namen von Oury Jallohs jüngerem Bruder Ibrahim eine weitere Strafanzeige gegen die beiden genannten Polizisten erstattet. Zu diesem Zeitpunkt war die Brandrekonstruktion vom August 2016 bereits ausgewertet. Sie hatte zu zwei Ergebnissen geführt:

1. dass die Theorie der Selbstanzündung nicht mehr aufrechterhalten werden kann;
2. dass das Feuer von dritter Hand gezündet worden sein muss. „Die Selbstanzündungsthese war von Anfang an nicht faktenbasiert."[279]

Im Laufe des Verfahrens tauchte neben dem verlorenen oder vermissten und dem angeblich im Brandschutt gefundenen Feuerzeug ein drittes auf. Erstmals wurde diese Geschichte am 23. Verhandlungstag in Magdeburg von Revierleiter Ronnie Z. erzählt. Es war der 1. April 2011, an dem K. sagte: „Ich wusste, dass am siebten Januar in den Nachmittagsstunden ein Feuerzeug gefunden worden ist." Das habe

278 Rechtsanwältin Gabriele Heinecke an Generalstaatsanwaltschaft Naumburg, Strafantrag/Strafanzeige im Ermittlungsverfahren 160 Js 18817/17 wegen Verdacht des Mordes, der besonders schweren Brandstiftung, der Brandstiftung mit Todesfolge (§§ 211, 306b, 306c StGB) sowie aller anderen in Frage kommenden Straftatbestände, 10. 1. 2018.

279 Strafanzeige von Rechtsanwältin Beate Böhler im Ermittlungsverfahren 113 Zs 1162/17, an Generalstaatsanwaltschaft Naumburg vom 29. 12. 2018.

ihm entweder Revierkriminaldienstleiter Klaus K. erzählt, oder ein Mitglied der Magdeburger Tatort-Gruppe. Klaus K. war Ansprechpartner für die Ermittlungsbeamten.[280] Das zweite Mal erzählte sie Rudi R. vom Zentralen Kriminaldienst der PD Stendal im Juli 2011. Er sagte, im Laufe des Abends sei ihm der Rest eines verbrannten Feuerzeugs gezeigt worden. „Ich war nur an dem Abend da, es war entweder in der Zelle oder oben in den Räumen des Reviers. Ich habe es noch plastisch in Erinnerung, ein schwarzer Plastikklumpen mit einer Metallkappe. Ich vermute, dass es jemand von den KT-Leuten [Kriminaltechniker der Tatortgruppe] in der Hand hielt. Brandschutt war nicht dabei." Und weiter: „Ich bin mir sicher, dass es an diesem Abend war."[281]

Am 17. November 2011 wurde Klaus K. als Zeuge in Magdeburg befragt. Er sei, so Klaus K., bisher der Meinung gewesen, am 7. Januar 2005 Reste eines Feuerzeugs gesehen zu haben, „aber vom Ablauf her kann das gar nicht gewesen sein".[282] Die Magdeburger Kammer folgte der letzten Aussage und ordnete die Geschichte vom Feuerzeug, das am Tattag gefunden und im Revier vorgezeigt wurde, ins Reich der falschen Erinnerungen ein.

Doch die Frage bleibt: Kann definitiv ausgeschlossen werden, dass dieses „dritte" Feuerzeug nicht in der Zelle war? Dass es das Feuerzeug der Brandstifter war, dass es gefunden und in Sicherheit gebracht wurde? Oder dienten alle Feuerzeuggeschichten ausschließlich der Verwirrung, waren sie nur eine weitere Version, mit der die Ermittler auf eine falsche Fährte gelockt werden sollten? Diese Variante hörte ich von Polizisten, die mich gelegentlich während der Recherche berieten.[283] Sie waren nicht im Dienst am 7. Januar, sie hatten sich nur, wie viele andere auch, ein paar Gedanken gemacht. Übereinstimmend waren sie überzeugt, dass die Polizeiführung sich vor die Beamten gestellt hat, weil

280 NK-Mitschrift der HV Magdeburg vom 1. 4. 2011.

281 NK-Mitschrift der HV Magdeburg vom 21. 7. 2011.

282 NK-Mitschrift der HV Magdeburg vom 17. 11. 2011.

283 Ihre Namen müssen aus nachvollziehbaren Gründen anonym bleiben.

sie davon ausging, dass sie die Brandstifter waren. Das sollte vertuscht werden. Das Feuerzeug, das als Tatwerkzeug benutzt wurde, sei um 11 Uhr 30 gefunden und entsorgt worden. Ein anderer Polizist hielt es für unwahrscheinlich, dass G. und K. um 11 Uhr 30 in der Zelle waren, weil sie sonst die Kontrolle im Gewahrsamsbuch eingetragen hätten. Er vermutete, dass die Rede von der Halb-zwölf-Kontrolle nur ein Trick im Regiebuch der Polizeiführung war, um ein verlorenes Feuerzeug ins Spiel zu bringen. Alle Informanten waren überzeugt, dass die Aussagen vorher festgelegt wurden. Ein hochrangiger Mitarbeiter der Polizeidirektion habe dabei Regie geführt. Aber keiner von der Befragten hielt die Tat für geplant. „Das war eine Lektion, die aus dem Ruder lief", verabreicht einem Afrikaner, der angeblich Dessauer Frauen sexuell belästigt hatte. Das war die Geschichte, so hatte sie angefangen und so endete sie.

Das Mittagessen in der Kantine spielte bei einem weiteren Thema eine Rolle. Es ging um die Frage, wie ein Fahrtenbuch verschwinden konnte. Die Partner auf der Funkstreife Günter G. und Kurt K. hatten unterschiedliche Angaben darüber gemacht, wo sie am Vormittag des 7. Januar 2005 waren, nachdem Oury Jalloh fixiert in der Zelle lag. Günter G. erinnerte sich an die gemeinsame Streifenfahrt mit Kurt K. bis zur Mittagspause, der aber will im Revier geblieben sein, um Papiersachen zu erledigen. Er empfahl, im Fahrtenbuch nachzusehen,[284] aber das war nicht aufzufinden. „Das Fahrtenbuch ist nicht Bestandteil der Akten", stellte die Kammervorsitzende Claudia Methling am 11. Februar 2011 fest. Alle Vierteljahre werden die Fahrtenbücher ausgetauscht und zur Asservierung dem Revierverwaltungsdienst übergeben, „Frau B. und Frau S. sind dafür zuständig."[285] Das fragliche Fahrtenbuch war dort aber nicht vorhanden. Oberstaatsanwalt Preissner hatte die Akten für den Transport nach

284 NK-Mitschrift der HV Magdeburg vom 11.2.2011.

285 NK-Mitschrift der Aussage von Verwaltungsbeamtin Melanie T. in der HV Magdeburg, 12.5.2011.

Magdeburg vorbereitet und war davon ausgegangen, dass es sich in einer der Akten befand. Doch da war es nicht. Die Nebenklage regte eine Durchsuchung an, um es im Wege der Beschlagnahme zu sichern. Oberstaatsanwalt Preissner hielt dagegen, er habe die Räume mehrmals durchsucht, habe jeden Ordner einzeln hochgehoben, da sei nichts übersehen worden. Den unausgesprochenen Verdacht, er habe das Fahrtenbuch unterschlagen, wies er zurück.[286]

Ins Fahrtenbuch würden Dienstbeginn, Fahrstrecke, die Streife und die Aufträge, Sonderdienste und die Fahrzeugbesatzung eingetragen, erklärte der Polizist Alfred A. am 19. Mai 2011 als Zeuge. Günter G. sagte, er habe nur „Kilometerstände zu Beginn und zum Ende der Schicht und gegebenenfalls Tankvorgänge“ im Fahrtenbuch notiert.[287] Die Kammer glaubte ihm und schloss daraus, dass es dann keine größere Bedeutung habe. Ich erkundigte mich bei einem Polizisten des Reviers, der anonym bleiben muss, wie Fahrtenbücher geführt werden. Er reagierte mit Erstaunen. „Ein Fahrtenbuch verschwindet? Das darf nicht sein. Das ist Schlamperei. Hat der Staatsanwalt Strafanzeige gestellt? Hat er eine Mitteilung an den Vorgesetzten gemacht?“[288] Die Antwort muss offenbleiben. Auch die Frage der Nebenklagevertreterin in der Magdeburger Hauptverhandlung nach einer elektronischen Sicherung der Fahrtenbücher war unbeantwortet geblieben.[289]

Als Zeuge in Dessau gab sich Kurt K. unschlüssig, wo er am Vormittag des 7. Januar gewesen war. Zuerst behauptete er, vor dem Kantinenbesuch im Revier gewesen zu sein und nicht auf Streifenfahrt. Später wollte er sich aber doch an eine Fahrt mit G. erinnern, von der

286 Mitschrift der Autorin in der HV Magdeburg.

287 Laut LG Magdeburg, 1. Große Strafkammer – Schwurgericht – Geschäftsnummer: 21 Ks 141 Js 13260/10 (8/10), S. 100.

288 Transkript des Interviews der Autorin mit einem Dessauer Polizeibeamten, Name ist der Autorin bekannt. Es ist nicht auszuschließen, dass das Fahrtenbuch Aufenthalte oder Strecken preisgegeben hätte, die verborgen bleiben sollten.

289 Antrag der Nebenklägerin vom 5.7.2011.

sie gegen 11 oder 11 Uhr 15 zurück ins Revier gekommen seien. Er sei dann gleich in die Kantine gegangen, um zu Mittag zu essen, aber ohne den Kollegen. Günter G. will um 11 Uhr 30 im Revier angekommen sein. Zuerst habe er sich beim DGL gemeldet, dann im Raucherraum eine Zigarette geraucht und anschließend sei er bis 12 Uhr 10 in der Kantine gewesen. Dort wurde er aber von niemandem gesehen.

Das Dessauer Urteil geht davon aus, dass beide nach Oury Jallohs Fixierung wieder Streife fuhren. Am Ende war es aber keinem Gericht gelungen aufzuklären, wie G. und K. die Zeit zwischen dem Verlassen des Gewahrsams am Morgen und der Ankunft im Revier am Mittag verbracht hatten. Im Magdeburger Urteil heißt es: „[...] ob K. und G. zwischen 09 Uhr 30 und 11 Uhr 30 das Revier noch einmal für eine Streifenfahrt verlassen haben, vermochte die Kammer aber letztlich weder sicher festzustellen, noch auszuschließen."

Außer dem Fahrtenbuch fehlte ein weiteres Dokument, das Auskunft hätte geben können: das polizeiliche Journal, in dem die Einsätze aller Beamten dokumentiert sind. Dabei handelt es sich um ein elektronisches Sicherungsmedium in doppelter Ausführung. Die Kopie wird im Innenministerium geführt. Beide Datensätze wurden vollständig gelöscht, obwohl es technisch machbar gewesen wäre, einzelne Daten von der Löschung auszuschließen. Dazu hätte es nur einer Anweisung von „befugter Seite" bedurft, also der Polizeiführung und der Staatsanwaltschaft. „Ich kann ganz detailliert sagen, wie es zu den Löschungen gekommen ist", gab der für die Datensicherung zuständige Zeuge Bx. in Magdeburg zu Protokoll.[290] Das habe mit Fristen zu tun. Die Vorgänge waren 2005 angelegt worden, nach 5 Jahren wurden sie zunächst ausgesondert und dann gelöscht. Tatsächlich seien sie aber noch monatelang vorhanden gewesen, nur nicht sichtbar. „Am 09.08.2010 wurde die Festlegung getroffen, die Daten auch physikalisch zu löschen. Aus datenschutzrechtlichen Erwägungen."

Die Magdeburger Kammer kam zu folgendem Schluss:

290 NK-Mitschrift der HV Magdeburg vom 27.7.2011.

„In dem Löschen jener Daten vermochte die Kammer [...] keinen Teil einer von höherer Seite organisierten Beweismittelvernichtung zu sehen, da die Löschung zur Überzeugung der Kammer mit dem Verfahren gegen den Angeklagten nichts zu tun gehabt hat. Eben so wenig hatte die Kammer Anlass, in dem Abhandenkommen damals geführter Fahrtenbücher der Streifenwagen eine gezielte Vernichtung von Beweismitteln zu erblicken. Asserviert worden sind jene Fahrtenbücher, soweit aus der Akte ersichtlich, zu keinem Zeitpunkt.“[291]

291 LG Magdeburg, 1. Große Strafkammer – Schwurgericht – Geschäftsnummer: 21 Ks 141 Js 13260/10 (8/10), S. 100.

20. Der Brandverlauf und die Gutachten

Wie bei jeder Brandursachenermittlung steht nach der Spurenarbeit die Prüfung an, ob das Feuer die Folge eines technischen Defekts gewesen sein könnte. Dafür war am Nachmittag des 10. Januar 2005 Ludwig L., Brandsachverständiger des LKA, zuständig. Er fand nichts. Gefunden wurde inzwischen jedoch ein Feuerzeug. Tatortgruppenleiter Walter W. gab die Information an den Leiter der Ermittlungsgruppe der Kripo Stendal, Christian C., weiter, der noch am selben Nachmittag ein Protokoll anfertigte. Zwei Tage später wurden die Brandermittler mit „Maßnahmen zur Brandursachenforschung" beauftragt. Sie sollten den Entzündungsprozess untersuchen und rekonstruieren, wann das Feuer ausbrach, wie es verlief, und die „Bewegungsmöglichkeiten des Verstorbenen vor der Brandverursachung auf der Liegestätte in der Zelle" feststellen. Die Sachverständigen sollten experimentell herausfinden, wie sich Oury Jalloh hätte selbst anzünden können. Aus der Selbstanzündung als Arbeitshypothese war ein Geschehen geworden, das, wie Nebenklage-Anwalt Philipp Napp beanstandete,[292] Christian C. als „Zielstellung"[293] bezeichnete. Für den Rekonstruktionsversuch hatte er sich selbst zur Verfügung gestellt. Am selben Tag eröffnete die Staatsanwaltschaft ein Ermittlungsverfahren gegen Hans H. wegen des Verdachts der „Körperverletzung mit Todesfolge durch Unterlassen, §§ 227, 13 StGB". Und am 13. Januar 2005 informierte sie bereits die Presse über den Verdacht: „In diesem Zusammenhang wird auch geprüft, ob sich der Verstorbene möglicherweise selbst angezündet

292 Stellungnahme Rechtsanwalt Philipp Napp an das LG Magdeburg vom 13. 10. 2011, Az.: 21 Ks 141 Js 13260/10 (8/10).

293 Maßnahmen zur Brandursachenforschung, Kripo Stendal vom 10. 1. 2005, in „Sonderheft 2 (Technische Gutachten, Brandgutachten)", Az.: 141 Js 13260/10.

hat."[294] Eine Woche später heißt es schon: „Nach den vorläufigen Ergebnissen der bisherigen Untersuchungen am Brandort ist eine Entzündung der Matratze durch den im Gewahrsam befindlichen 21-jährigen Mann aus Sierra Leone aus sachverständiger Sicht wahrscheinlich."[295] Inzwischen seien auch „Reste eines Feuerzeugs" gefunden worden.

Das waren die ersten Rekonstruktionen auf Grundlage der Selbstentzündungsthese. Sie brachten die Staatsanwaltschaft dazu, ihre Anklage zu schreiben. Den nächsten Versuch gab die Dessauer Strafkammer in Auftrag, ebenfalls mit der Selbstanzündungsthese als Ansatzpunkt des Untersuchungsauftrags. Auch Klaus Steinbach, Brandoberrat (BOR) am Institut der Feuerwehr Sachsen-Anhalt, sollte nicht die Ursache des Feuers ermitteln, sondern, wie es Oury Jalloh gelingen konnte, sich selbst anzuzünden. Die Anwälte der Nebenklage kritisierten diesen nicht ergebnisoffenen Ansatz. Rechtsanwältin Heinecke erinnerte daran, dass wissenschaftliches Arbeiten Objektivität und Unabhängigkeit voraussetze. Steinbach wies den Vorwurf zurück: „Ich führe den Auftrag aus, der mir erteilt wurde."[296]

Nach dem Öffnen der Zellentür sei ihnen schwarzer Qualm entgegengekommen, hatten Hans H. und Hermann E. berichtet. Mithilfe von Experimenten wollte Steinbach feststellen, wie viel Rauch und Hitze sich in den ersten Minuten – vom Brandalarm bis zum Öffnen der Zellentür – entwickelt hatten und ob dem Angeklagten Hans H. genug Zeit geblieben wäre, Jalloh zu retten. Probleme bereiteten ihm allerdings die Materialien, die er anzünden sollte. Kein Versuch, die Hülle mit einem Feuerzeug anzubrennen, führte zum Erfolg. In Steinbachs eigenen Worten: „Die Inbrandsetzung durch ein Feuerzeug war nicht zu bewerkstelligen."[297] Da sich die Matratzenhülle als Ganzes

294 Staatsanwaltschaft Dessau – Pressemitteilung Nr.: 001/05, Dessau, den 13.1.2005.

295 Staatsanwaltschaft Dessau – Pressemitteilung Nr.: 002/05, Dessau, den 20.1.2005.

296 Mitschrift der Autorin in der HV Magdeburg vom 22.9.2011.

297 Ebenda.

nicht anzünden ließ, versuchte er es zunächst mit einer halben Liegematte und mit Teilstücken von unterschiedlicher Größe. Aber das Material erwies sich tatsächlich als flammenhemmend. Selbst wenn ihm eine kleine Flamme gelang, brannte sie nicht schnell genug selbstständig weiter. Als Fachmann weiß Steinbach, dass der Inhalt aus PU-(Polyurethan) Schaum entflammbar ist. Er muss die Matratzenhülle zerstören, die Juristen sagen, er muss sie „öffnen".

Eine Serie von Versuchen und Ergänzungen begann. Weil die Ergebnisse nicht den Vorstellungen der Kammer entsprachen, verlängerte er seine Versuchsreihe. Er ließ einen „baugleichen Gewahrsamsraum" anfertigen, der fast identisch mit der Zelle war. Mit teilverfliesten Wänden, einem Liegepodest wie im Originalraum, einer baugleichen Lüftungsanlage, einer artgleichen schwer entflammbaren Matratze samt Kern aus PU-Schaum und einem Dummy, der das Opfer simulieren sollte. Innerhalb der vorgegebenen sieben Minuten – der vom Staatsanwalt ausgerechneten Zeit zwischen Brandalarm und Öffnen der Zellentür – sollten die Temperaturen aus Zelle 5 erreicht werden. Es brannte nicht schnell genug, der Bezug war das Problem, aber „wenn der Kern offen lag, war das Experiment erfolgreich".[298] Im April und Juni 2008 machte er zwei weitere Versuche. „Der Dessauer Kammer war der Ablauf zu langsam", so Steinbach in Magdeburg. Die Versuche hatte er mit der Videokamera aufnehmen und auf DVDs brennen lassen. Im Schwurgerichtssaal des Magdeburger Landgerichts legte er die Scheiben in sein Notebook ein und spielte sie nacheinander ab, beginnend mit einem Anzündeversuch der Matratze seitlich an der Zellenwand. Viel war nicht zu sehen, weil die Rücken der Institutsmitarbeiter die Zündversuche verdeckten. Nach fünf Minuten und elf Sekunden war der Raum von schwarzem Rauch erfüllt, die Flamme wurde abgelöscht.

Die nächste DVD wurde eingelegt, sie zeigt weitere Inbrandsetzungsversuche. So ging es langsam voran, mit jedem Experiment

298 Zitat ebenda.

besserte sich die Visualisierung des Vortrags. Die Verfahrensbeteiligten und das Publikum sahen den Brandmeistern bei ihren Versuchen zu, gemeinsam eine stabile Flamme zu erzeugen, die sich jedoch zu langsam ausbreitete, um sich zu dem Brandbild der Zelle zu entwickeln. Stefan Caspari, beisitzender Richter der Magdeburger Kammer, stellte die Frage, was denn getan werden müsse, um zu dem Originalbrandbild in der Zelle zu kommen, wo von der Matratze nur noch Schutt und Krümel übrig geblieben waren. Steinbach: „Wenn im Startbereich genügend Polyurethan verbrennt, dann wird sich die Flächenausdehnung weiter vollziehen.“[299] Das heißt, die Hülle müsste viel größer geöffnet werden, damit mehr PU-Schaum herausgezupft werden kann.

Während ihrer Versuche trugen die Feuerexperten selbstverständlich Schutzkleidung, doch mit Handschuhen lässt sich ein Einwegfeuerzeug wie das drei Tage nach dem Brand gefundene nicht in Gang setzen. Vielleicht deshalb bedienten sie sich manchmal eines kleinen Flammenwerfers, auch Flambierer oder Küchenbrenner genannt. Aus Gründen des Selbstschutzes für seine Mitarbeiter, so der Sachverständige. So wie die Originalzelle genau abgemessen und nachgebaut war, hätte auch das gleiche Zündmittel benutzt werden müssen, denn ein Flammenwerfer, egal wie groß, katapultiert die Flamme mit hoher Geschwindigkeit in das Material hinein, was ein Feuerzeug nicht kann. Schon damit war die ganze Versuchsreihe zweckwidrig. Völlig unpassend wurde sie durch ein Teppichmesser. „War die Naht der Matratze geöffnet?“, will ein Mitglied der Kammer wissen. Steinbach: „Ja, etwas. Wir haben mit einem Messer nachgeholfen und groß geöffnet.“[300]

An einigen Verhandlungstagen saß Brandoberrat Steinbach am Tisch der Sachverständigen, hörte zu und stellte Fragen. An zwei Tagen, am 22. September 2011 und am 13. Oktober 2011, wechselte er auf den Zeugenplatz und wurde selbst vernommen. Seine Brandexperimente

299 NK-Mitschrift der HV Magdeburg vom 22.9.2011.

300 Mitschrift der Autorin in der HV Magdeburg vom 22.9.2011.

nannte er „Versuche nach Regie“. Ob an verschiedenen Stellen des Körpers, besonders im Kopfbereich, die 180 Grad für den tödlichen Hitzeschock erreicht werden konnten, ob die Größe der geöffneten Fläche Einfluss auf den Brand hat, ob an einer einzigen Stelle – direkt an der Zellenwand – gezündelt wurde oder mehrere Ausbruchsstellen nötig waren, um die Intensität zu erreichen – jeder Frage war experimentell nachzugehen. Die Dessauer Kammer habe sich immer wieder Nachbesserungen gewünscht, hatte sich aber auf den Inhalationshitzeschock als Todesursache infolge der Selbstanzündung festgelegt. Das konnte nicht gutgehen, sagte am Ende des Tages Rechtsanwalt Philipp Napp für die Nebenklage und gab seine Stellungnahme ab: „Als Ergebnis der bisherigen Brandversuche steht lediglich fest, dass durch ein Beflammen der Matratzenhülle der Brand nicht entstanden sein kann; nur durch Vornahme massiver und großflächiger Beschädigungen an der Matratze konnte der innenliegende Schaumstoff entzündet werden. Das am 7.1.2005 vorgefundene Brandbild wurde in keinem Versuch erzielt.“[301]

Und sogar der Brandoberrat musste einräumen, keine wirklich brauchbaren Ergebnisse geliefert zu haben. „Wenn Sie die Vorgaben nicht gehabt hätten“, fragte ihn die Vorsitzende am Schluss, „wie hätten Sie dann die Versuche aufgebaut?“ Steinbach antwortete: „Bei geänderter Ausgangslage hätte es ein anderes Ergebnis geben können, das ist richtig. Aber was zum Tode geführt hat, ist Sache der Rechtsmediziner.“ Nebenklage-Anwältin Gabriele Heinecke konterte: „Die Rechtsmediziner beziehen sich auf Sie und Sie beziehen sich auf die Rechtsmediziner, das ist wie eine Katze, die sich in den Schwanz beißt.“[302] Der Rechtsmediziner Michael Bohnert hatte in der Hauptverhandlung erklärt, der Versuch von 2008 habe ihm die Grundlage für seine Begutachtung geliefert.[303]

301 Rechtsanwalt Philipp Napp, Stellungnahme vom 13.10.2011.

302 NK-Mitschrift der HV Magdeburg vom 13.10.2011.

303 NK-Mitschrift der HV Magdeburg vom 13.10.2011.

Ein Verteidiger des Angeklagten bat, noch einmal die Vorgaben zu erklären. Steinbach: „Die Ermittlungsbehörden hatten vorgegeben, dass Zündung von dritter Hand ausgeschlossen ist. Es sollte von wandseitiger Zündung ausgegangen werden, wegen des Spurenbildes im Bereich der rechten Hand. Der Brand sollte schnell zu liquidieren sein, weil sonst das Risiko der Personen, die den Versuch durchführen, zu groß werden könnte. Vorgegeben war, den Brand nur sieben bis acht Minuten sich entwickeln zu lassen. Die Matte vollständig abbrennen zu lassen, war nie Vorgabe der Staatsanwaltschaft oder des Gerichts."[304]

Als unsystematisch und verwirrend, mit wahlloser Methodik wiesen die Anwälte der Nebenklage Steinbachs Gutachten zurück und beantragten ein weiteres Sachverständigengutachten, das „Ursache, Beginn und Verlauf des Brandes" in der Zelle 5 feststellt.[305]

Die Kammer nahm den Antrag an und bat Dr. Henry Portz, Sachverständiger für Brandschutz, sich in die Materie einzuarbeiten. Portz wollte die bereits vorliegenden Ergebnisse mithilfe einer Computersimulation neu bewerten und auch offengebliebene Fragen nicht ausklammern. Gab es mehr als eine Brandausbruchsstelle, wäre das ein sicheres Indiz gegen die Selbstanzündungsthese. Die Dessauer Staatsanwaltschaft hatte Brandbeschleuniger als Ursache immer kategorisch ausgeschlossen, aber schon die Sachverständigen des LKA, Sabine S. und Peter Kietz, hielten den Einsatz eines Brandlegemittels für möglich. Brandexperte Peter Kietz sagte am 9. Oktober 2007 im Landgericht Dessau: „Man kann den Brandbeschleuniger nicht in jedem Fall nachweisen", zum Beispiel bei glatten Oberflächen oder wenn man den Brandort erst Tage später untersuchen würde. Bei einer Begutachtung „in zeitlicher Nähe" müsste allerdings noch etwas zu finden sein, gibt der Experte zu Protokoll. Hierbei müsse man aber auch berücksichtigen, welche Menge des Brandbeschleunigers zum Einsatz

304 NK-Mitschrift der HV Magdeburg vom 13.10.2011.

305 Antrag vom 13.1.2012 und Gegenvorstellung der Nebenklage vom 13.3.2012 zum Beschluss der Kammer vom 16.2.2012, Az.: 21 Ks 141 Js 13260/10 (8/10).

gekommen sei.[306] Auch Brandoberrat Klaus Steinbach hatte eingeräumt, dass der Brandbeschleuniger verbrannt sein kann.[307] Hätte er in einem seiner Versuche Brandbeschleuniger benutzt, wäre vielleicht das Brandbild in der Zelle 5 entstanden. Im Jahresbericht 2006/2007/2008 des Instituts der Feuerwehr Sachsen-Anhalt zum Thema „Nachweis des Brandbeschleunigers Brennspiritus“ ist auf Seite 202 zu lesen: „Im Ergebnis werden die in einem Brandobjekt befindlichen Brandstoffe nicht nur in Brand gesetzt, sondern sie verbrennen bei der Mehrzahl der Brände oft nahezu vollständig.“ Kurz vor Ende der Magdeburger Hauptverhandlung erinnerte die Nebenklage daran, dass die Kriminaltechniker die Zelle „besenrein“ hinterlassen hatten, ohne „Proben aus den Ritzen zwischen den Fliesen des aufgekachelten Podestes“ zu nehmen.[308] Ein Brandbeschleuniger kann nicht gefunden werden, wenn nicht danach gesucht wird.

Die Software namens „Cobra 3D“, die der neue Sachverständige für seine Simulationen verwendete, war für den vorbeugenden Brandschutz entwickelt worden, nicht für Brandrekonstruktionen. Ob sie brauchbar für einen Strafprozess ist, der höhere Anforderungen als der vorbeugende Brandschutz stellt, wollte der Staatsanwalt wissen. Dr. Portz räumte ein: „Wir betreten hier ziemliches Neuland. Für einfache Brandausbreitungen lässt sich das Ganze anwenden, nicht bei komplizierten Sachverhalten.“[309] „Wenn wir simulieren, befinden wir uns weit vorne an der wissenschaftlichen Front.“[310]

Portz verließ sich nicht vollständig auf die Testergebnisse des Instituts der Feuerwehr Sachsen-Anhalt. Für seine Simulation wollte er Daten aus einem eigenen Brandversuch in der Zelle 5 gewinnen.

306 „Warum starb Oury Jalloh?“, HV Dessau, 27. Prozesstag, 9.10.2007.

307 NK-Mitschrift der HV Magdeburg vom 25.8.2011.

308 NK-Antrag auf ein ergänzendes Brandgutachten vom 4.12.2012.

309 NK-Mitschrift der Aussage von Dr. Henry Portz, Sachverständiger für Brandschutz, in der HV Magdeburg vom 20.4.2012.

310 NK-Mitschrift der Aussage von Dr. Henry Portz, Sachverständiger für Brandschutz, in der HV Magdeburg vom 18.7.2012.

Geplant war ein Entzündungsversuch ohne Dummy. Die Zeit bis zum Signal des Brandmelders sollte gemessen und die Flamme dann gelöscht werden. Als Versuchsperson stellte sich der Polizeibeamte L. zur Verfügung, vom Leibesumfang entsprach er angeblich eher Oury Jalloh als der Beamte C. in den Bewegungs- und Zündversuchen der Staatsanwaltschaft aus dem Frühjahr 2005. Mitte Mai 2012 war es so weit. Zehn Personen waren anwesend, außer dem Versuchsleiter, seiner Assistentin, der Versuchsperson und zwei Mitarbeitern des LKA beobachteten der Staatsanwalt, der Revierleiter, der schriftführende Richter der Magdeburger Kammer, Mouctar Bah und Oury Jallohs Mutter Mariama Diallo das Geschehen. Die Kammer hatte ihr erlaubt, den Ort zu sehen, an dem ihr Sohn gestorben ist.

Mouctar Bah wunderte sich über die Luftbeulen zwischen Hülle und Kern der Matratze. Er hob sie hoch und sah Risse an der Unterseite der Matte. Mithilfe von Klebestreifen, die wie ein großes V wirkten, war die Hülle geflickt worden. In Höhe des Fesselungsbügels war sie eingebrannt, sie muss bei einem früheren Versuch bereits benutzt worden sein. Er machte den Richter und den Staatsanwalt darauf aufmerksam.[311] Der Versuchsleiter wurde gefragt. Als Feuerwehrmann habe er damit keine Probleme, sagte Portz, man habe die Matratze wohl ausgesucht, weil sie der in der Zelle am nächsten kam. Dass die Matratze vorbeschädigt war, hätten sie nicht berücksichtigt.[312]

Der Versuch begann. Auch an dieser Matte war die Seitennaht teilweise geöffnet. Dem Beamten L. gelang es, ein kleines Loch aufzureißen und den PU-Schaum anzuzünden. Nach zwei Minuten wurde die Flamme gelöscht. Die Vorsitzende wollte wissen, wie er bei der Simulation die tatsächlichen Verhältnisse in der Zelle berücksichtigen könne. Er könne Schlussfolgerungen ziehen, so Dr. Portz, aber sobald die Flamme den Körper erreicht, entstehe ein Fehler und die Simulation werde falsch. Die Vorsitzende fragte nach, wie er errechnen wolle,

311 Mouctar Bah in diversen Interviews mit der Autorin.

312 NK-Mitschrift der HV Magdeburg vom 18.5.2012.

wann der Körper erreicht wird. Das könne er über die Brandausbruchsgeschwindigkeit am Computer errechnen. „Wir wissen ja, wo der Körper lag." Der Oberstaatsanwalt fragte: „Können Sie auch berechnen, wann er die heißen Gase eingeatmet hat, vorausgesetzt, er tat den entscheidenden Atemzug an der Stelle, an der er aufgefunden wurde?" Die Antwort: „Ja."[313]

Oury Jalloh soll an der Wandseite gezündelt haben, lag aber auf der gegenüberliegenden Außenseite der Matratze. Er wird nach Ausbruch des Feuers so weit wie möglich davon abgerückt sein, gab der Staatsanwalt zu bedenken, denn „auch wenn jemand alkoholisiert ist, legt er sich nicht auf den Rost".[314] Die Auffindeposition des Leichnams auf der Matte war für die Kammer ein Rätsel. Wenn er bewusst von der Zündstelle an der Zellenwand weggerückt ist, hätte man Noradrenalin finden müssen. Wenn er sich selbst in Sicherheit bringen wollte, hätte er geschrien.[315] Wenn er aber im Zustand der Bewusstlosigkeit bewegt wurde, war mindestens eine andere Person beteiligt. Portz sollte weitere Simulationen erstellen, er sollte mehr über die Rauchentwicklung herausbekommen und von kürzeren Laufzeiten ausgehen.

Es zeichnete sich ab, dass die Kammer auf einen Schuldspruch des DGL im Sinne der Anklage abzielte. Die Nebenklage stellte weitere Beweisermittlungsanträge zum Brandverlauf. Sie wollte einen Brandversuch mit Brandbeschleuniger, in dem reiner Alkohol auf einen Körper von organischem Material ausgegossen wird. Der Staatsanwalt sprach sich dagegen aus mit der Begründung, dass ein weiterer Brandsachverständiger über bessere Kenntnisse verfügen müsse als BOR Steinbach und Dr. Portz. Die Kammer war unwillig. Die Nebenklage korrigierte, dass kein weiterer Brandsachverständiger beantragt werde, sondern ein anderer Versuch, dessen Kern die Bewusstlosigkeit von Oury Jalloh ist. Nach zwei Stunden Unterbrechung wurde der Antrag

313 NK-Mitschrift der Vernehmung von Dr. Henry Portz, Sachverständiger für Brandschutz, in der HV Magdeburg vom 18.7.2012.

314 Ebenda.

315 Vgl. Kapitel 18 „Das Feuerzeug", S. 146.

zurückgewiesen.[316] Die Nebenkläger wollten die Kammer dazu bringen, sich noch einmal die Videoprints aus der Zelle anzusehen. Ohne Erfolg, auch dieser Antrag wurde abgelehnt. Noch am selben Tag plädierte der Staatsanwalt.

Der Sachverständige Bohnert hatte am 16. Dezember 2011 sein rechtsmedizinisches Gutachten zur Todesursache abgegeben. Wie alle Gutachter sollte auch er davon ausgehen, dass kein Brandbeschleuniger verwendet wurde. Schon zu Beginn stellte er klar, dass er keinen einzigen vergleichbaren Fall kenne: „Dieser Fall ist weltweit einmalig." Der Tod müsse sehr rasch eingetreten sein, nachdem Jalloh mit seinen Atemöffnungen über das Feuer geraten war.[317] Später wurde Bohnert noch einmal geladen, weil die Vorsitzende von ihm wissen wollte, ob Jalloh sich aufgerichtet und die Flamme eingeatmet haben könnte. Er sei nur in der Lage zu sagen, so Prof. Bohnert, dass die Flamme auf den oberen Atemtrakt von Oury Jalloh eingewirkt habe.[318]

Im schriftlichen Urteil ist zu lesen, dass die Kammer nicht von einem gezielten Einatmen ausgeht, sondern von der Möglichkeit, dass sich „ein Flammenballen genau in dem Moment von der Flamme gelöst hat, als Ouri Jallow darüber gebeugt eingeatmet hat".[319]

Nach dem Ende des Magdeburger Verfahrens suchte die Initiative in Gedenken an Oury Jalloh einen unabhängigen Brandsachverständigen. Einen, der die Vorgaben aus dem Antrag der Nebenklage in eigenen Versuchen berücksichtigen würde. Als in Deutschland keiner zu finden war, erweiterte sie ihren Suchradius auf Länder im europäischen

316 NK-Mitschrift der HV Magdeburg vom 4.12.2012: 1. Beschluss der Kammer (mündlich vorgetragen): Der Beweisermittlungsantrag auf ein ergänzendes Brandgutachten wird zurückgewiesen. 2. Beschluss der Kammer (mündlich vorgetragen): Der Antrag auf Einholung eines forensisch-pharmazeutischen Gutachtens wird zurückgewiesen.

317 NK-Mitschrift der HV Magdeburg vom 16.12.2011.

318 NK-Mitschrift der HV Magdeburg vom 18.5.2012.

319 LG Magdeburg, 1. Große Strafkammer – Schwurgericht – Geschäftsnummer: 21 Ks 141 Js 13260/10 (8/10), S. 207.

Ausland. Der irische Fire Investigator Maksim Smirnou erklärte sich bereit, die Tests durchzuführen. Mehrere Monate sammelte die Initiative Spendengelder. Aus 450 Einzelspenden kamen etwa 30000 Euro zusammen.

Im Mai 2013 begann Smirnou in Dublin seine Versuchsreihe, fünf Monate nach dem Magdeburger Urteil. Aus Pinneberg ließ er sich zehn nahezu baugleiche Matratzen liefern. Eine Matratze nach der anderen sollte angezündet werden, jede unter anderen Bedingungen. Zuerst sollte eine Testperson mit einem Feuerzeug ein Loch in den flammenhemmenden Kunstlederbezug brennen. Mouctar Bah hatte sich zur Verfügung gestellt, allerdings weder alkoholisiert noch gefesselt wie Oury Jalloh. Ohne Erfolg, der Bezug hielt stand. Für den nächsten Versuch schnitt er mit einem Teppichmesser die Hülle auf, beginnend mit einem Schnitt von 10 cm Länge. Bei jeder Matratze erweiterte er die Öffnung. Bewegte sich Mouctar Bah, erlosch die Flamme. Bei 26 cm Schnittlänge angekommen, legte Smirnou einen aufgeklappten Schweinekadaver auf die Matte. Tests mit toten Schweinen sind internationaler Standard bei Brandrekonstruktionen, weil die Gewebestruktur von Menschen und Schweinen zu neunzig Prozent genetisch übereinstimmt. Für die Vergleichbarkeit waren dem Kadaver Jeans und T-Shirt angezogen worden. Dann zündete er den Schaumstoffkern an. Die Flamme fraß sich vor, erlosch aber am Rand des Körpers, egal wo der lag. Bei der zehnten Matratze setzte Smirnou Brandbeschleuniger ein. Zuerst öffnete er die Hülle auf breiter Fläche, dann goss er Benzin auf den Matratzenkern samt Kadaver und entzündete beides mit einem Feuerzeug. Im Nu brannte alles lichterloh.

Im November 2013 stellte die Initiative Smirnous Versuche öffentlich vor.[320] Smirnou erklärte seine Versuchsreihe. Auf einer Leinwand im Hintergrund war ein Video mit seinem letzten – erfolgreichen –

320 Siehe Fire Investigation Report by expert Maksim Smirnou. Analysis of Circumstances surrounding Case, https://initiativeouryjalloh.files.wordpress.com/2013/11/report-full-matt-test-petrol.pdf.

Versuch zu sehen. Anschließend stellte er sich den Fragen der Gäste aus Medien und Wissenschaft. Zum Schluss regte er an, alle Testergebnisse von Pathologen und Toxikologen überprüfen zu lassen.

Anwesend war auch Oberstaatsanwalt Folker Bittmann. Mikrofone und Kameras waren auf ihn gerichtet, Bittmann versuchte jede Frage zu beantworten. Warum es neun Jahre gedauert habe, bis es zu den heutigen Erkenntnissen kam. Seine Antwort: „Die Fragen, die wir an die Gutachter gestellt haben, haben keinerlei Anhaltspunkte, für mich erkennbare Anhaltspunkte, ergeben, dass hier jetzt weiterer Aufklärungsbedarf bestanden hätte. Wenn das der Fall gewesen wäre, wären wir dem selbstverständlich nachgegangen, das ist überhaupt keine Frage." Nachfrage: „Haben Sie einen Fehler gemacht", Antwort: „Das kann ich nicht ausschließen."[321]

Von der Öffentlichkeit unbemerkt hatte Oberstaatsanwalt Christian Preissner schon vor der Urteilsverkündung in Magdeburg sein neues Ermittlungsverfahren gegen Unbekannt wegen Mordes begonnen. Es sei nur ein Prüfverfahren, so Preissner. Er hoffe, mit dem Ergebnis die Kritiker zu besänftigen.

321 Transkript der Tonaufnahme der Pressekonferenz vom 12.11.2013.

21. Brandherde[322]

Die ersten vier Minuten des Tatortvideos zeigen den Zustand der Leiche. Auf Grundlage dieser Bilder halten Kriminalbeamte und Wissenschaftler es für möglich bis wahrscheinlich, dass an mehreren Stellen Feuer gelegt wurde. An folgenden Orten könnte dies geschehen sein:

1. Auf der rechten Seite im Bereich der rechten Hand. Beweis ist die geplatzte Wandfliese. Die Finger dieser Hand blieben erhalten.
2. Auf der linken Seite unter der linken Hand. Die Fingerglieder dieser Hand brannten weg. Nicht nur die Weichteile, auch die Knochen. Dafür braucht es eine Hitze von 600 bis 800 Grad über die Dauer von zehn Minuten.[323] Die Hand muss direkt im Feuer gelegen haben, wie auf einem brennenden Flüssigkeitsbett.[324]
3. Unter der rechten Achsel. Am rechten Oberarm liegt die Muskulatur frei. Die anatomische Struktur des Muskels ist zu sehen, weil Unterhautfettgewebe und Haut durch Brandzehrung nicht mehr vorhanden sind.
4. Im Schritt. Die Muskulatur der Oberschenkel ist bis zur Freilegung der Struktur vollkommen verbrannt. Das Gesäß und die Rückseite der Oberschenkel sind schwarz verkohlt, Defekte durch Brandzehrung sind zu sehen.
5. Dicht am Kopf. Die große Hitze erfasste Mund und Nase. Gesichtshaut und Lippen waren vollkommen verkohlt. Das spricht dafür,

322 In diesem Kapitel gebe ich Einschätzungen von Brandexperten, Kripobeamten, Rechtsmedizinern und Toxikologen wieder. Bilder der Leiche, Obduktionsbefunde und Gutachten lagen ihnen vor.

323 Einäscherungen im Krematorium werden bei 800 Grad vorgenommen und dauern 50 bis 60 Minuten.

324 Sachverständiger Prof. Michael Bohnert in der HV Magdeburg am 16. 12. 2011.

> dass es eine Brandlegung im Bereich des Kopfes gab. Im Bereich der Atemöffnungen muss relativ rasch ein massives Feuer ausgebrochen sein, das innerhalb kürzester Zeit mit großer Hitze den Nasen-/Rachen-/Luftröhrenbereich erreichte und so reflektorisch zum Tod führte. Die Versorgung mit Luftsauerstoff wurde praktisch gestoppt. Die Atmung setzt reflektorisch aus, Krämpfe verhindern das Weiteratmen. In der Situation „kann praktisch kein Kohlenmonoxid mehr in den Körper kommen, also nicht nachgewiesen werden. Es können praktisch keine Brandbeschleunigungsspuren in die Lunge kommen und nachgewiesen werden. Es ist möglich in dieser Phase, Rußteilchen und kleinere Teilchen solcher Stoffe noch einzuatmen, aber beim raschen Eintritt des Todes würde das ganze Spurenbild und das ganze toxikologische Bild zwangslos und einheitlich erklärt werden können."[325]

Auf der Basis des in Würzburg von den Rechtsmedizinern erörterten Wissensstandes kann Oury Jalloh mit an Sicherheit grenzender Wahrscheinlichkeit nach der direkten Feuerexposition nur noch „wenige Atemzüge" lang gelebt haben.[326]

Die Täter können feststoffliche Brandlegemittel wie Brandpaste oder andere Mittel an den Ausbruchstellen deponiert haben. Oder sie schnitten den flammenhemmenden Matratzenbezug an den entsprechenden Stellen auf, entfernten ihn vielleicht sogar. Danach besprühten sie den für tot geglaubten, bewusstlosen Oury Jalloh und die Matte mit wenig Brandbeschleuniger, eventuell Feuerzeugbenzin. Innerhalb von 30 Sekunden brannten alle Brandlegemittel, das Feuer griff sofort um sich, sein Atem setzte aus, er starb.

325 Transkript des Interviews der Autorin mit Dr. Peter X. Iten am 16.8.2014.

326 Quellen u.a.: „Gesicherte Erkenntnis" laut Vermerk des Leitenden Oberstaatsanwalts Folker Bittmann vom 4.4.2017, Az.: 111 Js 7436/17 StA Dessau-Roßlau, S. 4; Sachverständiger Prof. Manfred Kleiber als Zeuge in der HV Magdeburg am 10.11.2011; Dr. Peter X. Iten, Forensisches Gutachten zum gegenwärtigen Wissensstand vom 9.3.2018, S. 17.

22. Ende der Beweisaufnahme

Die Staatsanwaltschaft Dessau-Roßlau hatte den DGL Hans H. des Verbrechens der Körperverletzung mit Todesfolge (im Amt) durch Unterlassen beschuldigt, weil er Oury Jallohs Selbstanzündung nicht verhindert habe.[327] Den Streifenpolizisten Günter G. klagte sie des Vergehens der fahrlässigen Tötung an, ebenfalls durch Unterlassen.[328] G. soll bei der Durchsuchung der Kleidung von Oury Jalloh ein Feuerzeug übersehen haben.[329] Damit war die Richtung der Beweisaufnahme vorgegeben.

Der erste Prozess „zum Nachteil Ouri Jallow" begann am 27. März 2007 vor der 6. Großen Strafkammer des Landgerichts Dessau-Roßlau. Den Vorsitz führte Richter Manfred Steinhoff. Der Prozess endete am 8. Dezember 2008 mit Freisprüchen für beide Angeklagten. Gut 20 Monate und 57 Tage war verhandelt worden. Jeder Prozesstag war von Polizisten abgesichert worden, am Tag der Urteilsverkündung bewachte eine Gruppe uniformierter Bereitschaftspolizisten den Eingangsbereich. Der Politikwissenschaftler Kay W. erlebte die Situation: „Als er [der Richter] den Freispruch verkündet hat, gab es einen Tumult. Die Leute sind aufgesprungen, haben rum geschrieen, it is the murderhouse. Hat einer geschrieen. Die Polizisten kamen rein und haben die raus gezerrt. Also es war eine unglaubliche tumulthafte Situation.

327 § 227 Abs. 1 Strafgesetzbuch sieht bei Körperverletzung mit Todesfolge eine Mindeststrafe von 3 Jahren Freiheitsentzug vor. Wird eine „gefährliche Körperverletzung mittels einer das Leben gefährdenden Behandlung" begangen, schreibt § 224 Abs. 1 Nr. 5 StGB eine Freiheitsstrafe von mindestens 6 Monaten vor.

328 § 222 StGB sieht dafür eine Freiheitsstrafe bis zu 5 Jahren oder eine Geldstrafe vor.

329 Anklageschrift Staatsanwaltschaft Dessau vom 6. 5. 2005, Az.: 601 Js 796/05 StA Dessau-Roßlau.

[…] Steinhoff ist sehr cool geblieben, sehr souverän, ist, wollte dann nach vorne, draußen, wo ne Demonstration war. Wollte da sogar eine Ansprache halten. Ging dann nicht. Hat aber sozusagen die Leute überredet, jetzt erst mal zu warten, was er zu sagen hat."[330]

Manfred Steinhoff bat die Bereitschaftspolizisten, ihn nach draußen zu begleiten. Sie bahnten ihm einen Weg vor die Tür des Gebäudes. Auf dem Podest vor der Glastür blieb er stehen, in der Robe, umringt von einer Polizeikette. Am Fuß der Treppe erwarteten Dutzende Zuhörer seine Begründung des Freispruchs. Der sei unvermeidlich gewesen, sagte Steinhoff. In dem Verfahren sei man der Wahrheitsfindung nicht „ein Zipfelchen näher" gekommen, viele der Polizeizeugen hätten „bedenkenlos und grottendämlich"[331] falsch und unvollständig ausgesagt. „Das, was hier geboten wurde, war kein Rechtsstaat, und Polizeibeamte, die in einem besonderen Maße dem Rechtsstaat verpflichtet waren, haben eine Aufklärung verunmöglicht",[332] hörten sie ihn sagen. Und weiter: „All diese Beamten, die uns hier belogen haben, sind einzelne Beamte, die als Polizisten in diesem Land nichts zu suchen haben."[333] Und, direkt an sie gerichtet: „Sie haben der Polizei, der Justiz, diesem Rechtsstaat und dem Land Sachsen-Anhalt auf das Übelste geschadet."

330 Radio-Feature „Verbrannt in Polizeizelle Nr. fünf". Der Tod des Asylbewerbers Oury Jalloh in Dessau. Von Margot Overath. Co-Produktion MDR/DLF/NDR, 60 Minuten, Erstsendung: 10. 11. 2010, MDR Figaro, https://margotoverath.de/OuryJalloh.htm; 45-Minuten-Fassung: 12. 11. 2010, DLF, https://www.deutschlandfunk.de/verbrannt-in-polizeizelle-nr-fuenf-100.html, S. 4.

331 Zitiert nach: Ein Skandal und seine Folgen. Von Marlene Weiss, in: Süddeutsche Zeitung, 12. 1. 2011, https://www.sueddeutsche.de/politik/zweiter-straf prozess-um-oury-jalloh-ein-skandal-und-seine-folgen-1.1045136-0#seite-2.

332 Zit. nach: Margot Overath, Tod eines Asylanten: Was geschah in Zelle Nr. 5?, in: Der Tagesspiegel, 7. 1. 2011, https://www.tagesspiegel.de/gesellschaft/panorama/was-geschah-in-zelle-nr-5-1880245.html.

333 Zitiert nach: „Warum starb Oury Jalloh?", LG Dessau, 59. Prozesstag / Teil 2, 8. 12. 2008. Die folgenden beiden Zitate ebenda.

„Ein richtiges Verfahren, mit Erkenntnissen und mit einem Urteil war das nicht. Ich hoffe, ich muss so etwas nie wieder erleben. – Ich befürchte ich werde mich irren." Aus dem Publikum kam Applaus. Mit den Worten „Ich habe keinen Bock, zu diesem Scheiß noch irgendwas zu sagen", beendete Manfred Steinhoff seine improvisierte Urteilsbegründung und verließ die Bühne.[334]

Dass dem Gericht Beweismittel vorenthalten werden, war schon am dritten Verhandlungstag deutlich geworden. Ein Zeuge der Kriminalpolizei Dessau berichtete von ersten Fotoaufnahmen des kriminaltechnischen Dauerdienstes. Sie waren nicht aufzufinden. Es fehlte auch eine Liste mit Namen aller Personen, die sich im Gewahrsamsbereich aufgehalten hatten, nachdem die Feuerwehr abgezogen war.

Die Polizeizeugen vor dem Landgericht Dessau behaupteten, nie über diesen Tag gesprochen zu haben. Man habe verdrängt und wollte vergessen. „Es wurde geschwiegen von Anfang an", beklagte Regina Götz, Anwältin der Nebenklage, in ihrem Plädoyer. „Wir mussten uns hier Wochen und Monate lang rumquälen", so Nebenkläger-Rechtsanwalt Ulrich von Klinggräff in seinem Schlussplädoyer. „Bei einigen Zeugen war unklar, ob sie mit der Angabe ihres Namens noch bei der Wahrheit bleiben."[335] Der Wahrheit in diesem Verfahren „auch nur ein Zipfelchen näher zu kommen"[336] war auch nicht zu erwarten gewesen, da keine angemessenen Ermittlungen zur Todesursache geführt wurden. Prozessbeobachter Kay W. war vom Ausgang des Dessauer Verfahrens nicht überrascht. „Es war sowohl ein Prozess über die Polizei, denn es waren ja zwei Polizisten angeklagt, als auch ein Prozess der Polizei – in dem Sinne, dass ganz deutlich die Polizei den Prozess

334 Zitiert nach: Ein Skandal und seine Folgen. Von Marlene Weiss, in: Süddeutsche Zeitung, 12.1.2011. Die voranstehenden Zitate waren am 8. und 9.12.2008 auch in der Tagespresse in Sachsen-Anhalt, bei *ZEIT Online*, *taz*, *WELT*, *Spiegel Online* zu lesen.

335 Zitiert nach: „Warum starb Oury Jalloh?", LG Dessau, 59. Prozesstag / Teil 2, 8.12.2008.

336 Zitiert nach ebenda.

dominiert hat. Schon die verschleppte Ermittlungsarbeit, und dann die Aussagepolitik, die Vorbereitung der Polizeizeugen durch Treffen und Absprachen, welche Version vertreten werden soll, und so weiter. Insofern hat sich die Polizei selber verteidigt und ihr Ziel erreicht."[337]

Was dem Richter nicht entgangen sei. Er habe Zeugen gedroht, sie notfalls zehnmal vorzuladen und „bis zum jüngsten Gericht" zu verhandeln. Beamte, die falsch aussagen, müssten „ans Kreuz genagelt" werden.[338] Vieles wurde angekündigt, wenig wurde gehalten. Warum ließ er die Polizeizeugen nicht vereidigen? Nach den Freisprüchen gab es Spekulationen und Gerüchte, dass Richter Steinhoff an einer Aufklärung nicht wirklich interessiert gewesen sei. Mit dem plötzlichen Ende der Beweisaufnahme und dem Freispruch konnte er sich dem Dilemma entziehen, davon waren viele Prozessbeobachter überzeugt.

Drei Monate nach Steinhoffs Rede lag das schriftliche Urteil vor. Die Kritik des Richters am Aussageverhalten der Polizei findet sich nicht wieder, die Handlungen der Polizisten greifen logisch ineinander. Der DGL habe nach dem Alarm ordnungsgemäß die Brandmeldeanlagen geprüft und sich zügig in den Keller begeben. Ein Vorwurf sei keinem zu machen. Oury Jalloh habe sein Feuerzeug möglicherweise „zusammen mit den Drogen im unmittelbaren Genital- bzw. Gesäßbereich mit aufbewahrt".[339] Ihn zu entkleiden, um an diesen Körperstellen nach Gegenständen zu suchen, sei dem Angeklagten Günter G. aber nicht erlaubt.

Oury Jalloh war am frühen Morgen unterwegs von der Disko nach Hause – dass er in dieser Situation Gegenstände im Genitalbereich aufbewahrt haben soll, wirkt makaber und ist eine zielgerichtete Spekulation. Günter G. war von mehreren Zeugen als erfahrener Beamter bewertet worden, der allein in der Woche vor Oury Jallohs Tod an sechs weiteren Durchsuchungen beteiligt gewesen sei. So konnten sie

337 Transkript des Interviews der Autorin mit Kay W. am 24.6.2010.

338 Ebenda.

339 LG Dessau-Roßlau, Urteil vom 8.12.2008, Az.: 6 Ks 4/05, S. 37.

ihn freisprechen und gleichzeitig am übersehenen Feuerzeug festhalten. Für das es keinen Tatsachennachweis gab.[340]

Nach Auffassung der Kammer liege „auch hinsichtlich einzelner Handlungen des Angeklagten Hans H. nach dem Anspringen des Alarms des Ionisationsrauchmelders keine Sorgfaltspflichtverletzung vor".[341] H. durfte davon ausgehen, dass die Fußfesselschlüssel beim Gewahrsamsschlüsselbund liegen, so „dass er mit dem Ergreifen der dort liegenden Schlüssel alle erforderlichen Schlüssel hat".[342] Sicher ist die Kehrtwende zwischen mündlicher Verkündung und schriftlicher Begründung des Urteils mit dem Versuch zu erklären, die Revision zu überstehen. Der Versuch war erfolglos.

Am 7. Januar 2010, auf den Tag genau fünf Jahre nach Oury Jallohs Tod, hob der 4. Strafsenat des Bundesgerichtshofs (BGH) den Freispruch gegen Hans H. auf. Der Freispruch für Günter G. war bereits rechtskräftig geworden.[343] Senatsvorsitzende Ingeborg Tepperwien verlas die Begründung. Der Freispruch für Hans H. werde aufgehoben, weil im Urteil des Landgerichts Dessau-Roßlau „ein Sachverhalt beschrieben [werde], der nur schwer nachvollziehbar ist".[344] Während ihres Vortrags versuchte sie, mit einem Einwegfeuerzeug in der Hand eine stabile Flamme zu erzeugen. Es gelang ihr nicht, das Zündrädchen erhitzte sich so stark, dass sie das Feuerzeug fallen lassen musste.[345] Der Senat hatte sich nicht wie üblich mit der Überprüfung auf Rechtsfehler begnügt, er beanstandete darüber hinaus auch Schwächen der

340 Es wurden auch keine Drogen bei ihm gefunden, sonst wären sie als Asservate gelistet worden.

341 Ebenda, S. 36.

342 Ebenda, S. 14.

343 Weder Staatsanwaltschaft noch Nebenklage hatten die Revision beantragt.

344 Zitiert nach: Tod in Dessauer Polizeizelle. Fall Jalloh: Bundesgerichtshof hebt Freispruch auf, in: FAZ.NET, 7.1.2010, https://www.faz.net/aktuell/gesellschaft/kriminalitaet/tod-in-dessauer-polizeizelle-fall-jalloh-bundesgerichtshof-hebt-freispruch-auf-1910775.html.

345 Schilderungen von Besuchern der Urteilsverkündung gegenüber der Autorin.

Beweisführung. Den Beweiswert des Rekonstruktionsversuchs von Christian C. auf der ausgemusterten Matte bewertet der Senat als lückenhaft:

> „Ihm [dem Urteil] lässt sich schon nicht entnehmen, ob die Situation nachgestellt worden ist, in der sich O. J. bei der Brandlegung befand. So bleibt offen, ob der Bewegungsspielraum seiner an der Wand fixierten Hand ausreichte, um den Matratzenbezug ‚anzuschmoren' und in dem zum Anzünden des Schaumstoffs erforderlichen Umfang zu öffnen. Insbesondere fehlen Angaben dazu, ob es möglich war, den Matratzenbezog ohne erhebliche schmerzhafte Verletzungen an der Hand mit dem Einwegfeuerzeug zu erhitzen. Hiermit hätte sich das Landgericht schon deshalb auseinandersetzen müssen, weil es nahe liegt, dass ein Mensch, der in einer Zelle einen Brand legt, um die Lösung seiner Fesseln zu erreichen, sich frühzeitig durch Rufen bemerkbar macht und Schmerzenslaute von sich gibt, wenn er beim Legen eines Brandes Verbrennungen erleidet. Hat aber O. J. bereits vor dem Anzünden des freigelegten Schaumstoffs durch Rufe und/oder Schmerzenslaute auf seine Situation aufmerksam gemacht, stellt sich die Frage nach einer Rettungsmöglichkeit neu. Denn dann hätte der Angeklagte bereits vor dem Alarmsignal des Rauchmelders erkennen können und müssen, dass ein sofortiges Eingreifen zur Abwendung einer möglichen Gefahr für Leib und Leben O. J.s geboten war."[346]

Vom 12. Januar 2011 bis 13. Dezember 2012 wurde die Anklage gegen Hans H. vor der 1. Großen Strafkammer des Landgerichts Magdeburg neu verhandelt. Den Vorsitz führte Claudia Methling. Am Ende stand ein Urteil wegen fahrlässiger Tötung, basierend auf der nicht bewiesenen

346 BGH, 4. Strafsenat, Urteil vom 7. 1. 2010, Az.: 4 StR 413/09, https://juris.bundesgerichtshof.de/cgi-bin/rechtsprechung/document.py?Gericht=bgh&Art=en&Datum=Aktuell&nr=51013&linked=urt&Blank=1&file=dokument.pdf.

Behauptung, Oury Jalloh habe sich selbst in Brand gesetzt. Es gab keine Aufklärung, wie es zu dem Feuer gekommen war. Da nur Polizeibeamte Zugang zu dem verschlossenen Gewahrsamsbereich gehabt hätten, wären nur sie als Verursacher des Feuers infrage gekommen. Dafür aber fehle ein Motiv, weil die Kammer keine „grundlegende ausländerfeindliche oder rassistische Gesinnung bei dem Personal des Reviers" festzustellen vermochte.[347]

Im Magdeburger Prozess widersprachen die Polizeizeugen ihren eigenen früheren Behauptungen, nie über die Ereignisse des 7. Januar 2005 geredet zu haben. Sie erklärten nun, das Feuer in der Zelle und der Tod Oury Jallohs seien lange Zeit und immer wieder Thema ihrer Gespräche gewesen. „An hunderten von Stunden" sei über die Sache geredet worden sei, sagte der Zeuge KPOM Erwin S., und dennoch habe er keine Hoffnung, dass der Fall vom Gericht aufgeklärt wird: „Es ist kurios, es ist ein Feuer entstanden, das niemand versteht", so Erwin S.[348]

Jeder Mensch im Feuer schreit um Hilfe, die Schmerzen sind unerträglich, egal ob das Opfer alkoholisiert ist oder nicht, sagte Prof. Michael Bohnert, damals leitender Oberarzt, seit 2011 Vorstand des Instituts für Rechtsmedizin der Universität Würzburg. Er erlebte als Gutachter in beiden Verfahren, dass Polizeibeamte ganz offensichtlich nicht das aussagen, was sie wissen. „Man hatte den Eindruck in Dessau und in Magdeburg, dass da gemauert wurde an allen Ecken und Enden. Manchmal auch an Dingen, wo man sich fragte, warum überhaupt. Also man hatte oftmals den Eindruck, dass der Korpsgeist über allem steht. Egal, ob das jetzt sinnvoll ist oder nicht. Ich erinnere mich an dieses Gefühl. Man sitzt da und denkt, man wird einfach angelogen. Aber das hatten, denk ich, alle im Saal."[349]

347 LG Magdeburg, 1. Große Strafkammer – Schwurgericht – Geschäftsnummer: 21 Ks 141 Js 13260/10 (8/10), S. 135.

348 NK-Mitschrift der HV Magdeburg vom 31. 3. 2011.

349 Transkript des Interviews der Autorin mit Prof. Bohnert am 11.7.2019 in Würzburg.

Waren die Polizeizeugen vorbereitet worden? Am 11. Verhandlungstag vor dem Landgericht Dessau, dem 12. Juni 2007, hatte die Zeugin Irene I. – sie ist Verwaltungsmitarbeiterin – von einem Treffen am vergangenen Freitag berichtet, dem 8. Juni 2007. Es gab schon mehrere, sagte sie, hausintern hießen sie „Zeugeninformationsgespräche", der Justiziar aus dem Polizeipräsidium habe dazu eingeladen. Überrascht fragte Richter Steinhoff nach, Oberstaatsanwalt Christian Preissner schaltete sich ein und erklärte, die Anregung sei von ihm gekommen, er habe die Polizeipräsidentin Brigitte Scherber-Schmidt dafür gewonnen, weil er „verdammt nochmal keine Lust [habe], gegen Polizeibeamte immer wieder Ermittlungsverfahren wegen falscher Aussagen einzuleiten". Den Polizisten, die demnächst als Zeugen geladen werden, wurde an jenem Freitag erklärt, dass sie vor Gericht die Wahrheit sagen sollen.[350] Erst im Dezember 2011 klärte der Justiziar in der Magdeburger Hauptverhandlung, dass es drei Freitagsveranstaltungen gegeben habe. Die ersten beiden seien von 20 bis 25 Personen besucht worden, die dritte von circa 30. „Es waren teilweise Leute mit dabei, die mich nicht angeschaut haben, weil ihnen das unangenehm war. Die hatten erwartet, dass sie mit unangenehmen Fragen konfrontiert werden", erinnerte sich der Justiziar.[351]

Oberstaatsanwalt Preissner hatte allen Grund, der Wahrheitsliebe von Polizeibeamten des Reviers zu misstrauen. Jutta L.s Aussagevarianten sprachen Bände. Für Irene I. sei die Vorbereitung aber nicht nötig gewesen, erklärte sie; dass sie „an dieser Stelle die Wahrheit sage, das braucht mir niemand zu sagen. Das habe ich als Kind gelernt." Auf diesem Treffen aber erfuhr sie, dass es bereits Falschaussagen von Beamten gegeben habe, besonders dies habe sie beunruhigt. Was noch alles thematisiert wurde, sei mehr oder weniger an ihr vorbeigegangen, weil sie sich schon sicher war, was sie sagen wird. An dem Treffen

350 „Warum starb Oury Jalloh?", LG Dessau, 11. Prozesstag, 12. 6. 2007.

351 NK-Mitschrift der HV Magdeburg vom 1. 12. 2011.

hätten einerseits Kollegen teilgenommen, die bereits vor Gericht ausgesagt hatten, und andererseits jene, die in den nächsten 14 Tagen aussagen sollen.[352] Für die Chronisten Marco Steckel und Mario Bialek wurde deutlich, dass Zeugen aus dem Polizeiapparat am Freitag auf ihre Aussagen vorbereitet wurden und dass dafür offenkundig die Polizeidirektion die Verantwortung trug.[353]

Jutta L. war nicht zu den freitäglichen Zeugeninformationsgesprächen eingeladen worden. Weil sie als Risiko-Kollegin eingestuft wurde, die einen der ihren belastet hatte? Für die Nebenklage lag der Verdacht von Absprachen auf der Hand. Weil „ohne Ende gemauert wird", sei deutlich geworden, so Nebenklageanwältin Regina Götz in Dessau, dass es hier über eine reine Zeugenbelehrung weit hinaus gegangen sei. Die Intention der Staatsanwaltschaft kenne sie nicht, „aber das Ergebnis ist sehr bedenklich".[354] Die Veranstaltungen fanden freitags statt, als „Freitagsgespräche" gingen sie in die Prozessanalen ein. Sie dauerten eineinhalb bis zwei Stunden. Sehr viel Zeit für die schlichte Belehrung, als Zeuge die Wahrheit zu sagen. Und tatsächlich wurde nicht nur belehrt, es wurden auch die „Mitarbeiterinformationen" des Revierleiters besprochen, auch „Hausmitteilungen" genannt, die an mehreren Stellen des Reviers aushingen – eine, wie es hieß, „objektive Darstellung" der Ereignisse vom 7. Januar 2005. Der Leiter des Reviereinsatzdienstes Julius J. hatte sie zu Papier gebracht. Zur Orientierung der Kolleginnen und Kollegen waren alle Aussagen redaktionell bearbeitet und neu zusammengestellt worden. Damit wollte er das Wissen seiner Beamten „auf den gleichen Stand" bringen, sagte er als Zeuge im Prozess.[355] Die erste Hausmitteilung[356] entstand am 12. Januar 2005, die zweite am 14. Januar 2005, die dritte am 21. Januar 2005, die vierte

352 „Warum starb Oury Jalloh?", LG Dessau, 11. Prozesstag, 12.6.2007.

353 Transkript des Interviews der Autorin mit Marco Steckel und Mario Bialek am 4.9.2019.

354 „Warum starb Oury Jalloh?", LG Dessau, 11. Prozesstag, 12.6.2007.

355 „Warum starb Oury Jalloh?", LG Dessau, 9. Prozesstag, 10.5.2007.

356 NK-Mitschrift der HV Magdeburg vom 17.11.2011.

am 10. Februar 2005, die letzte am 23. Februar 2005.[357] Über die Fesselung war nichts zu lesen.

In Magdeburg musste jede Frage neu verhandelt werden, bei unveränderter Anklage. Die Gutachter sollten abermals davon ausgehen, dass Oury Jalloh sich selbst angezündet hat. So kam es zu der zweifelhaften Konstruktion, er sei durch Einatmen der Flamme gestorben. Ohne diese Vorgabe hätte man viele Jahre des Ermittelns und Prozessierens und die damit verbundenen hohen Kosten sparen können. Endlich sollte es einen Ortstermin im Dessauer Polizeirevier Wolfgangstraße 25 geben. Der fand am 16. Verhandlungstag, dem 5. Mai 2011, statt, anwesend waren die Kammer und die Staatsanwaltschaft mit allen Verfahrensbeteiligten, die Anwälte von Nebenklage und Verteidigung sowie je ein von Nebenklage und Verteidigung benannter Zuschauer. Die Nebenklage bat Mouctar Bah, dabei zu sein. Am Anfang habe er gezögert, weil er sich nicht mit dem Ort konfrontieren wollte, an dem sein Freund ums Leben kam, vertraute mir Mouctar Bah an.[358] Doch dann habe er zugesagt, und das sei gut gewesen, weil sich Folgendes abspielte:

Die Vorsitzende Richterin Claudia Methling bat einen Beamten, Hilferufe zu simulieren. Zu klären war die Frage, ob Oury Jallohs Hilferufe außerhalb der Zelle gehört werden konnten. Da in seinen Atemorganen Rußpartikel gefunden worden waren, ging man davon aus, dass er bei lebendigem Leib verbrannt war und unerträgliche Schmerzen erlebt hatte. Spätestens in dieser Situation musste er um Hilfe gerufen

357 Mitteilungsordner des Polizeireviers. Der Ordner „Hausmitteilungen" wurde in beiden öffentlichen Hauptverhandlungen vorgelegt: am 12.7.2006 in Dessau und am 17.11.2011 in Magdeburg und mehrfach besprochen. In der HV Magdeburg vom 1.4.2011 sagte der Leiter des Revierkriminaldienstes K. auf Nachfrage des beisitzenden Richters, die Mitarbeiterinformationen seien seine Idee gewesen. „Die Hausmitteilung ist mein geistiges Produkt gewesen. Die Frage ist sicher, wie ich an die Informationen gekommen bin. Das muss man dann mal sehen." NK-Mitschrift der HV Magdeburg vom 1.4.2011.

358 Transkript des Interviews der Autorin mit Mouctar Bah am 21.8.2011.

haben. Nachdem der Beamte die Rufe simuliert hatte, bat ihn Mouctar Bah, seinen Versuch wiederholen zu dürfen. Er willigte ein. Bah legte sich auf das Betonpodest und schrie. „Und dann hab ich gesagt, au secure, heißt das auch Hilfe, auf Französisch und auf meine Muttersprache hab ich auch gesagt. Voi le lang, voi le lang, voi le lang, heißt auch Hilfe. Und sie haben das richtig gehört oben. … bis ganz, ganz oben haben sie es gehört. Sogar die Leute, die auf dem Hof standen, die haben das auch gehört." Auch im Raum des Dienstgruppenleiters zwei Stockwerke höher wurden Mouctar Bahs Rufe gehört. Oberstaatsanwalt Christian Preissner hielt seinen Eindruck in einem Vermerk fest: „Die Ortsbesichtigung des Polizeireviers Dessau-Roßlau am 5. Mai 2011 hat ergeben, dass lautes Rufen und erst recht ein Schreien aus der Gewahrsamszelle 5 bei geschlossener Zellentür und bei zudem geschlossener Tür zum Gewahrsamsbereich sowohl in der über dem Gewahrsamsbereich gelegenen Damentoilette als auch in dem zwei Stockwerke über dem Gewahrsamsbereich gelegenen DGL-Raum wortgetreu wahrzunehmen sind. Wäre dies bereits am 7.1.2005 möglich gewesen, dann wäre lautes Rufen und auch Schreien des Ouri Jallow im DGL-Raum bereits ohne Zuschalten der Gegensprechanlage vernehmbar gewesen, wenn nicht laute, durch den Dienstbetrieb im DGL-Raum verursachte Geräusche dieses übertönt hätten. Ein solches Übertönen dürfte indes für den gesamten mehrstündigen Zeitraum von der Verbringung des Ouri Jallow in der Gewahrsamszelle 5 bis zum Auflaufen des Rauchalarms auszuschließen sein."[359]

Oury Jalloh war entweder nicht bei lebendigem Leibe verbrannt oder das ganze Polizeirevier muss mitbekommen haben, was passierte. „Der Kollege Philipp Napp und ich waren vor Ort dabei, und das war unsere Schlussfolgerung", so die Vertreterin der Nebenklage, Rechtsanwältin Gabriele Heinecke. „Wir waren im DGL-Raum, das Telefon klingelte, es war nicht leise, wir haben trotzdem die Schreie von

359 Oberstaatsanwalt Christian Preissner, Vermerk Staatsanwaltschaft Magdeburg, 12.5.2011, Az.: 232 UJs 39542/97.

Mouctar Bah gehört. Wenn man sich also vorstellt, dass Oury Jalloh in der Zelle verbrennt und um Hilfe schreit, dann hätte die Zeugin Jutta L. im DGL-Raum sicherlich diese Schreie hören müssen."[360]

Am 13. März 2012 forderte OStA Christian Preissner die Vorsitzende Richterin auf, dem Angeklagten klarzumachen, dass er wegen Freiheitsberaubung mit Todesfolge verurteilt werden könne. Denn ohne seine Festsetzung in der Zelle wäre Oury Jalloh nicht gestorben. Claudia Methling, die Vorsitzende der Magdeburger Strafkammer, ging auf die Forderung nicht ein.

Am 13. Dezember 2012 verkündete sie das Urteil, es war der 66. Tag der Magdeburger Hauptverhandlung. Der Angeklagte Hans H. wurde wegen fahrlässiger Tötung gemäß § 222 Strafgesetzbuch schuldig gesprochen, weil er Oury Jallohs Selbstanzündung nicht verhindert habe. Er sollte 120 Tagessätze zu je 90 Euro zahlen, von denen 20 Tagessätze als vollstreckt galten, und er hatte die Kosten des Verfahrens zu tragen einschließlich der notwendigen Auslagen der Nebenkläger.

Das Urteil war im Ausschlussverfahren zustande gekommen. Die Kammer blieb auf den vorgegebenen Pfaden, was zwangsläufig zu Fehleinschätzungen führte. „Der Richter wird quasi unbewusst am Gängelband der Ermittlungsakten geführt", nennt Bernd Schünemann, emeritierter Prof. für Strafrecht, das Phänomen. Viele Richter widerstünden nicht dem unbewussten Impuls, bei der Vorbereitung des Strafverfahrens und auch bei der Beweisaufnahme in der Hauptverhandlung die Sicht der Ermittlungsbehörden zu übernehmen.[361] Ermittlungsbehörden, das waren Polizei und Staatsanwaltschaft. Statt sie ergebnisoffen arbeiten zu lassen, hatte die Staatsanwaltschaft die Gutachter dazu gebracht, von Selbstanzündung auszugehen. Manch einer stellte noch in der Hauptverhandlung, vor oder während seines Sachverständigenvortrags die Frage: „Wirklich ohne Brandbeschleuniger?" Oberstaats-

360 Transkript des Interviews der Autorin mit Gabriele Heinecke vom 22.9.2011.

361 Prof. Bernd Schünemann, zitiert nach: Warum Richter irren. Von Solveig Bach, in: ntv, 14.5.2014, https://www.n-tv.de/panorama/Warum-Richter-irren-article12813191.html.

anwalt Preissner antwortete kategorisch mit „Ja". Mit dieser Vorgabe kam einer nach dem anderen auf die fragwürdigsten Lösungsmöglichkeiten. Sogar das Öffnen der Matratze mit bloßen gefesselten Händen hielten sie für möglich. Aussichtslos, unter diesen Vorgaben die Wahrheit herauszufinden. Das Urteil wurde am 4. September 2014 rechtskräftig.[362] Medien schrieben vom Justizskandal, und die ungelöste Tat geriet zu einem Desaster für die Dessauer Ermittlungsbehörden und die Justiz von Sachsen-Anhalt.

Preissners „Prüfverfahren" lief seit dem 7. Dezember 2012. Sechzehn Monate später informierte er die Medien. In der Pressemitteilung vom 3. April 2014 heißt es: „Im Zuge der Magdeburger Hauptverhandlung führte die Erörterung zahlreicher Details zu neuen Fragen zum Ausbruch des Feuers. Diesen wurde im Verfahren gegen Hans H. nicht näher nachgegangen, weil sie nicht im Zusammenhang mit dem ihm zur Last gelegten Verhalten stehen."[363] Mittlerweile liege ein Gutachten zur Frage des Brandbeschleunigers vor, ist in der Pressemitteilung zu lesen. Es wird als Zwischenstand des neuen Ermittlungsverfahrens bezeichnet. Ein Sachverständiger für Chemie habe den Brandschutt noch einmal „intensiv auf etwaige Rückstände eines Brandbeschleunigers hin untersucht" und dazu zweierlei festgestellt:

„1) Im Fall des Einsatzes brandbeschleunigender Mittel wäre er auch nach über 9 Jahren noch in der Lage, Rückstände davon nachzuweisen.
2) Er habe keine Rückstände von Brandbeschleuniger festzustellen vermocht.

362 BGH, Urteil vom 4. 9. 2014, Az.: 4 StR 473/13, https://juris.bundesgerichtshof.de/cgi-bin/rechtsprechung/document.py?Gericht=bgh&Art=en&Datum=Aktuell&nr=69090&linked=urt&Blank=1&file=dokument.pdf.

363 Pressemitteilung Staatsanwaltschaft Dessau-Roßlau vom 3. 4. 2014. Betr.: Feuertod Ouri Jallow am 7. 1. 2007 in einer Zelle des Polizeireviers Dessau: Staatsanwaltschaft Dessau-Roßlau sieht weiteren Aufklärungsbedarf, zitiert nach: http://thevoiceforum.org/node/3533.

Letzteres Ergebnis steht in Übereinstimmung mit früheren Erkenntnissen des Landeskriminalamtes Sachsen-Anhalt."[364]

Ich rief den Sachverständigen an und las ihm die Presseerklärung vor. Ob er das wirklich so gesagt habe, wollte ich von ihm wissen. Er verneinte, das sei ärgerlich, zumal diese Aussage mit seinem Namen in Verbindung gebracht wird. Dass Brandbeschleuniger nach 9 Jahren noch nachweisbar sei, nein, das habe er nicht geschrieben. Er sollte nach Spuren von Brandbeschleunigern wie Benzin und reinem Alkohol suchen und klären, ob man Spuren von 5 Litern Benzin hätte finden müssen, so viel hatte Smirnou im Versuch der Initiative eingesetzt. Danach habe sein Labor gesucht, das heißt nach Resten von herkömmlichen Brandbeschleunigern, das sind organische, leichtflüssige Substanzen. Die seien nicht gefunden worden, aber nach anderen Substanzen wie z.B. Peroxyd wurde nicht gesucht, es gebe dafür noch keine Untersuchungsverfahren. Er wolle den Staatsanwalt ansprechen. Einige Tage später fragte ich nach. Der Sachverständige hatte sich inzwischen vom Staatsanwalt erklären lassen, warum er missverständlich zitiert wurde: In einer Pressemitteilung könne man nicht in zwei Sätzen einen ganzen Sachverhalt umfassend darstellen, man müsse es verkürzen. Das habe er akzeptiert, obwohl es ihm nicht gefiel. „Wenn Sie einen Kollegen fragen, wird der sagen, wie kann man nur so eine Aussage machen. Damit muss ich leben."[365]

Das Gutachten vom 7. März 2014 hatte ergeben, dass „Ethanol, Benzin oder Mineralöl" nicht nachgewiesen wurden.[366]

Der intensive Geruch von verbranntem Benzin oder Diesel wäre nicht nur in der Zelle wahrgenommen worden. Wahrscheinlich hätte er sich durchs ganze Haus verbreitet, und jede Person im Revier hätte

364 Ebenda.

365 Protokoll über die Telefongespräche der Autorin mit dem Chemiker vom 14.5. und 19.5.2014.

366 Gutachten des Chemischen Labors vom 7.3.2014, in: Az.: 111 UJs 23785/13.

ihn bemerkt. Schon deshalb war es wenig sinnvoll, den Sachverständigen ausschließlich nach Rückständen von Benzin- oder Dieselbestandteilen suchen zu lassen.

Im September 2014 bestätigte der Bundesgerichtshof in Karlsruhe das Urteil gegen Hans H. und verhalf der Justiz zu einer Atempause. Bis die Medien 2017 von einem Vermerk des Leitenden Oberstaatsanwalts Folker Bittmann erfuhren, in dem Mordermittlungen gegen bestimmte Polizeibeamte angeregt wurden. Jahrelang hatte Bittmann die These von der versehentlichen Selbstanzündung vertreten, sie war zum Mantra der Justiz geworden. Der Sitzungsvertreter der Staatsanwaltschaft hatte in den Prozessen peinlich genau darauf geachtet, dass die Gutachter und Sachverständigen keine offenen Ermittlungsansätze forderten. Bis auf kleinere Ausreißer funktionierte das. 12 Jahre nach dem Feuer standen die Staatsanwälte vor dem „Scherbenhaufen" ihrer eigenen Arbeit. Staunend nahm die Öffentlichkeit zur Kenntnis, was in Sachsen-Anhalt so viele Jahre unter „Wahrheitssuche" verstanden wurde. Die Kritik der Initiative in Gedenken an Oury Jalloh und engagierter Journalist:innen gewann an Aufmerksamkeit. Jetzt stellten Gutachter und andere Sachverständige die früheren Ermittlungsergebnisse der Staatsanwaltschaft infrage.

23. Offene Widersprüche

Nicht nur in Bezug auf die Brandentstehung waren „Ungereimtheiten“ aufgefallen, wie Oberstaatsanwalt Christian Preissner 2013 der Öffentlichkeit mitteilte. Die Staatsanwaltschaft hatte selbst für weitere Ungereimtheiten und Widersprüche gesorgt. Der Bereitschaftsstaatsanwalt war nicht am Tatort erschienen, obwohl es seine Pflicht gewesen wäre. Er hätte den Tatort besichtigen müssen, um sich ein eigenes Bild zu machen. Er hätte die wichtigsten Zeugen vernehmen, an Ort und Stelle die Bekleidungen der Polizisten sicherstellen und auf Spuren untersuchen lassen müssen. Statt eines Kapitalverbrechens wie Brandstiftung mit Todesfolge, Totschlag oder Mord hatte die Staatsanwaltschaft nur nachrangige Verdachtstaten zur Anklage gebracht wie unterlassene Hilfeleistung und fahrlässige Tötung. Wollte sie damit ihr Versäumnis herunterspielen? Sie hatte der Polizeipräsidentin zu den Zeugeninformationsgesprächen geraten, den sogenannten „Freitagsgesprächen“, in denen Polizisten, die ihre Zeugenaussagen vor Gericht bereits absolviert hatten, sich mit Polizisten austauschten, deren Aussagen noch bevorstanden. Der Justiziar des Polizeipräsidiums Franz F. spielte bei den Zeugeninstruktionen eine Rolle, die nie aufgeklärt wurde. Die Staatsanwaltschaft hinterfragte nicht, ob bei den „Freitagsgesprächen“ falsche Spuren gelegt wurden, ob die Beamten der Dienstgruppe bei Gefahr des Stellenverlustes auf eine gemeinsame Version des Geschehens in der Tatnacht verpflichtet wurden und ob deshalb bisher keiner von ihnen den Mut fasste, sein Mitwissen zu offenbaren. Sie hatte keine offenen Ermittlungsansätze erlaubt. Sie verpflichtete die Sachverständigen, davon auszugehen, dass kein Brandbeschleuniger verwendet worden sei.

Die Staatsanwaltschaft hatte Polizeizeugen selbst dann nicht zur Wahrheit aufgefordert, als diese den Prozessbeteiligten offensichtliche Lügengeschichten auftischten. Wie die Geschichte vom Stromausfall zu Beginn der Tatortarbeit. Oder die Geschichte vom ruhig geäußerten Wunsch Oury Jallohs, von den Fesseln befreit zu werden, als er in Wahrheit schon in Flammen stand. Sie nahm die Wandlung einer Mittagspause zum zweiten Frühstück hin, um den nicht eingetragenen Kontrollgang um 11 Uhr 30 nicht prüfen zu müssen. Die beiden betroffenen Polizisten wurden später von den Vertreterinnen der Nebenklage als Hauptverdächtige angezeigt. Sie akzeptierte das Verschwinden des Fahrtenbuchs dieser beiden Polizisten. Sie bemühte sich nicht herauszufinden, wo sie an jenem Vormittag waren. Ob sie vielleicht Funksprüche abgesetzt, Anzeigen aufgenommen oder den Streifenwagen betankt hatten. Sie akzeptierte deren widersprüchliche Zeugenaussagen und fand sich mit ihren Erinnerungslücken ab. Vom Einsatz technischer Möglichkeiten, um die Fahrten zu rekonstruieren, ist nichts bekannt. Die Staatsanwaltschaft ist verantwortlich für den Verlust der elektronischen Aufzeichnungen über die Einsätze des Tages im polizeilichen Journal. Hätte sie es gesichert und beschlagnahmt, wäre es nicht – angeblich routinemäßig – im November 2010 gelöscht worden.

Sie stellte nicht die Fessel der rechten Hand sicher, obwohl sie noch tagelang am Fesselbügel an der Wand hing. Mit ihr hätte die „lebensfremde"[367] Theorie der Staatsanwaltschaft überprüft werden können, ob Oury Jalloh mit der rechten Hand in der Fessel ein Feuerzeug aus seiner Hosentasche ziehen und damit die Naht der Matte anschmoren,[368] einen Teil des PU-Schaums herausziehen, anzünden und anschließend das Feuerzeug unter seinem Rücken verstecken konnte. Ob er die heiße Flamme einatmen konnte, ohne spontan den Kopf zur Seite zu drehen, und sich danach beim Tot-Umfallen auf die andere Seite der Matratze werfen konnte. Spuren an der rechten Handfessel hätten vielleicht Aufschluss über die Brandentstehung geben können. Ohne Rekonstruktion

367 Nach Einschätzung vom Medizinern und Ermittlern wie Gerold Kauert, Peter X. Iten, Rechtsmediziner NN, Robert Weihmann und anderen Kripo-Ausbildern.

368 Nicht nur die Richtung der Flamme, die immer von unten nach oben brennt, spricht dagegen.

mittels der Fessel ließ sich die Magdeburger Kammer davon überzeugen und kam so zu einem Urteil im Ausschlussverfahren. Die Rekonstruktion hätte als Ergebnis einen weiteren Beweis dafür erbringen können, dass Oury Jalloh kein Feuerzeug in der Zelle hatte. Sie ignorierte, dass in dem extrem heißen Feuer, das sogar Fingerglieder des Opfers kalziniert, das heißt amputiert hatte, der Brandbeschleuniger weggebrannt sein konnte. Kein Brandlegungsmittel zu finden schließt nicht aus, dass es eingesetzt wurde. „Die Gesetze der Logik lassen aus Nichts nicht etwas schließen."[369] Als Zeugen hatten Sabine S., Diplom-Chemikerin beim LKA Magdeburg, und Peter Kietz, Brandexperte beim LKA Magdeburg, darauf hingewiesen,[370] dass Brandlegemittel im Feuer verbrennen können. Möglich war auch, dass ein von der Norm abweichendes Mittel verwendet wurde, das mit einer Standardmethode nicht zu finden war.

Der Generalstaatsanwalt von Sachsen-Anhalt, Jürgen Konrad, unterstützte den Kurs und die Entscheidung der Magdeburger Kammer. Für eine sorgfältige Arbeit spreche schon die lange Verhandlungsdauer, sagte Konrad im November 2017: „Die Tatsache alleine, festzustellen, dass jemand zu spät auf den Rauchmelder reagiert hat und dafür eine Fahrlässigkeit [verantwortlich] zu machen ist, dafür brauche ich keine 60 Hauptverhandlungstage. War Brandbeschleuniger im Brandschutt, gab es Anhaltspunkte für eine Fremdentzündung, hat Oury Jalloh gelebt, ist ein Leichnam verbrannt worden, ist alles dezidiert untersucht worden, obwohl es in diesem Fall nur darum ging, ob er [der Angeklagte] ihn zu Unrecht inhaftiert hatte oder ob er zu spät reagiert hat auf den Melder, was letzten Endes Ursache dafür war, dass er verstorben ist. Diese anderen Sachen sind alle mitgeprüft worden."[371]

369 Der Züricher Toxikologe Dr. Peter X. Iten im Radio-Feature „Oury Jalloh – Die widersprüchlichen Wahrheiten eines Todesfalls". Von Margot Overath, in: MDR Kultur 2014.

370 In den Vernehmungen der Hauptverhandlungen in Dessau und Magdeburg, wie bereits beschrieben.

371 Transkript des Interviews der Autorin mit Generalstaatsanwalt Jürgen Konrad am 10.11.2017 in Magdeburg.

Tatsächlich hatte die Beweisaufnahme aber nicht ergeben, dass kein Brandbeschleuniger benutzt worden war, sondern nur, dass keiner gefunden wurde. Und ja, es gab Anhaltspunkte für eine Fremdanzündung, was dem Generalstaatsanwalt bekannt war. Im August 2016 hatte die Dessauer Staatsanwaltschaft den Brand rekonstruieren und die Ergebnisse der Versuche von Brandexperten und Wissenschaftlern diskutieren lassen. Folker Bittmann, Leiter der Dessauer Staatsanwaltschaft, hatte die Anhaltspunkte am 4. April 2017 in einem Vermerk formuliert[372] und dem Generalbundesanwalt vorgelegt. Der erklärte sich für nicht zuständig und gab den Vermerk an den Generalstaatsanwalt weiter. Der wiederum beauftragte die Staatsanwaltschaft Halle. Sie stellte die Ermittlungen ein.[373]

Dass das Feuerzeug als Tatwerkzeug ausfiel, war ebenfalls ein Ergebnis der Beweisaufnahme. Das Spurenmaterial am drei Tage nach dem Feuer gefundenen Feuerzeug stimmte nicht mit den Spuren aus der Zelle überein, statt Brandschuttresten aus der Zelle fanden Chemiker an dem Feuerzeugfragment verkohltes unbekanntes Plastikmaterial und fremde, zum Teil unversehrte Fasern und Tierhaare. Dass die Kammer bis zum Schluss an diesem Feuerzeug als Tatwerkzeug festhielt, ist bekannt. Seinen Zustand führte sie auf schlampige Aufbewahrung oder Handhabung zurück und bezog sich dabei auf ihr Recht auf freie Beweiswürdigung im Strafprozess. Hätten die Justizbehörden genauer hingesehen, wenn nicht Polizeibeamte der Tat verdächtig gewesen wären, sondern zivile Personen? Solche, die nicht den Sicherheitsbehörden angehören? Warum wurde nicht mehr unternommen, warum wurde nicht neu ermittelt, wollte ich von Generalstaatsanwalt Jürgen Konrad wissen. Das Problem sei, dass „die Polizeibeamten schon mehrfach vernommen worden [sind], und die Wertung, die der

372 Vermerk des Leitenden Oberstaatsanwalts Folker Bittmann vom 4. 4. 2017, Az.: 111 Js 7436/17 StA Dessau-Roßlau.

373 Mehr dazu in den Kapiteln „Die Brandrekonstruktion der Staatsanwaltschaft“ und „Die Einstellung des Verfahrens“.

damalige Schwurgerichtsvorsitzende in Dessau hinsichtlich des Aussageverhaltens der Polizei gemacht hat, dürfte Ihnen bekannt sein. Der hat damals von einer Mauer des Schweigens gesprochen, als es darum ging, ob jemand zu spät reagiert hatte. Ich glaube nicht, dass Polizeibeamte ihr Aussageverhalten ändern, wenn sie mit dem Drohen einer Falschaussage vor Gericht in zwei Hauptverhandlungen vernommen worden sind und bei ihrer jeweiligen Version geblieben sind. Mit subjektiven Beweismitteln, und das ist das Besondere jetzt in unserer Entscheidung, kommen wir nicht weiter, und das heißt, wir müssten objektive Anhaltspunkte finden, und die konnten uns die Gutachter leider nicht geben."[374] Der Generalstaatsanwalt hatte zuvor in der Sitzung des Rechtsausschusses den Abgeordneten Rede und Antwort gestanden. Er erzählte ihnen, dass nichts zu machen sei, die Aussagen seien einfach zu widersprüchlich. Nur wenn die Selbstentzündung sicher auszuschließen gewesen wäre, „dann hätte man auch operativ in dem Bereich weitermachen müssen".[375]

Tatsächlich müssen viele Straftaten aufgrund von Sachbeweisen gelöst werden. Mit operativen Methoden[376] arbeitet die Polizei z. B. im

374 Transkript des Tonbandinterviews mit Generalstaatsanwalt Jürgen Konrad vom 10. 11. 2017. Maria Scharlau, Expertin für Polizei und Menschenrechte bei amnesty international: „Die Frage muss man sich ja immer stellen. Was wäre passiert, wäre diese Person der Sohn des Bürgermeisters von Dessau gewesen. Bestimmt etwas anderes." Zitiert nach Transkript des Interviews der Autorin mit Dr. Scharlau vom 3. 9. 2019.

375 Landtag von Sachsen-Anhalt, Ausschuss für Recht, Verfassung und Gleichstellung, Textdokumentation 7/REV/14, S. 42. Die Sonderberater übten in ihrem Bericht Kritik an mehreren Aussagen des Generalstaatsanwalts. Landtag Sachsen-Anhalt, Bericht der vom Ausschuss für Recht, Verfassung und Gleichstellung des Landtags Sachsen-Anhalt beauftragten Berater, Rechtsanwalt Jerzy Montag und Manfred Nötzel, Magdeburg, den 26. 8. 2020, S. 288–292.

376 Vgl. BKA, Methodik der Operativen Fallanalyse (OFA), https://www.bka.de/DE/UnsereAufgaben/Ermittlungsunterstuetzung/OperativeFallanalyse/Methodik/methodikOfa.html.

Bereich der Organisierten Kriminalität. Man hat eine Tat, kennt den oder die Täter nicht, Aussagen widersprechen sich, deshalb sucht man nach ihnen. Das ist das tägliche Geschäft der Strafverfolgungsbehörden, ohne Ermittlungen welcher Art auch immer könnte kein Fall ohne Geständnis aufgeklärt werden. Ich bat außenstehende Staatsanwälte um ihre Meinung zur Sichtweise des Generalstaatsanwalts. Ihr Eindruck: Sie tun so, als ermittelten sie nicht, weil sie nicht ermitteln können, tatsächlich ermitteln sie nicht, weil sie nicht ermitteln wollen.[377]

Dass Gutachter keine objektiven Anhaltspunkte gefunden hätten, entsprach ebenfalls nicht den Tatsachen. Ob Oury Jalloh noch lebte oder als Leichnam verbrannt wurde, kann inzwischen mit großer Gewissheit beantwortet werden. Experten gehen davon aus, dass er noch lebte, denn in seiner Luftröhre wurden kleine Rußspuren gefunden, was eine geringe Atemtätigkeit belegt. Beim Ausbruch des Feuers war er nicht mehr bei Bewusstsein, denn sonst hätte sein Körper das Stresshormon Noradrenalin freigesetzt. Ein radiologisches Gutachten ließ den Schluss zu, dass er während seines Aufenthalts im Revier misshandelt worden war.

Am 8. Juni 2018 beauftragte der Rechtsausschuss des Landtags von Sachsen-Anhalt den Generalstaatsanwalt a. D. Manfred Nötzel und den Rechtsanwalt Jerzy Montag, Mitglied des Bundestages von 2002 bis 2013, sämtliche Akten zum Fall einzusehen und Gespräche mit der Landesregierung und Vertretern nachgeordneter Behörden zu führen. Sie sollten u. a. „fachlich und rechtlich bewerten", ob es noch offene Ermittlungsansätze gibt und ob die Einstellung des Verfahrens nachvollziehbar war.[378] Am 26. August 2020 legten sie den Abgeordneten ihren Bericht vor, die versprochenen Gespräche konnten aber nicht geführt werden. Auf Seite 17 des Berichts ist zu lesen, warum:

377 Die Staatsanwälte wollten anonym bleiben, ihre Namen sind der Autorin bekannt.

378 Landtag von Sachsen-Anhalt, Drucksache 7/2018, Beschlussvorlage „Aufklärung des Todesfalls Oury Jalloh".

„Von den Beratern gewünschte Gespräche mit Frau LOStAin [Leitende Oberstaatsanwältin] **Geyer**, Herrn LOStA [Leitender Oberstaatsanwalt] a. D. **Bittmann**, Herrn OStA [Oberstaatsanwalt] a. D. **Preissner**, Herrn RiLG [Richter am Landgericht] a. D. **Steinhoff**, Herrn Richter am Landgericht **Kniestädt** [er hatte Jutta L. in Anwesenheit ihres Chefs neu vernommen], Herrn StA [Staatsanwalt] **Weber** und Herrn GStA [Generalstaatsanwalt] a. D. **Konrad** konnten leider nicht stattfinden, weil sich die jeweiligen Dienstvorgesetzten angeblich zuerst weigerten, Aussagegenehmigungen zu erteilen, und nach Erteilung der Aussagegenehmigungen durch das Justizministerium sich die angefragten Damen und Herren angeblich weigerten, mit den Beratern zu sprechen."[379]

Das Justizministerium könnte Einfluss auf die Ermittlungen genommen haben, so die Sonderberater, aber nur „in einem einzigen Fall". Ihr damaliger Staatssekretär Hubert Böning (CDU) soll um ein „gemeinsames Gespräch" mit dem Generalstaatsanwalt Jürgen Konrad und der Oberstaatsanwältin Heike Geyer „‚zur weiteren strategischen Ausrichtung der Ermittlungen'"[380] gebeten haben. Ob es zu dem Gespräch gekommen sei, vermochten die Sonderberater aber nicht herauszufinden, weil die dafür nötigen Gespräche verweigert wurden. Dem Vorgang komme eine „erhebliche Bedeutung" zu, so die Sonderberater. Denn wenn das Gespräch über die strategische Ausrichtung tatsächlich stattgefunden hat, wäre es genau zu der Zeit geführt worden, „als die Staatsanwaltschaft Dessau-Roßlau weitere Ermittlungen wegen Mordes oder Mordversuchs führen wollte".[381]

Merkwürdig erschien den Sonderberatern auch das Verhalten von Generalstaatsanwalt Jürgen Konrad in der Sitzung des Rechtsausschusses. Mehrmals hatte Konrad Fragen der Abgeordneten falsch

379 Landtag Sachsen-Anhalt, Bericht der vom Ausschuss für Recht, Verfassung und Gleichstellung des Landtags Sachsen-Anhalt beauftragten Berater, Rechtsanwalt Jerzy Montag und Manfred Nötzel, Magdeburg, den 26. 8. 2020, S. 17 f., Hervorhebungen im Original.

380 Ebenda, S. 297, Hervorhebung im Original.

381 Ebenda.

beantwortet. So zum Beispiel die Frage, ob Bittmann konkrete Namen von verdächtigen Polizeibeamten genannt habe. Nein, sagte Konrad, Bittmann habe nur Namen benannt, „die er in die Registratur hat eintragen lassen, [...]. Wenn wir ein Verfahren als Ermittlungsverfahren führen, muss da irgendein Name eingetragen werden."[382] Das war in mehrfacher Hinsicht „unzutreffend und somit objektiv falsch", schreiben die Sonderberater.[383] Bittmann hatte tatsächlich die Namen zweier verdächtiger Polizeibeamter genannt. „Die Staatsanwaltschaft braucht keine konkreten Namen, um Ermittlungsverfahren korrekt ‚*erfassen*' zu können. Ermittlungsverfahren gegen Unbekannt, also ohne konkrete Namen, sind durchaus üblich, entsprechen sehr wohl einem gesetzmäßigen Vorgehen der Staatsanwaltschaft und werden selbstverständlich auch ‚*erfasst*', was bedeutet, ins Register der Staatsanwaltschaft eingetragen."[384]

Offene Ermittlungsansätze waren den Sonderberatern nicht aufgefallen, das könne sich aber ändern, wenn sich die Beweislage ändern sollte, sagte Jerzy Montag am 28. August 2020, als die Ergebnisse des Berichts im Landtag vorgestellt wurden.[385] Beim Aktenstudium hätten sie sich von Staatsanwalt Horstmann unterstützen lassen, er sei ihr „Herr der Akten" gewesen, er habe sie am intensivsten gelesen. Horstmann war vom Berliner Generalstaatsanwalt als wissenschaftlicher Berater an sie ausgeliehen worden. Manfred Nötzel räumte ein, es sei für ihn schwierig gewesen, von München nach Magdeburg zu kommen, was für Beobachter ein wenig nach Abbitte klang. Nicht nur die Entfernung, auch die Einschränkungen infolge der Corona-Pandemie hätten dem Projekt zugesetzt. Das Magdeburger Urteil habe den Segen des BGH gefunden, so Nötzel, deshalb müsse man sich an ihm orientieren können. Richter seien frei und müssten über ihre Urteile keine Rechenschaft ablegen. Sie vorzuladen hätte ihre Unabhängigkeit verletzt.

382 Ebenda, S. 280 f.

383 Ebenda, S. 290.

384 Ebenda, S. 289 f. Hervorhebungen im Original.

385 Nach eigener Mitschrift der Autorin.

Jedoch: Nur wer sich an die unbewiesene Vorgabe „Kein Anzünden durch Dritte" hält, kann argumentieren, dass das Gegenteil nicht zu beweisen sei. Oberstaatsanwalt Folker Bittmann wollte prüfen lassen, ob das Feuer doch – entgegen seiner bisherigen Annahmen – mit einem Brandbeschleuniger entfacht wurde. Sein Wunsch fand nicht die Zustimmung der Sonderberater. Sie hielten die Frage für geklärt, weil der Ablauf des Tages und die Brandentstehung „schon zweimal Gegenstand schwurgerichtlicher Feststellungen gewesen [waren,] und dabei war ein solches Geschehen ausgeschlossen worden."[386] Sie hatten auch keinen Zweifel daran, dass das am 10. Januar 2005 präsentierte Feuerzeug aus der Zelle stammt, obwohl es bei der Tatortarbeit nicht entdeckt wurde: „Tatsächlich ist es selbst aus nächster Nähe und gesondert gelagert auch bei guter Beleuchtung kaum als Feuerzeug zu erkennen."[387]

In dem Ermittlungsverfahren wegen Mordes, das 2012 aufgenommen wurde, seien immer wieder Unstimmigkeiten und Widersprüche aufgetreten, so Manfred Nötzels Einschätzung gegenüber den Journalisten. Und Jerzy Montag ergänzte, dass kurzzeitig zwei parallele Verfahren nebeneinander geführt worden seien, eines mit einem Hauptverdächtigen, dessen Name in der gesamten Akte „zum Nachteil Ouri Jallow" nicht vorkam.

Ein unbekannter Hauptverdächtiger namens Bernhard Hügelmann. In der Gesamtakte, die nach Halle übergeben worden war,[388] fanden die Sonderberater eine Handakte, ausgestellt auf seinen Namen. Der Staatsanwalt hatte sie am 30. März 2017 angelegt. Die Anwältinnen der Nebenklage waren nicht informiert worden. Die Sonderberater versuchten, die Bedeutung der Handakte herauszubekommen, warum

386 Landtag Sachsen-Anhalt, Bericht der vom Ausschuss für Recht, Verfassung und Gleichstellung des Landtags Sachsen-Anhalt beauftragten Berater, Rechtsanwalt Jerzy Montag und Manfred Nötzel, Magdeburg, den 26. 8. 2020, S. 208.

387 Ebenda, S. 231.

388 Az.: 160 Js 18817/17 StA Halle (vormals 111 Js 7436/17 StA Dessau-Roßlau).

sie angelegt wurde und wer sich hinter dem Namen „Bernhard Hügelmann“ verbirgt. Er sei nur „Namensgeber“ des Verfahrens gewesen, soll ihnen der Staatsanwalt gesagt haben. Die Handakte sei am 24. Mai 2017 schon wieder geschlossen worden.[389] Den „Wirrwar“[390] habe der Dezernent der Staatsanwaltschaft Halle beendet, indem er die Handakte zur Hauptakte nahm. Mit dieser Information endete ihr Interesse an dem mysteriösen Vorgang.

Fakt ist aber, dass Namensgeber für ein Mordverfahren nur der wirklich Tatverdächtige sein darf. Eine außenstehende Person als Tatverdächtigen zu führen, ist strafbar. Völlig unbekannt blieb auch, was Bernhard Hügelmann zum Beschuldigten gemacht hatte. Im Bericht der Sonderberater ist zu lesen: „Die Einleitung eines Ermittlungsverfahrens gegen einen Menschen – Bernhard **Hügelmann** – und die Einstellung dieses Verfahrens ohne jegliche Ermittlungstätigkeit mit der Begründung, er sei lediglich Namensgeber für das Ermittlungsverfahren gewesen, ist völlig unverständlich.“[391]

Zwei parallele Verfahren. Im ersten, dem eigentlichen Vorgang, wurden zwei bestimmte Polizeibeamte des Dessauer Reviers als Tatverdächtige genannt, von denen einer bis zum Brandausbruch gar nicht im Keller gewesen sei und der andere „bizarrer Weise [...] zum Zeitpunkt seiner Erfassung als Beschuldigter schon mehr als 6 Wochen tot war. Das war der StA anscheinend nicht bekannt und Durchsuchungsbeschlüsse noch nicht einmal beantragt“,[392] kritisierten die Sonderberater.

Folker Bittmann hielt Beamte der Dienstgruppe des DGL Hans H. der Tat für verdächtig. Einige des Mordes und der schweren Brand-

389 Informationen von Sonderberater Jerzy Montag, Pressekonferenz am 28. 8. 2020 in Magdeburg.

390 Landtag Sachsen-Anhalt, Bericht der vom Ausschuss für Recht, Verfassung und Gleichstellung des Landtags Sachsen-Anhalt beauftragten Berater, Rechtsanwalt Jerzy Montag und Manfred Nötzel, Magdeburg, den 26. 8. 2020, S. 174.

391 Ebenda, S. 179. Hervorhebung im Original.

392 Ebenda, S. 208.

stiftung, andere der Strafvereitelung im Amt. Die beiden eingetragenen Namen der Beamten des Reviers sind jedem bekannt. Sie als Verdächtige zu führen war keineswegs abwegig. Aber woher kam der Name Bernhard Hügelmann im Parallelverfahren?

Generalstaatsanwalt Jürgen Konrad sagte im November 2017, die Dessauer Staatsanwaltschaft habe gegen 7 Personen, die im Ermittlungsverfahren oder in der Hauptverhandlung ausgesagt haben, Ermittlungsverfahren wegen Falschaussagen eingeleitet, aber alle Verfahren wurden zwischen März 2015 und August 2016 eingestellt. Den Falschaussagen sei später in Halle nicht mehr nachgegangen worden, und heute seien sie nicht mehr in der Lage zu sagen, welche Aussagen stimmen und welche nicht.[393]

Es bleibt die Frage: Wer ist Bernhard Hügelmann? Angeblich nur ein Namensgeber für das Verfahren, eine fiktive Figur, die es im Strafrecht jedoch gar nicht gibt. Warum wurde er erfunden? Als Pseudonym? Als Alias-Name für einen Tatverdächtigen, dessen Identität geheim bleiben soll?

In diesem Buch wird uns ein Polizeibeamter begegnen, dessen tatsächlicher Name ähnlich klingt und der nach Oury Jallohs Tod aus dem Dienst entlassen worden war.[394]

393 Landtag von Sachsen-Anhalt, Ausschuss für Recht, Verfassung und Gleichstellung, Textdokumentation 7/REV/14, S. 24.

394 In den Kapiteln 25 und 26 zu den Todesfällen Rose und Bichtemann.

24. Die Brandrekonstruktion im Rahmen des Ermittlungsverfahrens wegen Mordes

Die Magdeburger Strafkammer hatte den Tod Oury Jallohs und die Entstehung des Feuers nicht aufgeklärt. Mit dem Urteil gegen den Dienstgruppenleiter Hans H. wurde der Öffentlichkeit ein Schuldiger für ein ganz anderes Delikt präsentiert. Alle drei Prozessparteien beantragten beim Bundesgerichtshof die Revision des Urteils. Die Verteidigung, weil sie auf einen Freispruch gehofft hatte. Staatsanwaltschaft und Nebenklage, weil sie Oury Jallohs Festnahme als Freiheitsberaubung mit Todesfolge bewerteten. Die Nebenklage brachte die Missachtung des Richtervorbehalts als Revisionsgrund vor. Der BGH verwarf alle Revisionsanträge mit der „aberwitzigen Begründung",[395] die Freiheitsberaubung sei nicht durch aktives Handeln geschehen, sondern durch Unterlassen. Das Fehlverhalten des Angeklagten, keinen Richter zur Entscheidung über den Gewahrsam herbeizuziehen, sei zwar gesetzwidrig gewesen, aber nicht ursächlich für die Freiheitsberaubung,

395 BGH-Urteil im Fall Oury Jalloh: Eine aberwitzige Begründung. Kommentar von Wolfgang Janisch, in: Süddeutsche Zeitung vom 4.9.2014, https://www.sueddeutsche.de/panorama/bgh-urteil-im-fall-oury-jalloh-eine-aberwitzige-begruendung-1.2115824. Siehe u.a. auch: Frauke Rostalski, Zur Irrelevanz hypothetischer Verläufe im(Straf-)Recht – Sein, Sollen und Nichtsein-Sollen im „Fall Ouri Jallow" (BGH 4 StR 473/13), in: Juristische Rundschau (2015) 6, S. 306–313; Fredrik Roggan, Ein BGH-Lehrstück für die Polizei(-ausbildung), in: Die Polizei (März 2015) 3, S. 82ff.; Anja Schiemann, Polizeiliche Handlungspflichten bei Ingewahrsamnahme – Der Fall Oury Jalloh, in: Neue Juristische Wochenschrift (2015), S. 20–30; Jan Dehne-Niemann, Ausschluss der Erfolgszurechnung durch eine hypothetisch rechtfertigende richterliche Gewahrsamsanordnung? Der Fall Oury Jalloh BGH, Urt. v. 04.09.2014 – 4 StR 473/13 = HRRS 2014 Nr. 1026, in: HRR-Strafrecht.de (2017) 4, S. 174–196, hier S. 174.

denn wahrscheinlich hätte ein Richter die Fortdauer der Freiheitsberaubung angeordnet. So wurde das Magdeburger Urteil rechtskräftig.

11 Monate nach dem Magdeburger Urteil kam die Staatsanwaltschaft Dessau unter Druck. Die Initiative in Gedenken an Oury Jalloh hatte in Irland den Brand rekonstruieren lassen hatte. Es war die erste ernst zu nehmende Rekonstruktion nach den kritisierten Entzündungsversuchen des Instituts der Feuerwehr von Sachsen-Anhalt und des Brandexperten Henry Portz in der Zelle 5.[396] Das Ergebnis der Brandrekonstruktion des irischen Gutachters war eindeutig.[397] Ohne Brandbeschleuniger, so der Versuchsleiter Maksim Smirnou, war das Brandbild aus der Zelle 5 nicht zu rekonstruieren. Nur wenn Brandlegemittel zum Einsatz kamen, wurde der Körper selbst Teil des Verbrennens. Ohne sie kamen die Flammen am Rand des Körpers komplett zum Stillstand.

Am 12. November 2013 stellte die Initiative in Gedenken an Oury Jalloh die Ergebnisse der Rekonstruktionsversuche öffentlich vor.[398] Folker Bittmann, Leiter der Dessauer Staatsanwaltschaft, gab nach den Vorträgen gegenüber Reportern eine erste Einschätzung. „Ich bin kein Brandgutachter und kann dazu selbstverständlich nichts sagen, aber die Aussage, dass ohne Brandbeschleuniger die zeitlichen Vorgaben, die feststehen, nicht eingehalten werden können, zeigt die Notwendigkeit weiterer Überprüfungen."[399]

396 Portz wollte Daten für seine Computersimulation mit dem Anbrennen einer kaputten und wieder zusammengeklebten Matratze gewinnen, siehe Kapitel 18 „Das Feuerzeug".

397 Fire Investigation Report by expert Maksim Smirnou. Analysis of Circumstances surrounding Case.

398 Siehe Vorstellung des neuen Brandgutachtens im Beisein des Gutachters und des Leitenden Oberstaatsanwaltes Dessau am 12. November 2013 im Haus der Demokratie und Menschenrechte, Berlin, https://initiativeouryjalloh.wordpress.com/brandgutachten/pressekonferenz/; sowie Videodokumentation der Brandversuche, https://vimeo.com/79113508.

399 https://initiativeouryjalloh.wordpress.com/brandgutachten/pressekonferenz/, Min 12:04–12:25.

Tatsächlich hatte die Staatsanwaltschaft bereits mit weiteren Überprüfungen begonnen – im Rahmen ihres Ermittlungsverfahrens wegen Mordes gegen Unbekannt.[400] Im Dezember 2013 bestellte sie ein chemisches Gutachten zu der Frage, wie lange sich Benzin als Brandbeschleuniger nachweisen lässt. Im November 2014 bat sie den Toxikologen Gerold Kauert und den Rechtsmediziner Michael Bohnert – beide waren als Gutachter in das Verfahren eingebunden – um ein Gutachten zur Frage, welche Untersuchungshandlungen vorgenommen werden müssten, um herauszufinden, ob Oury Jalloh von 3. Hand getötet wurde. Basis ihrer Neubewertung sollten die Sektionsbefunde aus Halle und Frankfurt, die Stellungnahme des chemischen Labors und das Gutachten des irischen Brandexperten Smirnou sein. Kauert hatte schon in der Magdeburger Hauptverhandlung kritisch zur Selbstanzündungsthese Stellung bezogen, was aber nicht wahrgenommen oder nicht verstanden wurde. Mit dem neuen Auftrag war verbunden, „die Magdeburger Urteilsgeschichte völlig außer Betracht zu lassen“. Das hatte ihn überzeugt.[401] Und ebenso den Würzburger Rechtsmediziner Michael Bohnert.

„Es war der Versuch der Staatsanwaltschaft Dessau, eben noch mal an diesen Fall ranzugehen. Einfach mal so zu tun, als hätten wir nicht das Magdeburger Urteil. Und noch mal quasi ins Ermittlungsverfahren einzusteigen aus wissenschaftlicher Sicht. Wie könnten wir denn vorgehen, um die Befunde und den Ablauf zu erklären. Der natürlich auch nach dem Magdeburger Urteil, ja, lückenhaft war. Also letztendlich konnte ja weder Dessau noch Magdeburg wirklich plausibel, auch ohne voreingenommen zu sein, diesen Ablauf, was da passiert ist, aufdecken. Das ging einfach nicht. […] Weil doch einige Leute ganz offensichtlich nicht das gesagt haben, was sie wissen, aus welchen Gründen auch immer, oder sich auf ihr Aussageverweigerungsrecht berufen haben. Insbesondere Polizeibeamte und Beamtinnen, die in dieser Schicht waren“, so Prof.

400 Az.: 111 UJs 23785/13, Teil der Gesamtakte (Az.: 141 Js 13260/10), archiviert bei der Generalstaatsanwaltschaft Naumburg.

401 Transkript des Interviews der Autorin mit Prof. Kauert am 21. 12. 2017.

Michael Bohnert im Gespräch mit mir.[402] Am 24. Februar 2015 legten Kauert und Bohnert ein Vorgutachten mit vier Arbeitshypothesen vor, die wissenschaftlich geprüft und diskutiert werden sollten. Zwei Hypothesen schieden früh aus, weil sie nicht zu den Sektionsergebnissen passten. Die beiden verbliebenen Hypothesen B) und D) eigneten sich als Diskussionsansatz für die weitere Ermittlungsarbeit:

> „Hypothese B) O.J. ist bewusstlos (z.B. infolge Traumatisierung). Dritte Hand zündet PU Material an und O.J. stirbt unmittelbar nach wenigen Atemzügen.
> These D) Es gibt mehr als 1 Brandentzündungsvorgang: Zunächst wird ohne Brandbeschleuniger ein Feuer an der Matratze entzündet (durch O.J. oder 3. Hand), an dem O.J. einen Hitzeschock über einer Flamme erleidet und stirbt. Es kommt zu einer weiteren Brandlegung unter Verwendung von Brandbeschleuniger, die zu dem vorgefundenen Brandbild führt.“[403]

Kauert und Bohnert hielten die These D) für die wahrscheinlichste, sie würde am ehesten dem Bild in der Zelle 5 entsprechen und sie passe zu den festgestellten Werten. In den Organen und Körperflüssigkeiten war kein Brandbeschleuniger gefunden worden, was These D) entspreche, die davon ausging, dass nicht der lebendige Mensch, sondern erst seine Leiche mit Brandbeschleuniger kontaminiert wurde. Negative CO-Hb-Werte und sehr geringe Cyanid-Werte stünden in Einklang mit dem Szenario. Für die Diskussion ihrer Thesen schlugen sie einen runden Tisch aller beteiligten Experten vor. Doch dazu kam es nicht. Die Staatsanwaltschaft Dessau unter ihrem Leiter Folker Bittmann entschied, den Brand rekonstruieren zu lassen. Im In- und Ausland wurde nach einem Brandsachverständigen gesucht, der dazu bereit war. Im Forensischen Institut der Polizei Zürich arbeitete Dr. Kurt Zollinger

402 Transkript des Interviews mit Prof. Bohnert am 11.7.2019 in Würzburg.

403 Prof. Dr. Gerold Kauert/Prof. Michael Bohnert, Forensisch-toxikologisches und rechtsmedizinisches Gutachten vom 24.2.2015, in: Az.: 111 UJs 23785/13.

als Leitender Fachexperte, er interessierte sich für den Fall. Zollinger hatte über anorganische Chemie promoviert. Im Dezember 2015 gab er sein Vorgutachten ab. Er wies darauf hin, dass der PU-Schaum das hochgiftige TDI enthält und sich beim Abbrand hochtoxische Isocyanate bilden. Oury Jalloh könnte an einer Vergiftung gestorben sein. Mit einem wissenschaftlichen Experiment in einem Nachbau der Gewahrsamszelle, einer authentisch nachgebauten Matratze und einem Brandmelder wie in der Originalzelle wollte er das Feuer rekonstruieren und die entstehenden Substanzen mit Messvorrichtungen und entsprechenden Messverfahren erfassen und aufzeichnen. Spezialisten des Büros für Brandschutz aus Nordrhein-Westfalen sollten den Brandversuch durchführen. Mit diesem Angebot schloss Zollinger sein Vorgutachten. Bittmann stimmte zu. Am 18. August 2016 war es so weit, elfeinhalb Jahre nach Oury Jallohs Tod. Oberstaatsanwalt Christian Preissner hatte seinen Ruhestand angetreten, zuständig für den Fall wurde vorübergehend Staatsanwalt Olaf Braun.

Der Versuch fand in einem brachliegenden Fabrikgelände in Schmiedeberg statt, einem Ortsteil von Dippoldiswalde, gut zwanzig Kilometer südlich von Dresden. Die Experten des Büros für Brandschutz hatten dort ihr „Institut für Brand- und Löschforschung“ eingerichtet. Vor Beginn der Rekonstruktion waren alle Einzelheiten der Originalzelle vermessen und alle Daten aufgezeichnet worden. Abgesehen von dem Weichmacher, der nicht mehr verwendet werden darf, waren die PVC-Bezüge der Versuchsmatratzen mit dem der Originalmatte vergleichbar.[404]

404 Büro für Brandschutz, Untersuchungsbericht vom 21.10.2016, Projekt-Nr. 2411-15. Zur Vergleichbarkeit der Versuchs-Matratzen mit der Originalmatratze aus der Zelle sagt das Zollinger-Gutachten, dass die Originalmatte wegen ihres Alters möglicherweise besser brennbar war, was aber nicht überprüfbar ist (Forensisches Institut Zürich, Gutachten des Sachverständigen Dr. Kurt Zollinger vom 22.12.2016, in: Az.: 111 UJs 23785/13 [eigene Referenz: K150831-068]), das Gutachten des Büros für Brandschutz ging hingegen davon aus, dass die Original-Matratze alt war und häufig gereinigt und desinfiziert wurde, „wodurch das PVC zunehmend versteift und gleichzeitig ein schlechteres Brandverhalten zur Folge hat.“

Als Zündmittel standen vergleichbare Feuerzeuge der Marke Tokai zur Verfügung, die im Schmiedeberger Versuch an verschiedene Stellen um und unter den Dummy gelegt wurden. Im fünften Stock eines der leerstehenden Fabrikgebäude war so ein originalgetreuer Nachbau der Situation in der Zelle 5 entstanden.

Die Anwältinnen der Nebenklage, die Initiative in Gedenken an Oury Jalloh und etwa 50 Journalistinnen und Journalisten waren eingeladen. Vor Beginn der Prozedur erklärte Staatsanwalt Olaf Braun den Gästen, was sie erwarte: „Wir möchten heute noch mal einen Brand, der sich 2005 in der Polizeizelle im Revier von Dessau-Roßlau zugetragen hat, nachstellen. Wir gehen heute ergebnisoffen ran und wollen schauen, was der heutige Brandversuch bringt."[405] Die Rekonstruktion sollte folgende Fragen klären:

Wie schnell entwickelt sich ein Feuer, das mit einem Feuerzeug an einer aufgeschlitzten Sicherheitsmatratze gelegt wird?

Gleicht das Brandbild in der Versuchszelle dem aus der Zelle 5?

Wie plausibel sind die Aussagen der Polizeizeugen zum zeitlichen Ablauf, das heißt, fanden die letzten beiden Zellenkontrollen tatsächlich um 11 Uhr 30 und 11 Uhr 45 statt? Fing der Brandmelder tatsächlich erst gegen 12 Uhr zu piepen an? Hörte die Streifeneinsatzführerin Oury Jalloh tatsächlich kurz nach 12 Uhr über die Gegensprechanlage reden? Und lebte er noch, als die Zelle geöffnet wurde?

Auf einem Podest in dem zur Zelle umgebauten Versuchsraum, der mit Kameras und Messinstrumenten ausgestattet war, lag ein Dummy, mit Speckschwarten umwickelt, weil Schweinefleisch das menschliche Gewebe am besten simuliert. Die Matratze war auf 20 Zentimeter Länge geöffnet worden, weil sich in Vorversuchen gezeigt hatte, dass nur der Schaum im Innern, aber nicht die Hülle brennt.[406] Die Temperatur

405 Transkript der Autorin des Originaltons der improvisierten Pressekonferenz auf dem Hof des Instituts für Brand- und Löschforschung vom 18.8.2016.

406 Principal Forensic Services, Gutachten „Science Evidence in the fatal fire of Mr Oury Jalloh" von Iain Peck vom 15.6.2015, Az.: 160 Js 18817/17. Der Londoner Brandexperte Iain Peck hielt das Öffnen der Matratze in einem

im Raum betrug 23,5 Grad, genauso wie in der Originalzelle. Kameras übertrugen den Ablauf des Versuchs direkt auf Monitore an einer Wand des Beobachtungsraums im Erdgeschoss. Dort sahen die Beobachter, wie Feuerwehrleute den Versuchsraum betreten, ein Stück vom Kern herauszupfen und mit einem Feuerzeug in Brand setzen. Nach 35 Minuten wurde der Versuch abgebrochen. Soviel Zeit soll am siebten Januar nach Aussagen der Polizeizeugen zwischen Ausbruch des Feuers bis Ende der Löscharbeiten vergangen.

Wäre der Dummy auf der Versuchsmatte ein Mensch gewesen, er hätte viel Zeit gehabt, um nach Hilfe zu rufen. Er wäre auch nicht in kürzester Zeit am Hitzeschock gestorben, sondern viel später am Inhalieren von Brandgas. Und da der Versuch exakt den polizeilichen Zeugenaussagen entsprach, machte er deutlich, dass es so, wie die Polizisten des Reviers behauptet hatten, nicht gewesen sein konnte. „Die beim Brandversuch erreichten Temperaturen im Bereich des sitzenden oder liegenden Dummy reichen in den ersten Minuten nicht aus, um einen Inhalationshitzeschock zu erklären", schreibt der Brandexperte Kurt Zollinger in seinem Gutachten, das er vier Monate danach schriftlich vorlegte. Mit anderen Worten: die Bedingungen für den Hitzeschock konnten nicht erreicht werden. Ein „beträchtlicher Teil der Matratze (z. B. im Kopfbereich)", schrieb Zollinger, war nach gleichlanger Branddauer nicht verbrannt. „Der Einsatz eines Brandbeschleunigers in der Zelle oder das Zünden der Matratze an mehreren Stellen lässt sich somit aufgrund des Brandresultats nicht ausschließen." Und zusammenfassend: „Die vom rechtsmedizinischen Institut der Universitätsklinik Halle festgestellte Todesursache konnte nicht bestätigt werden."[407] Die Staatsanwaltschaft bat Zollinger, sich zu der Frage zu äußern, ob Oury Jalloh oder Dritte seiner Meinung nach das Feuer gezündet hatten.

Rekonstruktionsversuch mit wissenschaftlichem Anspruch für unzulässig. Im Auftrag der Initiative legte Peck 2015 und 2021 Gutachten zur Entstehung des Feuers in der Zelle 5 vor.

407 Forensisches Institut Zürich, Gutachten des Sachverständigen Dr. Kurt Zollinger vom 22. 12. 2016, in: Az.: 111 UJs 23785/13 (eigene Referenz: K150831-068).

Zollinger ist kein Kriminalbeamter, er ist Wissenschaftler. Entsprechend fiel seine Antwort aus: „Der durchgeführte Brandversuch vermag die Frage nicht zu beantworten. Das Entzünden des Feuers durch Dritte kann nicht ausgeschlossen werden."

Die Wissenschaftler des Büros für Brandschutz, die den Versuch durchgeführt hatten, legten ihr Gutachten am 21. Oktober 2016 vor. Sie kamen zu dem gleichen Schluss. Im Versuch sei der Grenzwert von mindestens 180 Grad, der für einen Inhalationshitzeschock nötig gewesen wäre, erst nach 32 Minuten und 45 Sekunden erreicht worden, somit könne das Überschreiten des Grenzwertes von 180 Grad nach mehr als 32 Minuten nicht für den Tod von Oury Jalloh verantwortlich sein. Sie fassen zusammen, dass die Versuchsergebnisse nicht mit den Akten und den Aussagen der Polizeizeugen übereinstimmen. Weder in Bezug auf die zeitlichen Abfolgen, noch auf den Todeszeitpunkt und auch nicht in Bezug auf den Brandverlauf. Das bedeutet: Jutta L. kann um kurz nach 12 Uhr nicht mehr mit Jalloh kommuniziert haben, das angebliche „Mach mich los" gab es nicht. Die vielen gravierenden Unstimmigkeiten zwischen Original und Rekonstruktion hätten selbst bei extrem konservativer Betrachtung nicht bereinigt werden können. Konservativ bedeutet in dem Zusammenhang, dass der Versuch so angelegt wurde, dass ein möglichst guter Abbrand zu erwarten war. Sie empfahlen, die Frage zu klären, ob ein Versterben Jallohs vor Ausbruch des Brandes möglich war. Denn hätte Oury Jalloh die Verbrennung erlebt, muss er geschrien haben, was aber aus den Ermittlungsakten nicht hervorgehe. Die Matratze im Versuch war gering abgebrannt im Gegensatz zur vollständig verbrannten Matratze im Original. Daraus schlossen die Brandexperten, dass in der Originalzelle entweder an mehreren Stellen gezündet worden sein muss oder ein niedermolekularer Brandbeschleuniger eingesetzt worden war.[408]

408 Büro für Brandschutz, Untersuchungsbericht vom 21.10.2016, Projekt-Nr. 2411-15.

Korbinian Pasedag, als Mitarbeiter des Büros für Brandschutz an dem Versuch beteiligt, schrieb am 12. Juli 2018 an den Generalstaatsanwalt von Sachsen-Anhalt – da war das Ermittlungsverfahren gegen Unbekannt wegen Mordes schon eingestellt –, sie hätten Vorversuche bei geöffneter und bei geschlossener Tür durchgeführt, denn die Sauerstoffzufuhr sei von ausschlaggebender Bedeutung gewesen. Aber selbst bei geöffneter Brandraumtür und damit höherer Sauerstoffzufuhr habe sich in der nach Aktenlage zur Verfügung stehenden und damit auch für den Versuch zugrunde zu legenden Zeit kein kompletter Abbrand der Matratze gezeigt.[409]

Die Feuerzeuge unter dem Dummy waren jedoch ganz verbrannt. Sie waren nicht verschmort wie das angeblich am 10. Januar 2005 im Brandschutt aufgefundene. Nur noch Metallteile waren aufzufinden, vom Kunststoff war nichts übrig geblieben.[410]

In Vorversuchen hatten die Experten des Büros für Brandschutz mit brandbeschleunigenden Mitteln experimentiert. Ohne Öffnen/Aufschneiden des Matratzenbezuges sei dabei sofort eine große Brandfläche entstanden, die den ganzen Bezug hätte verbrennen können. Pasedag beendete seinen Bericht mit der Empfehlung, weitere Versuche mit brandbeschleunigenden Mitteln durchzuführen. Auch mit solchen, die nicht mehr nachweisbar sind. Feuerzeugbenzin sei ein solches Mittel. Es müsste großflächig auf Matratze und Dummy aufgetragen werden.

Die Frage, ob das Abbrandergebnis eines solchen Versuchs mit dem Brandbild in der Originalzelle übereingestimmt hätte, blieb unbeantwortet. Die Ermittlungen blieben eingestellt.

Die Ergebnisse infolge der Brandrekonstruktion von August 2016 hätten zu folgenden Konsequenzen führen müssen:

409 Büro für Brandschutz, Korbinian Pasedag, Prüfbericht vom 12.7.2018, Az.: OJ-001-A-2018-KP.

410 Forensisches Institut Zürich, Gutachten des Sachverständigen Dr. Kurt Zollinger vom 22.12.2016, in: Az.: 111 UJs 23785/13 (eigene Referenz: K150831-068), S. 10.

- Der Angeklagte Hans H. hätte nicht verurteilt werden dürfen.
- Die Ermittlungen wegen Mordes hätten fortgeführt werden müssen.
- Gegen Polizisten, die in der Magdeburger Hauptverhandlung gelogen hatten, hätten Ermittlungen wegen falscher Aussagen nicht nur eingeleitet, sondern auch geführt werden müssen.
- Gegen eine Reihe von Polizeibeamten hätte wegen Strafvereitelung im Amt ermittelt werden müssen. Weder Aussagedelikte noch Strafvereitelung waren verjährt.[411]

411 Vermerk des Leitenden Oberstaatsanwalts Folker Bittmann vom 4.4.2017, Az.: 111 Js 7436/17 StA Dessau-Roßlau.

25. Der Tod von Hans-Jürgen Rose

In seinem Vermerk vom 4. April 2017 schrieb der Leitende Oberstaatsanwalt Folker Bittmann zum „Verdacht eines Tötungsdelikts" „seitens garantenpflichtiger Polizeibeamter":

> „Sichere Belege für das Vorliegen auch des subjektiven Tatbestands liegen noch nicht vor. Insbesondere ist die Frage nach einem Motiv offen. Allerdings erlauben die objektiven Gegebenheiten die plausible Annahme eines gedanklichen Zusammenhangs mit dem Versterben eines Häftlings in derselben Zelle etwa 2 Jahre zuvor, ggf. auch mit dem Tod eines weiteren Beschuldigten, der in nicht allzu ferner Zeit zuvor in Polizeigewahrsam genommen und nach seiner Entlassung abends am Fuße eines Hochhauses in unmittelbarer Nähe des Polizeireviers Dessau leblos aufgefunden worden war. Beide Todesfälle hatten zu Untersuchungen auch gegen Polizeibeamte geführt. Bei einer Zellenkontrolle am 7.1.2005 könnten Polizeibeamte auf die Ohnmacht Ouri Jallows aufmerksam und sich daraufhin bewusst geworden sein, dass schwere Verletzungen oder gar das Versterben eines weiteren Häftlings [gemeint ist Oury Jalloh] neuerliche Untersuchungen auslösen würden, diesmal naheliegenderweise der Wiederholung wegen noch intensivere, und ggf. auch zum Aufgreifen der früheren Todesfälle führen könnten. Diese Sorge mag zu dem Entschluss geführt haben, mit der Brandlegung alle Spuren zu verwischen, die den Vorwurf unterlassener Hilfeleistung gegen die diensthabenden Polizeibeamten begründen könnten."[412]

412 Der Leitende Oberstaatsanwalt Dessau-Roßlau, Vermerk vom 4.4.2017, Az.: 111 Js 7436/17, S. 7.

Die Toten sind Hans-Jürgen Rose und Mario Bichtemann, beide 36 Jahre alt.

Sonntag, der 7. Dezember 1997. Gegen fünf Uhr morgens entdeckte der 28 Jahre alte Autoverkäufer Anwar S. am Fuß der Betontreppe zu seinem Wohnhaus in Dessau, Wolfgangstraße 15, einen auf dem Rücken liegenden Mann. Aus dem Mundwinkel rann Blut. Anwar S. hastete hoch in seine Wohnung und rief die Polizei. Der Anruf ging um sechs Minuten nach fünf Uhr[413] in der Leitstelle ein. Zwischen Nacht- und Frühschicht waren die Beamten der sogenannten Übergangsschicht zuständig. Der Verletzte war Hans-Jürgen Rose, 36 Jahre alt, Maschinenbauingenieur. Das Haus Wolfgangstraße 15 liegt nur zweihundert Meter vom Polizeirevier entfernt.

Hans-Jürgen Rose war kräftig, 1,96 Meter groß und hatte 940 DM in bar in seinen Hosentaschen. Es gab keinerlei Hinweise auf einen Autounfall mit Fahrerflucht. Er war fremd hier, es gab zwischen den Staubspuren an seinen Schuhen und dem Staub im Treppenhaus keine Übereinstimmung.[414] Und er lag direkt an der Hauswand. Unmöglich bei einem Fenstersturz. Doch all diese Möglichkeiten wurden auch deshalb verworfen, weil sie die Art seiner Verletzungen nicht erklären konnten. Die Wirbelsäule war gebrochen, ein Lungenflügel abgerissen, der Rücken vom Nacken bis zu den Oberschenkeln voller Striemen.[415] Er starb am folgenden Tag im Dessauer Klinikum an multiplem Organversagen.

Das Drama begann am 6. Dezember 1997. Hans-Jürgen Rose hatte mit Freunden gefeiert und dabei nicht wenig getrunken. Hinter ihm

413 Todesermittlungssache zum Nachteil des Hans-Jürgen Rose, 103010.051.97. 1.15967, Az.: 232 UJs 39542/97.

414 Behördengutachten des LKA Sachsen-Anhalt vom 16.1.1998, Az.: 61 – 3391/97, in: Todesermittlungssache zum Nachteil des Hans-Jürgen Rose, Az.: 232 UJs 39542/97.

415 Sektionsprotokoll des Instituts für Rechtsmedizin der Uni Halle vom 19.12. 1997, Nr. 473/97, in: Todesermittlungssache zum Nachteil des Hans-Jürgen Rose, Az.: 232 UJs 39542/97.

lag eine schwierige Lebensphase: Seine Ehe war zerbrochen, er musste aus dem gemeinsam erbauten Haus ausziehen und war ohne Arbeit, da seine bisherige Stelle in direktem Bezug zu seiner Exfrau stand. Er hatte noch keine Wohnung gefunden und übernachtete bei Freunden oder im Haus seiner Mutter. Nun freute er sich auf ein Vorstellungsgespräch in Hamburg in der kommenden Woche. Das erzählten seine Freunde, die den letzten Abend mit ihm verbrachten,[416] und seine Mutter.[417] Eine Stunde nach Mitternacht wollte er mit dem eigenen Pkw heimfahren.

Kurz nach ein Uhr morgens fuhr Rose mit seinem Pkw frontal auf das Heck des dort geparkten Pkw von Louis S.[418] auf, der dies vom Fenster einer Kneipe aus beobachten konnte. Louis S. ging sofort hinaus, nahm den Zündschlüssel von Roses Pkw an sich und rief die Polizei. Rose bettelte ihn mehrmals an: „Bitte nicht die Polizei rufen, das wäre mein Tod", so steht es wörtlich in den Ermittlungsakten.[419] Louis S. nahm die Bitte nicht ernst. Um 1 Uhr 30 trafen die Polizeibeamten X. und Y. ein. Sie nahmen Rose mit aufs Revier und warteten gemeinsam mit ihm auf den Bereitschaftsarzt Dr. B., der eine Blutalkoholkontrolle machen sollte. Der Arzt nahm Rose zweimal Blut ab, um 2 Uhr 25 und um 2 Uhr 55, und machte die üblichen Kontrollen. Ergebnis: 1,98 Promille Alkohol im Blut, keine äußeren Verletzungen, Gang sicher, Finger-zu-Finger-Probe sicher, Nase-zu-Finger-Probe unsicher, Denkablauf geordnet.[420]

Die beiden Polizisten entzogen Hans-Jürgen Rose den Führerschein, die Autoschlüssel aber gaben sie ihm zurück, obwohl er ange-

416 Vernehmungsprotokolle in der Akte, in: Todesermittlungssache zum Nachteil des Hans-Jürgen Rose, Az.: 232 UJs 39542/97. Alle weiteren Zitate aus der Akte.

417 Mein Telefongespräch mit der Mutter von September 2018.

418 Der Name des Zeugen wurde auf seinen Wunsch anonymisiert.

419 Zeugenvernehmung vom 23.1.1998.

420 Todesermittlungssache zum Nachteil des Hans-Jürgen Rose, 103010.051.97.1.15967, Az.: 232 UJs 39542/97.

deutet hatte, wieder fahren zu wollen. Es war 3:01 Uhr. Laut Protokoll[421] brachte der Beamte Y. den fahruntüchtigen Rose zur Tür. Y: „Ich gab dem Rose seinen Fahrzeugschlüssel wieder zurück. Wir belehrten ihn mehrmals, dass er nicht mehr im Besitz der Fahrerlaubnis ist."

Die Akte Rose umfasst 12 Bände. Sechs mit Protokollen der Ermittlungsarbeit und sechs Bildmappen. Einige Namen von Polizisten des Dessauer Reviers decken sich mit denen aus dem Verfahren zum Tod von Oury Jalloh. Ich bat Axel Petermann, Fallanalytiker und bis zu seiner Pensionierung Mordermittler der Bremer Kriminalpolizei, die in der Ermittlungsakte dokumentierte Polizeiarbeit zu analysieren. Für ihn sei es „kaum darstellbar", sagt Petermann, weshalb man Rose den Schlüssel zurückgegeben habe. Zumal er laut Aktenbeleg angekündigt hatte, gleich wieder Auto fahren zu wollen. „Da ist irgendetwas komisch gelaufen, es ist sehr unwahrscheinlich, dass es so gewesen ist. Es sei denn, man wollte ihn bewusst zu etwas bringen. Dass er noch mal eine Straftat begeht. Um ihn, ja, erneut sanktionieren zu können. Aber – wer tut so etwas."[422]

In der Akte[423] setzt sich die Erzählung fort: Der Dienstgruppenleiter beauftragte eine Streife mit zwei Polizeibeamten, Hans-Jürgen Rose zur Kontrolle hinterherzufahren. Wie angekündigt, sei Rose gefahren, in Schlangenlinien Richtung Roßlau, die beiden Polizisten hinterher. Erst in der Nähe des nachts menschenleeren Wassersportgeländes Wallwitzhafen hätten sie Rose mit ihrem Streifenwagen zum Anhalten gebracht. Um 3 Uhr 8. Laut Eintrag in der Akte verschlossen sie seinen Pkw, sicherten den Autoschlüssel und brachten den Mann wieder aufs Revier, um ihn dort noch einmal zu belehren. Rose trug nur Jeans und T-Shirt, keine Jacke. Etwa 35 Minuten später ließen sie ihn – so geben sie zu Protokoll – wieder laufen. Mitten in der Nacht,

421 Protokoll der Zeugenvernehmung vom 12. 1. 1998.

422 Transkript des Interviews der Autorin mit Axel Petermann am 18. 11. 2019.

423 Sachstandsbericht vom 18. 12. 1997, Tgb.-Nr. 2/15967/97 (über Auffinden von Rose), in: Todesermittlungssache zum Nachteil des Hans-Jürgen Rose, Az.: 232 UJs 39542/97.

zwischen 3 Uhr 35 und 3 Uhr 45, die Temperatur betrug knapp über null Grad.

Axel Petermann stellt klar: „Als Polizist hab ich die Aufgabe, Straftaten zu verhindern. Wenn jemand direkt ankündigt und sagt, ich fahr betrunken, und ich lasse ihn ins Auto steigen und losfahren, und ich beobachte es noch als Polizist, wenn er die Straftat begeht, das geht gar nicht. Ich muss ihn daran hindern. Denn ich weiß ja auch gar nicht, was sich dann ereignen könnte. Also Rose hatte schon einmal einen Unfall verursacht. Wer gibt die Garantie dafür, dass es nicht noch ein zweites Mal geschieht? Und dann darf die Polizei nicht zum Zeugen werden, wenn jemand mit Ansage ein Vergehen begeht."[424]

Ein Eintrag im Wachbuch über eine zweite Aufnahme, Belehrung oder Vernehmung im Revier existiert nicht. Die müsste es aber geben, falls sie stattgefunden hat. Im Ermittlungsprotokoll des Revierkriminaldienstes vom 7. Dezember 1997 ist vermerkt: „Eine erneute Anzeige bzw. Einsatzblatt liegt zur Zeit noch nicht vor, so dass unklar ist, ob der Rose erneut zur Dienststelle gebracht wurde."[425]

Laut Lagefilm[426] soll er um 3:01 Uhr entlassen worden sein, und schon um 3:08 Uhr wollen sie ihn am Wallwitzhafen abgefangen und wegen „Fahrens ohne Führerschein" aus dem Auto geholt haben.[427] Rose soll also angeblich in den sieben Minuten zwischen 3:01 und 3:08 Uhr die 600 Meter vom Polizeirevier Wolfgangstraße 25 bis zu seinem Auto gegangen sein, das in der Zerbster Straße vor dem Café Meyer stand, sich hineingesetzt, ausgeparkt und Richtung Roßlau – in die entgegengesetzte Richtung zu seinem Heimweg – gefahren sein.

Axel Petermann überlegt: „Das kann zum einen bedeuten, dass man falsch protokolliert hat. Oder zum anderen, dass man vor einer Erklärungsnot stand, was tun wir jetzt, was schreiben wir jetzt. Und

424 Transkript des Interviews der Autorin mit Axel Petermann am 18.11.2019.

425 Ermittlungsprotokoll vom 7.12.1997.

426 Lagefilm – für den Zeitraum: 7.12.1997, 00:00 Uhr bis 24:00 Uhr.

427 Sachstands- und Schlussbericht vom 15.9.2000, in: Todesermittlungssache zum Nachteil des Hans-Jürgen Rose, Az.: 232 UJs 39542/97.

immer dann, wenn ich etwas inszeniere, das weiß ich auch von meinen Tätern, dann sind sie im Stress, dann ist die Überlegung eingeschränkt. Und deswegen macht man Fehler. Und das könnte natürlich ein solcher Fehler sein." Und weiter:„Es könnte sein, dass Rose gar nicht mit dem Auto gefahren ist, dass etwas anderes passiert ist. Und dass man sich überlegt hat, wie können wir den Verdacht von uns ablenken auf ein anderes Geschehen. Dass er möglicherweise gar nicht die Wache verlassen hat. Dass es dort zu einer Auseinandersetzung gekommen ist."[428]

Frühmorgens gegen fünf Uhr lag Hans-Jürgen Rose sterbend am Fuß der Treppe zur Wolfgangstraße 15. Anwar S. hatte ihn gefunden und die Polizei angerufen. Um 5:10 Uhr trafen die beiden Beamten der Übergangsschicht bei dem Schwerverletzten ein. Es waren Jan R. und Benno B. Der Mann röchelte und verdrehte die Augen, Jan R. leuchtete ihm ins Gesicht und entdeckte eine Risswunde im Mundwinkel, einen Zentimeter lang. Er rannte zum Streifenwagen, bestellte Notarzt und Rettungswagen und hörte über Funk, dass eine weitere Streife zu ihm unterwegs sei. Er holte zwei Decken aus dem Kofferraum, denn der Mann fühlte sich kalt an, er lag im Schneematsch. Am liebsten hätten Jan R. und Benno B. ihn in die Decken eingewickelt, aber sie wussten nicht, ob sie ihn bewegen durften. Es hätte sein können, dass er auf der Stelle starb. R. fragte Rose, ob er Schmerzen habe und was passiert sei, war er aus einem Fenster gesprungen, wurde er zusammengeschlagen? Der Mann verneinte beides, indem er seinen Kopf hin und her bewegte.[429] R. und B. konnten nicht wissen, dass er sich vor der Polizei fürchtete: „Nicht die Polizei rufen, das wäre mein Tod."[430]

Der Rettungswagen kam, in der Gesäßtasche fand der Sanitäter Roses Personalausweis und Kfz-Schein. In seiner Armbeuge fielen ihm frische Einstichstellen auf, die auf Drogenkonsum deuten könnten,

428 Transkript des Interviews der Autorin mit Axel Petermann am 18.11.2019.

429 Zeugenvernehmung Jan R. vom 10.12.1997.

430 Zeugenvernehmung vom 23.1.1998.

aber beim genauen Hinsehen war sich der Sanitäter sicher, dass sie von einer Blutentnahme stammen mussten, die erst zwei bis drei Stunden zurücklag.[431]

Zu sechst hoben sie Rose auf die Bahre, denn während sie bei dem Verletzten warteten, waren jene beiden Kollegen dazugekommen, die Rose aufs Revier gebracht hatten: X. und Y. Kurz vor Beendigung ihrer Streifenfahrt hätten sie über Funk mitbekommen, dass ein Schwerverletzter gefunden wurde, und wollten eine Decke bringen. Auf Jan R. wirkten die beiden, „irgendwie erregt, d. h. sie schienen sichtlich sehr nervös", „sie liefen ständig hin und her".[432]

Jan R. notierte all das in seinem Protokoll für die Todesermittlungsakte. Y. schrieb etwas ganz anderes. Er und X. seien über Funk angefordert worden, um zu helfen. Der Widerspruch hätte aufgeklärt werden können, wenn man den Mitschnitt des Funkverkehrs überprüft hätte. Was nicht geschah.

Jan R. war an dem Morgen etwa eine Stunde, bevor er zu dem Einsatz fuhr, ins Revier gekommen. In der Nacht war die Kantine nicht geöffnet, aber es gab einen Aufenthaltsraum mit Kaffeeautomaten. Er holte sich einen Kaffee und setzte sich allein an einen Tisch. Außer ihm waren vier oder fünf Kollegen aus der Nachtschicht da, ihre Namen kannte er nicht. Sie redeten über einen Einsatz. Einer von ihnen soll gesagt haben: „Der wollte mir doch ein paar auf die Fresse hauen, da hab ich ihm aber eine eingezogen."[433] Wer das war, kann R. später nicht sagen, aber der Satz blieb in seiner Erinnerung, und nach dem Einsatz mit dem schwerverletzten Hans-Jürgen Rose konnte er ihn nicht vergessen. Um acht Uhr war Jan R. wieder im Aufenthaltsraum, um noch einen Kaffee zu trinken, als der Kollege Holger S. hereinkam. Die beiden kannten sich. Jan R. bat Holger S. sich anzuhören, was er erlebt hatte. Er schilderte die Szene mit dem Schwerverletzten, den

431 Zeugenvernehmung Jan R. vom 10. 12. 1997.

432 Ebenda.

433 Ebenda

üblen Spruch des Kollegen, aber S. schien wegzuhören, jedenfalls ging er nicht weiter darauf ein. Gegen Mittag wurde S. noch einmal mit der Situation konfrontiert, als er zum Dienstgruppenleiter Hans H. gerufen wurde und dort auch Jan R. antraf, der detailliert seinen Einsatz in der Nacht schilderte.

Er berichtete vom Eintreffen der Kollegen Y. und X. am Fundort, dass er sie gefragt habe, ob sie die verletzte Person kennen, und dass beide dies verneinten. Keiner konnte sich erklären, woher die Einstiche stammten. Erst im Revier, sagt Jan R., habe er erfahren, dass X. und Y. den Mann wenige Stunden zuvor zur Blutalkoholkontrolle ins Revier gebracht hatten.[434]

Gegen 13 Uhr beauftragte der DGL Hans H. den ADAC, Roses Pkw sicherzustellen. Holger S. fuhr sofort hin, um eventuelle Spuren zu sichern. Das Auto war nicht verschlossen und sah auf den ersten Blick unbeschädigt aus. Dann guckte S. genauer hin, aber bis auf ein paar Schrammen am hinteren linken Kotflügel waren keine Unfallspuren zu sehen, die Roses Verletzungen hätten erklären können. Im Kofferraum lagen einige ordentlich verpackte Kleidungsstücke, obenauf eine Lederjacke. Wahrscheinlich hatte Rose das Auto im T-Shirt verlassen, vermutete Holger S.[435] Um 15 Uhr holte der ADAC den Wagen ab.

Am nächsten Morgen um 9:25 Uhr starb Hans-Jürgen Rose im Dessauer Klinikum. Zwei Tage später fanden die Obduzenten Frau Dr. Romanowski und ihr Assistent H. vom Rechtsmedizinischen Institut der Uniklinik Halle sehr schwere Verletzungen im Rumpfbereich des Leichnams und Zerreißungen im Körperinnern.[436] Die Staatsanwaltschaft forderte ein Gutachten an.

Die Akte enthält mehrere Darstellungen von Hans-Jürgen Roses Verletzungen. Da ist zuerst der Bericht des Städtischen Klinikums

434 Ebenda

435 Zeugenvernehmung Holger S. vom 10.12.1997.

436 Sektionsprotokoll des Instituts für Rechtsmedizin der Uni Halle vom 19.12.1997, Nr. 473/97.

Dessau zu nennen, das mit einer Notoperation vergeblich versucht hatte, ihn zu retten. Er war noch während der Versorgung zweimal reanimiert und beatmet worden. Sechzehn Stunden nach der Aufnahme verstarb er an einem Polytrauma, d.h. einer mehrfachen Traumatisierung.[437]

Als zweites ist das Sektionsprotokoll der Rechtsmedizin Halle zu nennen, das Schuhabdrücke am unteren Rücken, zahlreiche Hautunterblutungen an Rücken, Gesäß, Bauch und Handgelenken und schwere innere Verletzungen beschreibt, die aus Misshandlungen stammen könnten. Lendenwirbel, Brustbein, mehrere Rippen und Schlüsselbein sind gebrochen.[438]

Als drittes das ergänzende Rechtsmedizinische Gutachten, es folgte im Juni 1998. Die Ärztin hatte sich aus dem Revier unterschiedlich lange Schlagstöcke kommen lassen und festgestellt, dass ein langer Schlagstock geeignet sei, das festgestellte Verletzungsbild zu verursachen. Im Gutachten heißt es: „Derartige Verletzungen entstehen typischerweise durch Stockschläge, wobei das Blut an der Stelle der direkten Gewalteinwirkung aus den Gefäßen heraus gepresst wird und Gefäßberstungen an den Randzonen der Gewalteinwirkung auftreten."[439] Die unterbluteten Streifen gäben die Konturen des einwirkenden Werkzeuges wieder. Acht Beamte der Schicht, die in der Nacht zum 7.12. ihren Dienst versahen, waren mit langen Schlagstöcken unterwegs. Darunter X. und Y.[440]

In der Obduktion wurden auch Hautunterblutungen am linken Handgelenk gefunden. Hans-Jürgen Rose könnte festgehalten oder gefesselt worden sein. Male an der Streckseite der Hand konnten als

437 Städtisches Klinikum Dessau, 9.12.1997.

438 Sektionsprotokoll des Instituts für Rechtsmedizin der Uni Halle vom 19.12.1997, Nr. 473/97.

439 Erstmals veröffentlicht in: Oury Jalloh und die Toten des Polizeireviers Dessau. Von Margot Overath, in: WDR5 Tiefenblick: Oury Jalloh. Teil 3 von 5, 31.5.2020.

440 Polizeidirektion Dessau, Zentraler Kriminaldienst 2. FK am 14.1.1998, Tgb.-Nr. 2/15967/97, Rose III/61.

Abwehrspuren interpretiert werden. Von einer Prügelei kann jedoch keine Rede sein, er sei ganz eindeutig schwer misshandelt worden.[441]

Im Polizeirevier waren schon die verschiedensten Gerüchte im Umlauf, ist in der Akte zu lesen,[442] leider ohne sie zu konkretisieren. Kriminalhauptkommissar Thomas T., amtierender Leiter des zweiten Kriminalkommissariats der Polizeidirektion Dessau, führte die Ermittlungsgruppe im Todesfall Rose. Zwei Tage nach Roses Tod – ungewöhnlich spät, findet Petermann – begann die Gruppe mit der Arbeit. Noch am selben Tag legten die beiden Kriminalhauptkommissare Dö. und Dr. einen Aktenvermerk vor, der es in sich haben muss. Der Titel: „Verdacht von Übergriffen Polizeibeamter auf die Person des Rose",[443] darin wird die mögliche Täterschaft von Polizisten formuliert. Dennoch wurden die Beamten nur als Zeugen geführt, es wurden keine Spuren von ihnen abgenommen, ihre Bekleidung wurde nicht sichergestellt, an Handfesseln und Stöcken konnten alle Spuren abgewischt werden. Im Januar 1997 wurden die ersten Stöcke eingezogen und als Asservate gelistet, im November 2000, drei Jahre nach Roses Tod, weitere 16 Stöcke und 12 Handfesseln. Die Spurenanalyse fand nichts mehr. Der Gutachter des Landeskriminalamts Dr. H. schrieb am 7. Februar 2000, ihm liege eine Abbildung von drei Schlagstöcken vom Typ 1 bis 3 vor, jedoch kein langer Schlagstock: „Ein Schlagstock, wie er im rechtsmedizinischen Gutachten vom 18. 6. 1998 als Werkzeug favorisiert wird (Typ 1) liegt als Asservat nicht vor."[444]

Am 10. Dezember 1997 wurden Jan R. und Holger S. vernommen. R. war als erster Polizist bei Rose gewesen, Holger S. hatte er sich mit

441 Universitätsklinik Halle, Rechtsmedizinisches Gutachten vom 18. 6. 1998, Az.: 2/15967/97, Sekt.-Nr. 473/97, in: Todesermittlungssache zum Nachteil des Hans-Jürgen Rose, Az.: 232 UJs 39542/97

442 Zeugenvernehmung Benno B. vom 10. 12. 1997.

443 Lt. Inhaltsverzeichnis Band 1, Lfd. Nr. 28, Todesermittlungssache zum Nachteil des Hans-Jürgen Rose, Az.: 232 UJs 39542/97.

444 LKA Sachsen-Anhalt, Behördengutachten gem. § 256 StPO vom 7. 12. 2000, Zeichen 4.2.1 – 2/15967/97.

seinen Beobachtungen anvertraut. Außerdem wurden ein Wachmann, der Rose um 3:01 Uhr an der Pforte gesehen haben will, und zwei weitere Polizisten, die aber nichts zur Aufklärung beitragen konnten, befragt. Am 11. Dezember 1997 wurde der Bereitschaftsarzt vernommen, der Rose Blut abgenommen hatte. Rose habe keine Verletzungen gehabt, er konnte normal gehen, sagte der Arzt.[445] Die Vernehmung der Beamten der Nachtschicht war für den 17. Dezember 1997 geplant, doch sie weigerten sich. Das sei ihr freier Tag, sagten sie, und vor Weihnachten hätten sie keine Zeit.[446]

Axel Petermann stellt klar, dass dieses Verhalten nicht vorschriftsmäßig ist: „Da muss man sich erst mal fragen, warum tun die das? Normalerweise, wenn ich kein schlechtes Gewissen habe, gehört es zu meiner Dienstpflicht, dass ich alle Informationen, die ich habe, auch preisgebe." Spätestens jetzt hätte die Staatsanwaltschaft eingeschaltet werden müssen. Die hätte die Vernehmungen durchgesetzt, bedeutet Petermann.[447]

An dieser Stelle entschied sich die Ermittlungsgruppe der Kripo jedoch für eine andere Richtung. Der Tatverdacht gegen Polizeibeamte war bereits formuliert, man hätte diese Spur aufgreifen können, doch die Beamten wählten eine andere Spur, gegen die alles sprach. Anwar S., der Mann, der Rose sterbend vor dem Haus fand und die Polizei gerufen hatte, wurde zum Hauptverdächtigen der Tat aufgebaut.[448] Als er einer schriftlichen Vorladung zur Zeugenaussage nicht nachkam, ging die Polizei von Flucht aus.[449] Seine Ehefrau wurde fast acht Stunden

445 Vernehmungsprotokoll vom 11.12.1997.

446 Aktenvermerk des Zentralen Kriminaldienstes vom 16.12.1997.

447 Transkript des Interviews der Autorin mit Axel Petermann am 18.11.2019.

448 Verfügung Oberstaatsanwalt Preissner vom 26.2.2013, Az.: 232 UJs 39542/97, dass zu keinem Zeitpunkt der Ermittlungen ein Tatverdacht gegen Anwar S. gerechtfertigt war.

449 Alle Details zum Komplex „Tatverdacht gegen Anwar S.", in: Todesermittlungssache zum Nachteil des Hans-Jürgen Rose, Az.: 232 UJs 39542/97, Band 3.

lang von 12 Uhr 05 bis 19 Uhr 50 vernommen, während gleichzeitig ihr Alibi für die Todesnacht überprüft wurde. Anwar S. war nicht zu Hause, weil er seine Eltern besuchte, die in Bangladesch leben. Das machte er jedes Jahr, diesmal von Amsterdam aus, denn seine Schwester, die dort lebte, wollte ihn begleiten. Die Reise begann am 17. Dezember 1997 und endete zwei Wochen später. Bereitwillig hatte seine Ehefrau der Kripo die Reisedaten genannt. Die Beamten fragten bei Lufthansa, British Airways und Kuwait Airlines nach, ob der Verdächtige auf der Passagierliste eines Fliegers von Deutschland nach Bangladesch stand, bekamen aber nur negative Auskünfte. Daraus schlossen sie, er habe seinen Flug nur vorgetäuscht, in Wahrheit sei er auf der Flucht vor der Polizei. Mit Fantasie versuchten sie, Anwar S. in die Nähe der Tat zu rücken. Im Kinderzimmer der Familie S. entdeckten die Kriminalbeamten eine Gardinenstange aus Holz. Mit dem Argument: „Diese Gardinenstange könnte als Schlaginstrument Verwendung finden“,[450] konfiszierten sie die Stange und nahmen sie zu den Asservaten. Sie ließen sich die Telefonverbindungsdaten vorlegen und fanden die Nummer einer Anruferin, die wegen Ordnungswidrigkeiten mit der Polizei zu tun hatte. Dem arbeitslosen Freund Sven setzten sie fast neun Stunden lang zu, als sei er ein Komplize. Sie ließen ihn eine Speichelprobe abgeben.

Nach seiner Rückkehr aus Bangladesch suchte Anwar S. die Kripo auf. Auch er musste eine Speichelprobe abgeben und wurde von morgens 9 Uhr 20 bis nachts 23 Uhr 10 als Zeuge vernommen. Aber: „Der Inhalt der gesamten Zeugenvernehmung erweckt indes den Eindruck, als habe man den Zeugen in den Zusammenhang mit dem Zustand des Herrn Rose zu bringen versucht“,[451] so Oberstaatsanwalt Christian Preissner im Februar 2013. Bis zum Jahr 2012 war Preissner nicht mit dem Tod von Hans-Jürgen Rose befasst gewesen, das änderte sich erst, als der Fall Oury Jalloh seinem vorläufigen juristischen Ende zuging

450 Aktenvermerk Polizeidirektion Dessau, Zentraler Kriminaldienst 2. FK, 22.12.1997.

451 Verfügung Oberstaatsanwalt Preissner vom 26.2.2013, Az.: 232 UJs 39542/97.

und immer noch offen war, wie das Feuer zustande gekommen war. Während der Beweisaufnahme im Magdeburger Jalloh-Prozess waren ihm Merkwürdigkeiten aufgefallen, denen er in einem gesonderten Ermittlungsverfahren gegen Unbekannt wegen Mordes nachgehen wollte. Er ließ sich die Rose-Akten kommen und befand, nach Lage der Akten sei ein Tatverdacht gegen Anwar S. zu keinem Zeitpunkt der Ermittlungen berechtigt gewesen.[452]

Am 17. Dezember 1997, zehn Tage nach Roses Tod, suchten Kriminaltechniker nach DNA von Hans-Jürgen Rose in der Kantine der Polizeireviers Wolfgangstraße. Mittels Wattestiel und destilliertem Wasser nahmen sie Spuren von den deckenstützenden Säulen ab. Axel Petermann ist erstaunt: „Ich kenne jetzt die Örtlichkeiten dort nicht, aber was hatte Hans-Jürgen Rose in der Kantine der Polizei zu suchen. Ja, man hat dann auch nicht die Wache untersucht als möglichen Tatort."[453] Weder die Wache noch der Gewahrsamskeller oder die Ausnüchterungszelle Nummer 5 wurden auf Spuren untersucht.

Die Akte gibt keine Begründung für die Untersuchung der Säulen her, keinen Auftrag. Das könne nicht sein, meint Axel Petermann: „Kriminaltechniker nehmen nicht ohne Grund Spuren von Säulen ab, es muss einen Auftrag geben."[454] Möglicherweise geht der aus dem Aktenvermerk zum „Verdacht von Übergriffen Polizeibeamter auf die Person des Rose" hervor, der im Inhaltsverzeichnis gelistet ist, in der Akte jedoch fehlt. Die mir vorliegende Akte ist offenbar unvollständig.

Am 12. Januar 1998 wurden die ersten Polizisten des Reviers vernommen. Der Unterschied zu den stundenlangen Verhören von Anwar S. und seinem Umfeld ist unübersehbar. Während die Zivilisten inquisitorisch befragt worden waren, wurden die Polizisten mit Samthandschuhen angefasst. Nachsicht schien im Vordergrund zu stehen. Jede Behauptung wurde ungeprüft hingenommen. Entweder wollen die

452 Ebenda.

453 Transkript des Interviews der Autorin mit Axel Petermann am 18.11.2019.

454 Ebenda.

Kollegen nichts mitbekommen haben oder sie bestätigen die Angaben oder sie wollen ihn an unterschiedlichen Orten des Reviers gesehen haben.[455] Der Arzt sagt aus, er habe „dem Rose im Glaskasten neben dem Haupteingang Blut entnommen“. In der Kantine aber will ihn keiner gesehen haben. Auch den üblen Spruch des Kollegen, den Jan R. gehört hatte, will keiner vernommen haben. Die Antworten variieren zwischen:„Solche Worte habe ich nie gehört und nie gesagt.“ Und: „Ich weiß nicht, wer solche Worte gesagt hat.“

Die beiden Streifenbeamten, die Rose hinterher gefahren waren, sagten, sie hätten ihn beim Wallwitzhafen aussteigen lassen und dann den Pkw abgeschlossen. Der Kollege Holger S. hatte den Nissan aber unverschlossen vorgefunden. Ein Widerspruch, der hingenommen wird.

Die Vernehmung von X., einem der beiden Polizisten, die Rose zur Blutalkoholkontrolle ins Revier gebracht hatten und ihn Stunden später im schwerverletzten Zustand nicht wiedererkannt haben wollten, fehlt in der Akte. „Der Mann hätte unbedingt vernommen werden müssen, und zwar zum Zeitpunkt des Vorfalls“, so Axel Petermann, „und dann hätte man sich die Verletzungen ansehen müssen und sich die Frage stellen, wo kommen die her? Und eine Erklärung wäre der Übergriff im Polizeigewahrsam gewesen.“[456]

So vielen Merkwürdigkeiten zum Trotz wurden die Ermittlungen zum Tod von Hans-Jürgen Rose am 15. September 2000 eingestellt. Das Gutachten des LKA Magdeburg traf drei Jahre nach Roses Tod in Dessau ein. An den Säulen waren nur winzigste DNA-Fragmente gefunden worden, die sich niemandem zuordnen ließen. In solch einem stark frequentierten Raum muss man davon ausgehen, dass permanent viele Spuren abgegeben werden. Dass dennoch fast keine gefunden wurden, kann daran liegen, dass vor der Abnahme der Spuren sehr umfangreich gesäubert worden war. Axel Petermann weiß aus eigenen Ermittlungen,

455 Protokolle der Vernehmungen zwischen dem 12.1. und dem 23.1.1998.

456 Transkript des Interviews der Autorin mit Axel Petermann am 18.11.2019.

dass „ein Kontakt mit der Hand, dass ein Anlehnen, dass ein Husten, dass Atmen gegen einen Gegenstand doch durchaus dazu führen kann, dass wir DNA nachweisen können. Dass gar nichts dort ist, ist schon ungewöhnlich."[457] Und er fragt, warum man nur in der Kantine nach DNA-Spuren von Rose gesucht hatte, aber nicht in der Wache und auch nicht in den Zellen. Vielleicht, um das Finden von Spuren zu vermeiden?[458]

Thomas T., Leiter der Ermittlungsgruppe Rose, liefert in seinem Schlussbericht die Antwort, warum er Asservate von den Säulen des Speiseraums sichern ließ. „Um bei Verdichtung der Information zu möglichen Übergriffen von Polizeibeamten auf Hans-Jürgen Rose dokumentieren zu können, ob er evtl. dort an diesen Säulen mittels Handschellen gefesselt worden war und so im wehrlosen Zustand geschlagen oder getreten wurde. [...] Dem Unterzeichner sind aber aus der Vergangenheit keine Vorfälle bzw. Übergriffe bekannt, bei denen Polizeibeamte diese Stützsäulen zum Anlegen von ‚Delinquenten' benutzt haben."[459]

Dem widersprechen Polizeibeamte des Reviers, die hier anonym bleiben müssen.[460] Einer berichtete mir von Traditionen im Umgang mit renitenten Personen, Stammkunden der Polizei. Schon zu DDR-Zeiten habe es Disziplinierungsmaßnahmen gegeben. Das Anbinden und Verprügeln an Säulen der Kantine sei eine dieser Maßnahmen gewesen. Jeder habe davon gewusst.[461]

457 Ebenda.

458 Ebenda.

459 Sachstands- und Schlussbericht vom 15.9.2000, in: Todesermittlungssache zum Nachteil des Hans-Jürgen Rose, Az.: 232 UJs 39542/97.

460 Die Namen sind der Autorin bekannt.

461 Andere Bestrafungs- und Disziplinierungsrituale hätten sich in speziellen, zum Disziplinieren präparierten Fahrzeugen abgespielt. Nach Codewort wurden die Delinquenten zum Einsteigen aufgefordert. Auf der einen Seite hätten sie das Fahrzeug als Gesunde betreten und auf der anderen Seite als Verletzte verlassen.

Anwohner in der Nähe der Wolfgangstraße 15, wo Hans-Jürgen Rose gefunden wurde, waren nach Geräuschen in der Todesnacht befragt worden. Niemand hatte Geräusche wahrgenommen, die auf eine Prügelei schließen ließen. Nur ein Zeuge erinnerte sich an ein Geräusch zwischen 4:25 und 4:28 Uhr, das er für das Zuschlagen von Fahrzeugtüren hielt. Das war vielleicht der Moment, in dem Rose an der Treppe abgelegt wurde. Es gibt viele Hinweise, dass Rose nicht am Fundort misshandelt und tödlich verletzt worden war:[462] seine Lage am Fuß der Treppe, die Schleifspuren an den Seiten der Schuhe.

Ermittlungsleiter Thomas T. schrieb im Jahr 2000: „In der Natur der Sache wären bzw. sind Übergriffe von Polizeibeamten auf Bürger als schwerstwiegende Pflichtverletzungen bzw. Straftaten einzustufen. Im Allgemeinen ist davon auszugehen, dass diese Erkenntnis allen Polizeibeamten deutlich bekannt ist und dass der einzelne Polizeibeamte auch weiß, dass Übergriffe deswegen auch in der nötigen Form geahndet werden. Bei dem konkreten Fall sind keine Anhaltspunkte bekannt geworden, dass sich die Situation zwischen dem Rose und den beteiligten Polizeibeamten derart verschärft habe, dass sich Hass oder Übergriffe angebahnt haben. Sollte es doch eine Auseinandersetzung zwischen dem Rose und Polizeibeamten gegeben haben, so wäre diese Situation möglicherweise als eine Widerstandshandlung des Rose betrachtet worden und somit sicherlich auch zur Anzeige gebracht worden. Man hätte sicherlich, auf eine solche Art und Weise, bei Rose vorhandene Verletzungen rechtfertigend erklärt.“[463]

Hier wird behauptet, dass Polizisten Rose die tödlichen Verletzungen hätten zufügen dürfen, wenn sie sich von seinem besonders heftigen Widerstand bedroht gefühlt hätten. Die Anwendung polizeilicher Zwangsmittel ist aber gesetzlich geregelt und muss auf dieser Basis

462 U.a. dazu Sachstands- und Schlussbericht Todesermittlungssache vom 15.9. 2000, in: Todesermittlungssache zum Nachteil des Hans-Jürgen Rose, Az.: 232 UJs 39542/97.

463 Ebenda.

begründet werden. Nicht jede Gewaltanwendung ist legitim. Die Möglichkeit einer Vertuschung ist also nicht grundsätzlich ausgeschlossen, wie der Schlussbericht nahelegen will.

Im Oktober 2002 wurden die Ermittlungen im Fall Rose beendet. Während der Dessauer Hauptverhandlung wegen Oury Jallohs Tod sah sich Oberstaatsanwalt Christian Preissner die Akte an, legte sie aber 2009 mit dem Vermerk weg, dass „die Umstände weiterhin als ungeklärt" angesehen werden müssen.[464] Im Verlauf des Mordermittlungsverfahrens gegen Unbekannt „zum Nachteil Oury Jallow" nahm er 2012 die Akte noch einmal auf. Er vernahm die Beamten der Nachtschicht, von denen einige inzwischen im Ruhestand und einer, nämlich X., im Sommer 2005 sogar aus dem Dienst entlassen worden war. Im Februar 2014 stellte er erneut die Ermittlungen ein. Es sei möglich, dass Hans-Jürgen Rose im Bahnhofsbereich von Unbekannten zusammengeschlagen und dann an seinem Fundort abgelegt worden sei. Die Aussagen der als Zeugen vernommenen Polizeibeamten sprächen dafür, „dass Herr Rose keinem Polizeibeamten durch sein Verhalten irgendeinen Anlass gegeben haben könnte, gegen ihn gewalttätig zu werden oder auch nur zur Durchsetzung strafprozessualer Maßnahmen unmittelbaren Zwang anzuwenden."[465]

Am Ende stellte er fest, dass seine weiteren Ermittlungen keine neuen Erkenntnisse zum Hergang der Ereignisse gebracht hätten. „Es gibt keinen Anfangsverdacht gegen eine bekannte Person. Es fehlt auch an einem begründeten Tatverdacht gegen eine oder mehrere Polizeibeamte des Reviers Dessau."[466]

An jenem Abend gab es am Bahnhof tatsächlich einen Polizeieinsatz. Etwa um 20 Uhr 30 hatten sich 6 Männer, im Polizeibericht als irakische Kurden bezeichnet, eine Messerstecherei geliefert. Drei Streifen-

464 Verfügung vom 6. 1. 2009, in: Todesermittlungssache zum Nachteil des Hans-Jürgen Rose, Az.: 232 UJs 39542/97.

465 Einstellungsverfügung vom 28. 2. 2014, in: ebenda.

466 Einstellungsverfügung vom 28. 2. 2014, in: ebenda.

wagen und ein Krankenwagen kamen zum Einsatz.[467] Warum der Staatsanwalt die Gewalttat gegen Rose gedanklich in den Bahnhofsbereich verlegte, ist unbekannt. Weder gibt es einen zeitlichen noch einen sachlichen Zusammenhang mit der Auseinandersetzung der Kurden.

Die Familie des Opfers musste sich mit der Auskunft zufrieden geben, dass es der Polizei nicht gelungen sei, den oder die Täter zu ermitteln. Zehn Monate nach der letzten Überprüfung ließ Preissner die Rose-Akten für 99 Jahre zur Aufbewahrung ins Staatsarchiv bringen.[468] Wie im Fall Jalloh wurde auch dieser Fall nicht zu Ende ermittelt. Das rechtsmedizinische Gutachten aus Halle hatte sich mit der Verletzungsart auseinandergesetzt und die richtigen Fragen gestellt. Konsequent nachgegangen wurde ihnen nicht. Polizeibeamte als Täter konnte oder wollte man sich nicht vorstellen.[469]

Ich bat einen nicht mit dem Fall befassten Rechtsmediziner eines großen pathologischen Instituts, sich die Befunde und Gutachten anzusehen und zu interpretieren. Passen die Verletzungen zu dem Verdacht, dass Hans-Jürgen Rose an einer Säule zusammengeschlagen wurde? Ebenso wie die Rechtsmedizinerin aus Halle fand er auf den Bildern der Sektion Hämatom-Strukturen, die durch Schlagen mit einem Stock entstanden sein können. „Vorne an der Schulter, die Region, die – wenn es denn so war – Kontakt zur Säule hatte, sehen sie die Hämatome auf Bild sieben." Es komme auch ein mehrphasiges Geschehen infrage. „Man trägt ihn noch rüber in den Gewahrsam und legt ihn auf das Podest. Für den Bruch von Steißbein und erstem Lendenwirbelkörper braucht man viel Energie. Da denke ich an Auf-den-Rücken-Werfen oder -Springen oder -Treten. Der Schaden an der Niere spricht dafür, auch der abgerissene Lungenflügel. Sie haben ja

467 Zeugenvernehmung des Polizisten, der in diesem Buch Günter G. genannt wird, vom 13. 1. 1998 und Aktenvermerk vom 21. 1. 1998, Tgb.-Nr.: 2/15967/97.

468 Verfügung vom 19. 12. 2014, in: ebenda.

469 Zur Erforschung von Polizeigewalt siehe Laila Abdul-Rahman/Hannah Espín Grau/Luise Klaus/Tobias Singelnstein, Gewalt im Amt. Übermäßige polizeiliche Gewaltanwendung und ihre Aufarbeitung, Frankfurt a. M. 2023.

auch diese Fußabdrücke. Wenn ich mich auf den Rücken eines anderen werfe, ist das eine große punktuelle Belastung.“[470] Aber reicht die Belastung tatsächlich für einen Bruch der Wirbelsäule? Experimentell lässt sich diese Frage naturgemäß nicht beantworten. Ich bat Prof. Michael Bohnert, sich die Befunde anzusehen. Ihn ließen die schweren Verletzungen an eine gezielte Attacke mit einem Pkw denken. Kein einfacher Unfall mit Fahrerflucht, sondern mehr als ein Unfall. „Es kann ja ganz bewusst so gewesen sein, dass diese Person aufs Korn genommen wurde mit einem Fahrzeug.“[471] „Die auf diese Körperregion stattgefundene Gewalteinwirkung war so intensiv, dass sie durch Schläge oder Tritte nur schwer erklärbar ist“, hatte schon die Rechtsmedizinerin in ihrem Gutachten festgehalten. Gegen einen Aufprall spräche aber die Tatsache, dass Rose kaum am Kopf verletzt war und dass Verletzungen und Verletzungskomplexe gefunden wurden, bei denen „am ehesten an Fußtritte zu denken ist“.[472]

470 Transkript des Interviews der Autorin mit Rechtsmediziner, der nicht genannt werden möchte, am 20.11.2019.

471 Transkript des Interviews der Autorin mit Prof. Bohnert am 11.7.2019 in Würzburg.

472 Universitätsklinik Halle, Rechtsmedizinisches Gutachten vom 18.6.1998, Az.: 2/15967/97.

26. Der Tod von Mario Bichtemann

Der zweite unaufgeklärte Todesfall, den Oberstaatsanwalt Folker Bittmann mit dem Tod von Oury Jalloh in Verbindung brachte, ist der von Mario Bichtemann in der Zelle 5 des Dessauer Polizeigewahrsams. Auch für seine Sicherheit war Hans H. als Dienstgruppenleiter verantwortlich gewesen. Bichtemann starb an einem Schädelbruch.

Am 29. Oktober 2002, einem Dienstag, hatten sich die Eheleute Schwarz[473] aus Zerbst einen netten Abend im 20 km entfernten Dessau gemacht – mit Stadtbummel, Shopping und Essengehen. Nun waren sie auf dem Rückweg zu ihrem Auto, das sie am Friedensplatz abgestellt hatten. Nach 21 Uhr sahen sie von Weitem vor dem Haus Antoinettenstraße 9, direkt an der Tordurchfahrt zum Innenhof, eine liegende Gestalt. Andere Passanten hatten die Person auch gesehen, waren kurz stehen geblieben, hatten sie angesprochen, gingen dann aber weiter. Die Eheleute Schwarz warteten eine Weile und kamen näher. Sie erkannten in der Gestalt einen hilflosen Mann. Ihm nicht auf der Stelle beizustehen, dafür hatten sie kein Verständnis, auf keinen Fall wollten sie ihn einfach auf dem Gehweg liegen lassen. Es war 21 Uhr 19, als Peter Schwarz die Notrufnummer der Polizei anrief. Dann warteten sie. Die Zeit erschien ihnen recht lang, bis zwei Beamte in einem Polizeibus vorfuhren. Herr und Frau Schwarz erklärten die Situation, dass sie beobachtet hätten, wie andere Leute ihre Hilfe verweigerten, und hinterließen dann für alle Fälle ihre Personalien.[474] Und tatsächlich wurden sie wenige Tage später zur Vernehmung bestellt.

473 Der Name ist auf Wunsch der Zeugen anonymisiert.

474 Aktenvermerk vom 1.11.2002, Tgb.-Nr. 1/1788/2002; Zeugenvernehmung vom 14.11.2003.

Der Mann war ansprechbar und unverletzt, sprach aber undeutlich. Seine Papiere wiesen ihn als Mario Bichtemann aus, wohnhaft in der Antoinettenstraße 22, also nur 140 Meter entfernt vom Haus Nummer 9. Die Antoinettenstraße ist eine der großen Dessauer Durchgangsstraßen. Baudenkmäler neben sanierten Hochhäusern, der Friedensplatz, Hauptbahnhof und Polizeirevier sind in der Nähe. Die beiden Polizisten setzten ihn in den Streifenwagen und fuhren zu seiner Wohnung. Dort klingelten sie. Als keiner öffnete, fragten sie Mitbewohner des Hauses und erfuhren, dass Mario Bichtemann seit einiger Zeit allein lebte. Seine Partnerin hatte ihn zuletzt vor zwei Tagen besucht. In seinem Zustand hätte er als medizinischer Notfall umgehend ins Krankenhaus gebracht werden müssen, aber die Polizisten brachten ihn in den Polizeigewahrsam des Reviers Wolfgangstraße 25. Es war inzwischen 21 Uhr 45.

Bereitschaftsarzt Dr. B. war zufällig anwesend. Kurzentschlossen nahm er ihn mit in sein Behandlungszimmer. Auf eine Blutalkoholbestimmung verzichtete er, die Alkoholfahne genügte ihm.[475] Mario Bichtemann zog sein Hemd aus, der Arzt hörte ihn ab, kontrollierte Pupillen und Puls – Lichtreaktion beidseits positiv, Motorik seitengleich, alles kräftig und normal – und gab ihn als gewahrsamstauglich frei für die Zelle Nummer 5, die Ausnüchterungszelle. Abgesehen von einigen älteren blauen Flecken an Händen und Gesicht hatte er keine Verletzungen festgestellt. Wegen erheblicher Alkoholisierung ordnete er stündliche Kontrollen an, der Mann hätte sich erbrechen können.

Um 22 Uhr legte sich Bichtemann auf die Pritsche in der Zelle 5 und sehr wahrscheinlich schlief er sofort ein. Das blieb aber ungewiss, denn entgegen der Gewahrsamsordnung wurde kein Gewahrsamsbeamter für die Kontrollen bestimmt. Seit 1995 ist die aktuelle Polizei-

475 Ermittlungsprotokoll vom 1.11.2002, Ermittlungsverfahren gegen PHM T. und PHK Hans H. wegen fahrlässiger Tötung des Mario Bichtemann, Az.: 232 Js 33464/02.

gewahrsamsordnung[476] des Landes Sachsen-Anhalt gültig, nach der kranke, betrunkene oder benommene Personen im Abstand von mindestens 30 Minuten zu kontrollieren sind.[477]

In der laufenden Schicht wurde Mario Bichtemann noch alle 60 bis 90 Minuten kontrolliert, etwas seltener als vom Bereitschaftsarzt gefordert, aber doch noch relativ häufig. Am nächsten Morgen um 5 Uhr 15 versuchten zwei Polizisten, ihn wachzurütteln. Er sollte vor Schichtende entlassen werden. Sie rüttelten an ihm, er öffnete die Augen, schlief dann aber weiter. Angeschlagen wirkte er nicht, nur müde. Die Zelle war sauber, seine Kleidung nicht verschmutzt. Sie ließen ihn weiterschlafen.

Der nächste Schichtwechsel war um 6 Uhr 00. Der Dienstaufsicht führende Beamte W. übergab an seinen Kollegen Hans H. Und sofort änderte sich die Handhabung der Kontrollen. H. verzichtete auf Sichtkontrollen und setzte stattdessen auf Hörkontrolle mithilfe der Wechselsprechanlage. Zwischen 5 Uhr 15 und 10 Uhr 00 war keiner mehr in den Gewahrsamskeller gegangen. Mit den Worten „Hier habt ihr die Schlüssel, wenn er wach wird, lasst ihn raus“ überließ ihn der DGL Hans H. den beiden Polizisten X. und S., die zusammen Streife fuhren. X. ist der Beamte, der im Dezember 1997 Hans-Jürgen Rose festgenommen hatte. Gegen 10 Uhr seien sie ins Revier gekommen, gaben sie später zu Protokoll. Mario Bichtemann war jetzt schon über zwölf Stunden im Gewahrsam. Sie hätten die Tür geöffnet. Bichtemann habe auf dem Zellenboden gelegen, am Fußende des Betonsockels mit der Matratze, den rechten Arm unter seinem Kopf. So steht es in ihren Vernehmungsprotokollen.[478] Es habe extrem unangenehm nach Kot gerochen,

476 Stefan Robert Hanke, Todesfälle im Polizeigewahrsam von 1993–2003 in Deutschland, Diss., Martin-Luther-Universität Halle-Wittenberg 2011, https://opendata.uni-halle.de/handle/1981185920/7499.

477 Alle Angaben aus 3 Bänden Ermittlungsakte, Ermittlungsverfahren gegen PHM T. und PHK Hans H. wegen fahrlässiger Tötung des Mario Bichtemann, Az.: 232 Js 33464/02, zum Ablauf des Geschehens Aktenvermerk vom 1.11.2002, Tgb.-Nr. 1/1788/2002.

478 Ebenda, Band 1, Az.: 232 Js 33464/02.

Bichtemann atmete und machte Schnarchgeräusche, wurde aber durch Rufen nicht wach. X. und S. verließen die Zelle. Um 12 Uhr 20 hätten sie ihn erneut kontrolliert. Um ihn wachzubekommen, heißt es im Vernehmungsprotokoll. Nun habe Bichtemann auf dem Rücken gelegen, er schnarchte immer noch, aber sein Zustand sei verändert gewesen. Aus seinem linken Ohr lief eine Blutspur zur Wange. X. ging hinauf in die Leitstelle und will den DGL gebeten haben, den Bereitschaftsarzt Dr. B. anzurufen. DGL Hans H. bestritt später, von der Blutspur gewusst zu haben, sie sei ihm nicht mitgeteilt worden. X. habe nur berichtet, dass Bichtemann seine Lage verändert habe, aber immer noch schlafe. Er habe bei Dr. B. nachgefragt, ob er ihm ein Beruhigungsmittel gespritzt habe. Der Arzt habe das verneint und seine Entlassung angeordnet, sobald er aufwache. Im „Gefahrenfalle" solle ein Notarzt gerufen werden.[479] Mehr geschah nicht.

Mario Bichtemann sollte seinen Rausch ausschlafen. Am Pult in der Leitstelle saß Streifeneinsatzführerin Jutta L., die gleiche Beamtin, die auch am Todestag von Oury Jalloh die Gegensprechanlage bediente. Sie wusste, dass der Mann seit vielen Stunden in der Zelle lag, ging aber nach eigener Aussage immer noch davon aus, dass er schläft. Um die Mittagszeit will sie ein „hörbar gesundes, zufriedenes Schnarchen" und eine Stunde später noch „ein deutlich ruhiges, gesundes Schnarchen"[480] wahrgenommen haben, sagte sie später in ihrer Vernehmung. Da war Mario Bichtemann seit 14 Stunden in der Ausnüchterungszelle. Ohne medizinischen Sachverstand interpretierte sie seine Atemgeräusche

479 Quelle für alle Zitate und Details: 3 Bände Ermittlungsakte, Ermittlungsverfahren gegen PHM T. und PHK Hans H. wegen fahrlässiger Tötung des Mario Bichtemann, Az.: 232 Js 33464/02, zum Ablauf des Geschehens Aktenvermerk vom 1.11.2002, Tgb.-Nr. 1/1788/2002.

480 Sachstandsbericht von Hans H., Polizeirevier Dessau II. DA, v. 30.10.2002, ohne Az.; Sachstandsbericht von Jutta L., Polizeirevier Dessau II. DA, vom 30.10.2002, ohne Az.:, beide in: Ermittlungsakte, Ermittlungsverfahren gegen PHM T. und PHK Hans H. wegen fahrlässiger Tötung des Mario Bichtemann, Az.: 232 Js 33464/02.

als harmlos. Weder sie noch Hans H. machten sich die Mühe, medizinischen Rat einzuholen. Sonst hätten sie erfahren, dass das angeblich gesunde Schnarchen nach 14 Stunden im Gewahrsam ein schlechtes Zeichen war. Mario Bichtemann war noch am Leben. Aber wie?

Um 13 Uhr 50 nahm Jutta L. über die Gegensprechanlage Geräusche aus der Zelle wahr. Mario Bichtemann war seit 16 Stunden im Gewahrsam. Nun erst ging der verantwortliche DGL Hans H. hinunter in den Zellentrakt. Er fand den Mann tot in Bauchlage auf dem Fußboden und forderte den Notarzt an. Dr. N. stellte um 14 Uhr 20 fest, dass Mario Bichtemann zwischen 13 und 14 Uhr verstorben war. Wenn die Einträge im Gewahrsamsbuch stimmen, muss Mario Bichtemann nach der 12-Uhr-20-Kontrolle versucht haben, die Zelle zu verlassen. Seine Leiche lag innen direkt vor den Zellentür. In den folgenden Tagen wurden alle Polizisten polizeilich vernommen.[481]

Die Staatsanwaltschaft begann zu ermitteln. Sie musste auch die Todesursache klären und ließ Bichtemanns Leichnam in der Uniklinik Halle obduzieren. Er war zwischen 13 Uhr und 14 Uhr gestorben, um 16 Uhr 15 wurde seine Körpertemperatur gemessen. Die Leiche war etwa drei Stunden alt und hatte rektal mit 37,7 Grad noch normale bis leicht erhöhte Temperatur. Am übernächsten Tag von 8 bis 11 Uhr wurde sie seziert. Als Todesursache stellten die Ärzte des Obduktionsteams stumpfe Gewalteinwirkung gegen den Kopf fest, einen Schädelbruch oberhalb der als Hutkrempe bezeichneten Linie rund um den Schädel, in dessen Folge ein epidurales Hämatom entstand. Dieser Befund schließt einen Sturz als Todesursache aus. Außerdem wurden links Brüche der 5. bis 8. Rippe festgestellt und zahlreiche größtenteils frische Verletzungen. Weiteres sollte in einem gesonderten Gutachten dargestellt werden. Klar war damit schon: Mario Bichtemann wurde

481 Als Einziger verweigerte Kurt K. (einer der beiden Beamten, die am 7. 1. 2005 Oury Jalloh festgenommen hatten) die Aussage, er habe sich nicht strafbar machen wollen. Aus der Akte geht nicht hervor, ob sein Verhalten toleriert oder hinterfragt wurde. Im Gewahrsamsbuch ist Kurt K. nicht als Zellenkontrolleur eingetragen.

erschlagen. Aber wann? Draußen auf der Straße, bevor er gefunden und eingeliefert wurde, oder später, im Revier? Hätte der Bereitschaftsarzt die schwere Verletzung entdecken müssen, hatte er nicht gründlich genug hingesehen, wieso hatte Bichtemann ihm nicht erzählt, dass er geschlagen wurde? Der Bereitschaftsarzt konnte bald entlastet werden. Ein Schädelbruch kann durch Betrachten oder Betasten nicht diagnostiziert werden, sondern nur, wenn der Patient in die Klinik gebracht und geröntgt wird. Die Kripo fand heraus, dass von Bichtemanns Girokonto von verschiedenen Automaten Geld abgehoben worden war, während er betrunken auf der Straße lag. Mithilfe der Bilder aus den Überwachungskameras wurden die Diebe rasch gefunden. Es waren die Jugendlichen, die dem Ehepaar Schwarz von Weitem aufgefallen waren. Sie gaben zu, den Diebstahl begangen zu haben, aber geschlagen hätten sie den betrunkenen Mann nicht. Sie wollen beobachtet haben, wie er sich einmal um die eigene Achse gedreht habe und dann auf den Hinterkopf gefallen sei.[482]

Die Staatsanwaltschaft Dessau beschuldigte Hans H., durch Fahrlässigkeit Mario Bichtemanns Tod verursacht zu haben. Weil er nicht für den ordnungsgemäßen Vollzug im Gewahrsam gesorgt habe, weil er keine regelmäßigen Kontrollen durchführen ließ, obwohl der Arzt sie angeordnet hatte, weil er Meldungen der Polizeikollegen über Bichtemanns Zustand ignorierte, statt den Notarzt zu alarmieren. Laut der rechtsmedizinischen Stellungnahme der Uniklinik Halle hätte Bichtemann überlebt, wäre er früh genug ins Krankenhaus gebracht worden. Im letzten Satz des Dokuments geht der Arzt noch weiter: „Allein von der Beschaffenheit und Lokalisation der festgestellten Schädel-Hirn-Verletzungen her hätte die Chance bestanden, den Tod des Herrn B. durch geeignete ärztliche Maßnahmen durchaus bis zur letzten Stunde vor endgültigem Herz-/Kreislaufstillstand zu verhindern.“[483]

482 Urteil Amtsgericht Dessau, Az.: 12 Ls 591 Js 33728/02 (33/03) vom 4. 12. 2003.

483 Institut für Rechtsmedizin Halle, Rechtsmedizinische Stellungnahme vom 10. 3. 2003, Az.: 232 Js 33464/02.

Die Staatsanwältin stellte dennoch im November 2003 das Ermittlungsverfahren gegen Hans H. ein. „Das Bewusstsein, zur Hilfe verpflichtet zu sein, war beim Beschuldigten H. gerade nicht vorhanden, da er keine Kenntnis von den die Hilfspflicht begründeten Umständen (schwerwiegende Kopfverletzung) hatte."[484] Bichtemanns Angehörige beschwerten sich über die Einstellung, wurden vom Generalstaatsanwalt aber abgewiesen.[485]

Zu klären war noch die Frage, wann die Blutung im Schädelinnenraum entstand, d.h. wann der entscheidende, eventuell letzte, Schlag gegen den Schädel geführt worden war. In der Sektion waren der Alkoholwert des Hämatomblutes mit 0,45 Promille bestimmt worden, der des peripheren (in den Adern fließenden) Blutes mit 0,26 Promille. Als Hämatomblut wird das Blut in dem Raum bezeichnet, der durch den Schlag entstand, den es im unverletzten Zustand gar nicht gibt. Es ist der Raum zwischen der harten Hirnhaut und dem knöchernen Schädeldach, der Alkoholanteil wird dort, im Gegensatz zum peripheren Blut, das nach wie vor kreist, nicht mehr abgebaut. Das Gutachten schlussfolgert daraus, „dass der Hauptteil der epiduralen Blutung" in dem Zeitraum der Kontrollen um 10 und um 12 Uhr 20 erfolgt ist „und über den Hirndruckanstieg zum Tod geführt hat".[486]

Die Staatsanwaltschaft war mit diesem Befund nicht zufrieden und forderte ein weiteres Gutachten an, dieses Mal beim Institut für Rechtsmedizin der Uniklinik Dresden. Das Gutachten kam zu der Einschätzung, „dass diese Kopfschwartenverletzung eher in den Abendstunden des 29.10.2002 um 21 Uhr als wenige Stunden vor Todeseintritt entstanden ist", wies jedoch ausdrücklich darauf hin, dass die stundengenauere Eingrenzung problematisch sei.[487] Die

484 Schreiben der Staatsanwaltschaft Dessau an Anwalt der Nebenklage 6.11.2003.

485 Schreiben der Generalstaatsanwaltschaft Naumburg vom 17.5.2004.

486 Ergänzende rechtsmedizinische Stellungnahme vom 29.3.2003, Tgb.-Nr.: G 26b/2003.

487 Institut für Rechtsmedizin Dresden, Gerichtsmedizinisches Gutachten vom 2.12.2002.

Staatsanwaltschaft akzeptierte vage Formulierungen wie „eher wahrscheinlich“.

Ich bat den erfahrenen Rechtsmediziner, der für mich die Befunde und Gutachten aus den Rose-Akten studiert hatte, um Rat. Seine Auskunft: „Bichtemann war 16 Stunden auf der Wache. In dieser Zeit hat er nichts getrunken.[488] Er war ein trainierter Alkoholiker, also kann man davon ausgehen, dass mindestens 0,15 bis zu 0,3 Promille Alkohol pro Stunde abgebaut wurden. Da er regelmäßig Blutverdünner einnahm – das geht aus der Akte[489] hervor und wird von seiner Schwester bestätigt –, kann der Abbau noch schneller vorangegangen sein. Daraus lässt sich errechnen, dass er vor der Aufnahme in den Gewahrsam einen Blutalkoholwert zwischen 2,5 und 4 Promille gehabt hatte. Der Alkoholwert im Hämatomblut betrug 0,45 Promille. Wäre er mit dem Schädelbruch in die Zelle gekommen, wäre dieser Wert sehr viel höher, weil der Blutalkohol in diesem Teil des Gehirns nicht abgebaut wird. Das heißt, die große Einblutung in den Schädelinnenraum hat definitiv nicht schon bei der Aufnahme in den Polizeigewahrsam angefangen, sondern erst zu einem Zeitpunkt, in dem er schon deutlich in der Blutalkoholabbauphase war. Sehr wahrscheinlich erst wenige Stunden vor seinem Tod. Nichts anderes steht auch im Gutachten der Rechtsmedizin Halle. Wenn die Staatsanwältin das nicht verstanden hat, was durchaus möglich ist, hätte sie sich von einem Mediziner beraten lassen sollen.“[490]

488 Mario Bichtemann soll gegen 20 Uhr 05 oder 20 Uhr 10 die Gaststätte „Teehäuschen“ verlassen haben, wo er Schnaps und Zigaretten gekauft hatte. Ob eine normale oder eine Miniaturschnapsflasche, ist nicht bekannt. Eine Miniaturflasche könnte er sofort ausgetrunken haben. Dafür spricht, dass er wenige Minuten später zusammenbrach. Die zusätzliche konsumfreie Zeit zwischen diesem Ereignis und dem Einschluss in der Zelle 5 müsste hinzugerechnet werden. Siehe Fn 483 Urteil Amtsgericht Dessau, Az.: 12 Ls 591 Js 33728/02 (33/03) vom 4.12.2003.

489 Mario Bichtemann nahm den Blutverdünner Falithrom ein.

490 Transkript des Interviews der Autorin mit dem Rechtsmediziner, dessen Name nicht genannt werden kann, vom 30.9.2019.

Die jugendlichen Diebe von Bichtemanns EC-Karte samt Notizzettel mit PIN wurden Anfang Dezember wegen Diebstahls und unterlassener Hilfeleistung zu Bewährungsstrafen verurteilt. Mitte Dezember 2003 begann die Polizeidirektion Dessau mit disziplinarrechtlichen Vorermittlungen gegen den DGL Hans H.[491] Sie waren noch nicht abgeschlossen, als dreizehn Monate später in der Zelle 5 ein weiterer Mensch zu Tode kam: Oury Jalloh. Sechs Monate nach dessen Tod wurde X. aus dem Polizeidienst entlassen.

491 Schreiben der Polizeidirektion Dessau an Staatsanwaltschaft Dessau am 18.12.2003.

27. Rassismus im Revier

Am 15. Dezember 2009, dem Tag vor der öffentlichen Revisionsverhandlung des BGH zum Dessauer Freispruch, trafen sich um zwei Uhr nachmittags die Mitglieder der Initiative in Gedenken an Oury Jalloh in Mouctar Bahs Telecafé. Die meisten waren Flüchtlinge, Freunde und Bekannte von Oury Jalloh, nach einem gemeinsamen Essen wollten sie nach Karlsruhe fahren. Sie wohnten in Dessau, Roßlau und in Bernburg an der Saale und hatten ihre Fahrt pflichtgemäß der Polizei gemeldet, um der Gefahr zu entgehen, wegen Missachtung der Residenzpflicht in Schwierigkeiten zu kommen. Einigen war das schon passiert, sie waren kontrolliert worden und hatten die Nacht in der Zelle eines Polizeigewahrsams verbracht. Ein mittelgroßer Bus war für 16 Uhr bestellt, der aber nicht abgeholt werden konnte, denn um 14 Uhr 30 stürmte eine Gruppe uniformierter Polizisten den Laden. Sie forderten die Besucher auf, sich auf den Boden zu legen, darunter Mouctar Bah, Boubacar D. und Laye B. Mouctar Bah: „Wir haben uns alle hingelegt. Dann haben sie gesagt, sie machen eine Razzia. Ich hab sie gefragt, wegen was. Sie sagten, wegen Drogendelikten. Dann haben sie überall im Laden nach Drogen gesucht, dabei haben sie uns beleidigt, wir sollen aufhören zu fressen, haben sie gesagt und so was alles." Zwei Deutsche seien unter den Besuchern gewesen, sie hätten protestiert und sich dem Befehl verweigert. Boubacar D.: „Wir haben alle aufgehört zu essen. Dann fing einer der deutschen Kollegen an, mit den Beamten zu diskutieren. Wir fressen nicht, sagte er, wir sind Menschen." Alle hätten ihre Papiere zeigen müssen. Boubacar D.: „Wir haben sie gefragt ob sie einen Gerichtsbeschluss haben. Sie sagten nein, so was brauchen wir nicht."

Die Polizeiaktion habe 4 bis 5 Stunden gedauert, mehr als zwei Dutzend Polizisten seien beteiligt gewesen, ausgerüstet mit Schlagstock am Gürtel. Im Hinterzimmer liefen Verhöre ab. Mouctar Bah:

„Sie versuchen, uns mit dem Drogenmilieu in einen Topf zu werfen. Aber damit haben wir nichts zu tun, ich habe sogar gefordert, dass sie etwas dagegen unternehmen sollen. Zum Schluss mussten sich einige von uns nackt ausziehen, das war widerlich und peinlich." Laye B.: „Ich musste alles ausziehen, Jacke, Klamotten, alles, auch den Slip. Ich weiß nicht, warum. Dann haben sie das durchsucht und in meinem Portemonnaie 180 Euro gefunden. Sie sagten, ich darf nicht 180 Euro haben. Ich habe gesagt, doch, ich darf 700 Euro haben, weil ich arbeiten darf. Da gaben sie mir meinen Pass zurück und haben mich rausgehen lassen. Sie haben mir verboten, zurückzukommen." Aus Angst blieb Laye B. zwei Tage zu Hause. Mouctar Bah: „Viele von den Leuten haben das Verbot bekommen. Sie konnten nicht mitfahren nach Karlsruhe." Um 19 Uhr 30 sei der Einsatz vorbei gewesen, zu spät für den reservierten Bus.

Der Polizeieinsatz war nicht unbemerkt geblieben, ein Mann habe kurz nach Abzug der Polizisten den Laden betreten und gefragt, ob er helfen könne. Mouctar Bah habe ihm das Dilemma geschildert, worauf ihm der Mann seinen eigenen Bus anbot. „Er war nicht so groß, nur für neun Personen. Mit dem Bus sind wir dann nach Karlsruhe gefahren." Die Razzia wurde Thema im Innenausschuss des Landtags. Polizeipräsident Karl-Heinz Willberg musste sich für das Vorgehen seiner Beamten entschuldigen, er bot sogar Schmerzensgeld an. Doch der Rest an Vertrauen war zerstört, die Black Community lehnte ab. „Wir glauben keinem von denen mehr", erklärte mir Mouctar Bah, „nicht mehr dem Staatsanwalt, dem Bürgermeister, den Richtern. Die spielen mit uns. Für mich gehört das, was sie mit uns machen, nicht in ein demokratisches Land. Sie verletzen Menschenrechte, und das ist eine große Schande für uns."[492]

Einige Äußerungen des Dienstgruppenleiters und anderer Polizisten am Telefon hatten dazu geführt, dass sich die Magdeburger

492 Transkript des Interviews der Autorin mit Mouctar Bah, Boubacar D. und Laye B. im Telecafé Dessau am 6.1.2019.

Strafkammer Gedanken über Rassismus im Revier machen musste. „Unter den Kollegen des Reviers gibt es Vorbehalte gegen Ausländer", sagte der Schutzbeamte Erwin S. als Zeuge in Magdeburg. „Vorbehalte, die sich in Sprüchen hätten erkennen lassen", aber die Kammer interpretierte mit Nachsicht, dass sich in der Polizei „ein interner Sprachgebrauch verbreitet haben mag, der nicht dem sonstigen ‚Behördendeutsch' und möglicherweise nicht einmal dem Sprachgebrauch entspricht, der von jedermann und insbesondere von Polizeibeamten im täglichen Umgang mit seinen Mitmenschen erwartet werden darf und muss".[493] Mit „Ach du Scheiße" hatte der Bereitschaftsarzt reagiert, als er erfuhr, dass er einem „Schwarzafrikaner" Blut abnehmen solle. Mit „Gut, alles klar, schönes Wochenende" hatte sich ein Polizeikollege verabschiedet, nachdem er erfahren hatte, dass es im Zellentrakt brennt.

Anders als die Kammer sah das offenbar der oberste Dienstherr. Das Dessauer Polizeirevier war in dieser Beziehung schon unangenehm aufgefallen. „Tatsache scheint zu sein, dass bereits am 7. Januar 2005 ein Punkt besprochen worden ist, dass es in Dessau braune Tendenzen gibt. Und dass man besonders darauf achten muss bei den Ermittlungen", so Nebenklage-Anwältin Gabriele Heinecke.[494] Es soll sich um eine Einschätzung der Landesregierung gegenüber Ansgar A. gehandelt haben, dem Leiter der Ermittlungsgruppe Stendal, der sie in einem „Vier-Augen-Gespräch" an den Leiter des Revierkriminaldienstes Klaus K. weitergab. „Der Vorwurf war so neu nicht", sagte Klaus K. in Magdeburg, „er wurde schon in Zusammenhang mit der Drogenkriminalität im Stadtpark von der Presse erhoben. Aber jetzt kam es auf dienstlichem Wege, das hat mich fassungslos gemacht."[495] Klaus K. hielt sie in einem Vermerk schriftlich fest und übergab das Papier der

493 LG Magdeburg, 1. Große Strafkammer – Schwurgericht – Geschäftsnummer: 21 Ks 141 Js 13260/10 (8/10), S. 139.

494 Transkript des Interviews der Autorin mit Rechtsanwältin Gabriele Heinecke vom 31.10.2019.

495 NK-Mitschrift der HV Magdeburg vom 17.11.2011.

Polizeipräsidentin Brigitte Scherber-Schmidt. „Frau Scherber-Schmidt war als Zeugin in Magdeburg gehört worden. Sie hat auch bestätigt, dass ein solcher Brief oder ein solcher Vermerk vorhanden war. Sie habe den Vermerk weitergegeben an den Staatsschutz."[496] Dort verschwand er. Der Leiter des Staatsschutzes, Polizeidirektor Hans-Christoph Glombitza, wurde nie zur Verantwortung gezogen, obwohl er zuständig war für die Beaufsichtigung des Reviers. Weder im Ermittlungsverfahren noch in den beiden Hauptverhandlungen wurde Glombitza vernommen.[497]

Einen weiteren folgenschweren Polizeieinsatz gab es am 7. Januar 2012, Oury Jallohs siebtem Todestag. Franz F., Justiziar des Polizeipräsidiums, soll den Einsatzleiter der Polizei angewiesen haben, den Teilnehmer:innen der jährlichen Gedenkdemonstration Plakate mit der Parole „Das war Mord" wegzunehmen.[498] Die waren aber zuvor genehmigt worden. Mouctar Bah zeigte das Schriftstück dem Einsatzleiter. Doch die Atmosphäre war explosiv, der Einsatz eskalierte. Der neue Polizeipräsident hatte Hunderte Beamte aufmarschieren lassen,[499] die schon am Beginn der Demonstration zuschlugen und in deren Anschluss im Eingangsbereich zum Hauptbahnhof jene Teilnehmer:innen einkesselten, die von außerhalb angereist waren und nun nach

496 Transkript des Interviews mit RA Heinecke vom 31.10.2019. Vgl. auch Landtag Sachsen-Anhalt, Bericht der vom Ausschuss für Recht, Verfassung und Gleichstellung des Landtags Sachsen-Anhalt beauftragten Berater, Rechtsanwalt Jerzy Montag und Manfred Nötzel, Magdeburg, den 26.8.2020, S. 241 f.

497 Zur Person des Polizeidirektors Glombitza siehe auch in Kapitel 4 „Exkurs: Dessau und seine Polizei" den Abschnitt zur Dessauer Polizeiaffäre.

498 Demonstration in Dessau: Ein Telefonat mit Folgen. Von Alexander Schierholz, in: Mitteldeutsche Zeitung, 10. 1. 2012, https://www.mz.de/mitteldeutschland/demonstration-in-dessau-ein-telefonat-mit-folgen-2296424.

499 Amtsgericht Dessau: Juristisches Nachspiel nach Jalloh-Demo. Von Thomas Steinberg. In: Mitteldeutsche Zeitung, 3.12.2013, https://www.mz.de/lokal/dessau-rosslau/amtsgericht-dessau-juristisches-nachspiel-nach-jalloh-demo-2104257.

Hause fahren wollten.[500] Die Uniformierten setzten ihre Schlagstöcke ein. Am schwersten verletzt wurde Mouctar Bah, der die Gruppe begleitet hatte. Ein Beamter versetzte ihm einen Kopfstoß mit seinem Helm, ein anderer sprühte ihm Pfefferspray ins Gesicht.[501] Mouctar Bah bekam keine Luft und verlor das Bewusstsein. Ein Rettungswagen brachte ihn ins Krankenhaus. Der Polizist zeigte Mouctar Bah wegen Widerstands gegen die Staatsgewalt an, weil dieser angeblich mit einer Drohgebärde die Eskalation begonnen habe. Das Verfahren wurde später vom Amtsgericht eingestellt.

Die Sonderberater Manfred Nötzel und Jerzy Montag fanden in den Akten zum Verfahren gegen den DGL Hans H. Hinweise auf Rassismus. Sie deuteten Telefongespräche („bring doch ne Spezialkanüle mit"), Andeutungen von Zeugen, die offen menschenverachtende Bemerkung des Polizeiführers aus Halle „Schwarze brennen eben mal länger" als Beweise für rassistisches Denken.[502] Für sie ergab sich daraus zwar kein allgemeines Urteil über die Polizei Sachsen-Anhalts, aber doch ein Hinweis, dass es Probleme gab oder gibt.[503] Die extrem häufige Verwendung des Wortes „Schwarzafrikaner"[504] in den Vernehmungsprotokollen war ihnen aufgefallen, und sie fragten sich, warum nicht

500 Die Präsidentin der ILMR, Prof. Fanny-Michaela Reisin, war anwesend. Vgl. auch Internationale Liga für Menschenrechte, Offener Brief: Polizeigewalt in Dessau, An den Innenminister des Landes Sachsen-Anhalt, Herrn Holger Stahlknecht, die Fraktionen des Landtags von Sachsen-Anhalt, die Vorsitzenden des Innenausschusses des Landtags, 9. 1. 2012, https://ilmr.de/2012/offener-brief-polizeigewalt-in-dessau.

501 Telefonat der Autorin mit Mouctar Bah vom 8. 1. 2012 aus dem Klinikum Dessau.

502 Landtag Sachsen-Anhalt, Bericht der vom Ausschuss für Recht, Verfassung und Gleichstellung des Landtags Sachsen-Anhalt beauftragten Berater, Rechtsanwalt Jerzy Montag und Manfred Nötzel, Magdeburg, den 26. 8. 2020, S. 81 und 85 f.

503 Ebenda, S. 80–87.

504 2021 bewertete die Antidiskriminierungsstelle des Bundes die Bezeichnung „schwarzafrikanisch" als rassistische Zuschreibung.

der Name des Verstorbenen verwendet wurde. „Keiner der vernommenen Beamten benutze aber dabei den ihnen bekannten Namen Ouri Jallow, sondern alle sprachen immer nur von dem ‚Schwarzafrikaner', dem ‚Afrikaner' oder bestenfalls von ‚Er' oder von dem ‚Mann'."[505] Der Streifenbeamte, der Oury Jalloh festgenommen hatte, sprach in seiner Vernehmung „40 Mal vom ‚Afrikaner', kein einziges Mal nannte er aber den von ihm festgenommenen Menschen bei seinem Namen."[506] „Da […] alle vernommenen Zeugen Polizeibeamte waren, ist dieser Vorgang als Ausdruck einer Ungleichbehandlung im Bereich des institutionellen Rassismus anzusehen."[507] In der mit dreieinhalb Seiten außerordentlich kurzen Vernehmung des DGL Hans H. taucht das Wort „Schwarzafrikaner" neunmal auf.

In Sachsen-Anhalt war zu dieser Zeit die Zahl rechtsextremer Delikte stark angestiegen. Das führte im Februar 2007 dazu, dass der Leitende Dessauer Polizeidirektor Hans-Christoph Glombitza zu deutschlandweiter Berühmtheit kam, weil er den eigenen Staatsschutzbeamten nahegelegt hatte, „bei rechten Delikten nicht so genau hinzuschauen".[508] Die Kampagne der Landesregierung mit dem Titel „Hingucken!" dürfe, so Glombitza, nicht so ernst genommen werden: „Das ist doch nur für die Galerie."[509] Vor diesem Hintergrund konnten Dessauer Polizeibeamte davon ausgehen, dass herabsetzendes oder rassistisches Verhalten gegenüber Menschen mit dunkler Haut weitgehend toleriert

505 Landtag Sachsen-Anhalt, Bericht der vom Ausschuss für Recht, Verfassung und Gleichstellung des Landtags Sachsen-Anhalt beauftragten Berater, Rechtsanwalt Jerzy Montag und Manfred Nötzel, Magdeburg, den 26.8.2020, S. 84.

506 Ebenda, S. 84 f.

507 Ebenda, S. 85.

508 Vgl. Anhörung im Landtag: Zu viele schlechte Zahlen. Von Hendrik Kranert, in: Mitteldeutsche Zeitung, 10.12.2007, https://www.mz.de/mitteldeutschland/anhorung-im-landtag-zu-viele-schlechte-zahlen-2818947.

509 Das ist doch nur für die Galerie. Von Frank Jansen, in: Tagesspiegel, 12.5.2007, https://www.tagesspiegel.de/politik/das-ist-doch-nur-fur-die-galerie-1489915.html.

wird. Wie das des Streifenbeamten Kurt K., der Oury Jalloh am Morgen des 7. Januar mit „Passport, Amigo“ angesprochen hatte. Ausschlaggebend dafür sei allein seine Hautfarbe gewesen, so Regina Götz, Vertreterin der Nebenklage in der Dessauer Hauptverhandlung.[510]

Hans-Jürgen Rose hatte Angst vor der Polizei. Mehrmals flehte er den Besitzer des beschädigten Pkw an: „Bitte nicht die Polizei rufen, das ist mein Tod.“[511] Woher diese Angst kam, ist unbekannt und kann nicht mehr recherchiert werden. Wer die Bilder von Oury Jallohs Leiche gesehen hat, wird sie nie wieder vergessen. Eines haben alle Fälle gemeinsam. Die Getöteten oder Verletzten waren schwach, lebten oft am Rande der Gesellschaft, waren – offenbar nicht nur aus Sicht der Täter – „Opfer minderer Bedeutung“.[512] Und die Verantwortlichen wurden nicht belangt, weil vor Gericht keiner ihrer Kollegen etwas gehört oder gesehen haben will. Die Binnenkultur der „Polizeifamilie“, das gemeinsame Band, überwiege die Risiken von Falschaussagen und Strafbarkeit, sagt Tobias Singelnstein, Prof. für Kriminologie und Strafrecht.[513]

Oury Jalloh war beliebt bei seinen Freunden, aber sicher nicht bei den Polizisten, die mit ihm zu tun hatten. Zu seinen Lebzeiten wurden dunkelhäutige Menschen sehr oft von Polizisten überprüft. Man verdächtigte sie, gegen ihre Residenzpflicht verstoßen zu haben. Der Verstoß war eigentlich eine Ordnungswidrigkeit, bei wiederholten Verstößen wurde daraus aber eine sogenannte „opferlose Straftat“. Oury

510 „Warum starb Oury Jalloh?“, LG Dessau, 59. Prozesstag, 8.12.2008.

511 Polizeiliche Vernehmung des Zeugen R.S. (Besitzer des beschädigten Pkw) vom 23.1.1998.

512 Martin Herrnkind, Diplom-Kriminologe, nach 38 Jahren im Polizeidienst Ausbilder an einer Fachhochschule der Polizei: „Vielleicht hat der Stellenwert des Opfers auch nicht so eine große Bedeutung. Im Zweifelsfall ist es da wichtiger, zu den Kollegen zu halten.“ Zitiert nach: Oury Jalloh und die Toten des Polizeireviers Dessau. Von Margot Overath, in: WDR5, Tiefenblick: Oury Jalloh. Teil 4 von 5, 7.6.2020.

513 Transkript des Interviews der Autorin mit Prof. Tobias Singelnstein am 1.7.2019.

Jalloh gehörte zu denen, die – obwohl bekannt – immer wieder kontrolliert wurden.

Wichtig am Tag des Feuers war sicher, dass die Streifenpolizisten ihn für einen „Frauenbelästiger" hielten.[514] Übten sie Vergeltung, weil sie glaubten, er sei deutschen Frauen zu nahe getreten? Wollten sie ihrer Kollegin Jutta L., die den Verdacht gegen ihn aufgebracht hatte, ihre männliche Loyalität und Kollegialität beweisen, indem sie ihm Gewalt antaten? Jutta L. hatte um 8 Uhr 12 die Information an die Funkwagen gegeben, der Ausländer belästige die Frauen massiv, „der rennt wohl immer hinter die hinterher und versucht, sie anzutatschen".[515] Eine der Frauen stellte klar: „Ich kann nur sagen, der Jalloh hat uns nicht angefasst."[516]

Die Akteure der Manipulation gaben sich keine große Mühe bei der Vertuschung. Womöglich trug einer von ihnen das frisch verbrannte Feuerzeug in der Hosentasche. Sie mussten nicht damit rechnen, dass jemand den Ereignissen auf den Grund gehen würde. Ein Ausländer starb in der Zelle, ein „Schwarzafrikaner", wen soll das kümmern, zumal der Revierleiter mit seiner Ansage, der Mann habe sich selbst angesteckt, die Richtung vorgegeben hatte. Aber der Plan ging nicht auf.

Was blieb, sind viele offene Fragen. Wie die von Gabriele Heinecke: „Gab es das, was man sich gar nicht vorstellen mag, nämlich, gab es einen Vorsatz, einen Menschen zu töten? Gab es das berechnende Abwarten? Gab es die Bereitschaft, jemand jämmerlich dort verrecken zu lassen? Alles das sind die Fragen, die man stellen muss."[517] Wurde Oury Jallohs Entlassung hinausgezögert, weil alle wussten,

514 „Belästigung auf sexueller Basis", so die Aussage des Streifenpolizisten Kurt K. am 11.2.2011 als Zeuge vor dem LG Magdeburg.

515 Funkspruch von Jutta L. nach Bandmitschnitt, HV Magdeburg am 14.1.2011.

516 Oury Jalloh und die Toten des Polizeireviers Dessau. Von Margot Overath, in: WDR5 Tiefenblick: Oury Jalloh. Teil 2 von 5, 24.5.2020.

517 Radio-Feature „Verbrannt in Polizeizelle Nummer fünf". Der Tod des Asylbewerbers Oury Jalloh in Dessau. Von Margot Overath. Co-Produktion MDR/DLF/NDR, 60-Minuten-Erstsendung: 10.11.2010, MDR Figaro.

dass etwas passieren soll, eine Abreibung? Oder später, dass etwas passiert war, und als er nicht wach wurde, Panik ausbrach? Sollte den Kollegen Zeit verschafft werden, eine Lösung zu finden, oder jemanden zu finden, dem eine radikale Lösung zugetraut wurde?

„Oury Jalloh befand sich bereits in einem Zustand der Agonie, als er mit einer geringen Menge von Brandbeschleuniger bespritzt wurde, und verstarb spätestens unmittelbar nach Ausbruch des Feuers." Oberstaatsanwalt Folker Bittmann hatte diesen möglichen Tatablauf in seinem Vermerk vom 4. April 2017 niedergeschrieben, nachdem die Brandrekonstruktion vom August 2016 in Schmiedeberg von Brandexperten, Medizinern und Ingenieuren ausgewertet worden war. Gemeinsam waren sie zu einem Ergebnis gekommen – vom Toxikologen Gerold Kauert als „Gesamtschau" bezeichnet –, das keinen anderen Schluss zuließ. Bittmann schrieb: „Da Oury Jalloh über keinen Brandbeschleuniger verfügte und zudem in der letzten Minute seines Lebens physisch auch gar nicht mehr in der Lage gewesen wäre, das Feuer selbst zu entfachen, setzen beide denkbaren Todesalternativen[518] das Verursachen des Feuers von dritter Hand voraus."[519]

Seinerzeit griffen auch zahlreiche Medien Bittmanns Vermerk auf, darunter *Focus Online*: „Der Oberstaatsanwalt entwarf in dem Vermerk auch ein Mordszenario, wonach Beamte den Häftling angezündet haben könnten, um seine Verletzungen zu vertuschen und Ermittlungen zu zwei früheren Todesfällen im Umfeld der Dessauer Polizei zu verhindern. […] Plausibel sei ein Zusammenhang mit zwei früheren Todesfällen um die Polizeistation Dessau, heißt es in dem Vermerk. 1997 war ein Mann nach einem Polizeigewahrsam an schweren inneren

518 Herztod oder Hitzeschock.

519 Vermerk des Leitenden Oberstaatsanwalts Folker Bittmann vom 4.4.2017, Az.: 111 Js 7436/17 StA Dessau-Roßlau. Beide Zitate von Folker Bittmann auch in: Oury Jalloh: Offene Fragen nach Feuertod des Asylbewerbers in Dessau. Von Ralf Böhme, in: Mitteldeutsche Zeitung, 16.11.2022, https://www.mz.de/lokal/dessau-rosslau/oury-jalloh-offene-fragen-nach-feuertod-des-asylbewerbers-in-dessau-1391294

Verletzungen gestorben. 2002 kam in derselben Zelle wie später Jalloh ein Obdachloser ums Leben. In beiden Fällen hatte es auch Ermittlungen gegen Polizeibeamte gegeben. Bittmanns Vermutung: Jalloh, der im Gesicht verletzt war und nicht ordnungsgemäß ärztlich versorgt wurde, sei bei einer Zellenkontrolle ohnmächtig aufgefunden worden. Den Beamten sei klargeworden, ‚dass schwere Verletzungen oder gar das Versterben eines weiteren Häftlings neuerliche Untersuchungen auslösen würden'. Diese Sorge ‚mag zu dem Entschluss geführt haben, mit der Brandlegung alle Spuren zu verwischen'."[520]

Ich bat den ehemaligen Leitenden Oberstaatsanwalt um ein Gespräch. Als Beamter unterliege er auch im Ruhestand der gesetzlichen Verschwiegenheitspflicht, schrieb mir Folker Bittmann. Er wäre aber bereit zu reden, wenn der Generalstaatsanwalt ihn von der Schweigepflicht entbinde. Jürgen Konrad, den ich im November 2017 noch interviewen konnte, ließ meinen Antrag ablehnen. Das Ermittlungsverfahren in der Sache Ouri Jallow sei „formell und materiell abgeschlossen". Medienauskünfte würden ausschließlich durch den Pressesprecher erteilt und nicht durch ehemalige Sachbearbeiter eines Verfahrens.[521] Christian Preissner, inzwischen ebenfalls Privatier, und Olaf Braun, inzwischen Oberstaatsanwalt, wollten keine Gespräche zum Thema führen, weil sie nicht mehr mit der Sache beschäftigt seien.

520 Toter Asylbewerber Oury Jalloh. Oberstaatsanwalt geht von Vertuschungstat durch Polizisten aus, in: Focus Online, 6. 12. 2017, https://www.focus.de/politik/deutschland/tod-des-asylbewerbers-oury-jalloh-leitender-oberstaatsanwalt-geht-von-vertuschungstat-durch-polizisten-aus_id_7948122.html.

521 E-Mail von Andy Kranz, Vorzimmer des Generalstaatsanwalts Naumburg, an die Autorin vom 2. 12. 2019.

28. Das Bundesverfassungsgericht

Im November 2019 legte Oury Jallohs Bruder Mamadou Saliou gegen die Einstellung des Ermittlungsverfahrens Beschwerde beim Bundesverfassungsgericht ein. Rechtsanwältin Beate Böhler vertrat ihn. Sie beantragte, die Entscheidungen der Staatsanwaltschaft Halle, des Generalstaatsanwalts Naumburg und den Beschluss des Oberlandesgerichts Naumburg aufzuheben. Die Frage, warum und wie Oury Jalloh starb, solle von einer anderen Staatsanwaltschaft geprüft, ermittelt und angeklagt werden.[522]

Das Gericht nahm die Beschwerde nicht an. Am 21. Dezember 2022 beschloss die 2. Kammer des Zweiten Senats, der Beschwerdeführer sei in seinem grundrechtlichen Anspruch auf effektive Strafverfolgung nicht verletzt worden,[523] und übernahm dabei sämtliche Argumente des Generalstaatsanwalts.

Bei der Brandrekonstruktion in Schmiedeberg am 18. August 2016 sei eine andere als die seinerzeit in Zelle 5 vorhandene Matratze verwendet worden. Das tatsächliche Brandgeschehen in der Zelle sei deshalb nicht mehr rekonstruierbar, den Matratzentyp gebe es nicht mehr.

Abgesehen von dem Weichmacher, der nicht mehr eingesetzt werden darf, waren die PVC-Bezüge von Versuchs- und Originalmatratze gleich. Die damals genutzten Weichmacher gingen keine chemische Reaktion mit dem Material ein, sondern veränderten es nur physikalisch. Mit zu nehmendem Alter des Materials konnten sie giftige krebserregende Stoffe abgeben. Darauf, dass sie leichter brennbar waren, sind keine Hinweise zu finden. „Durch die lange Nutzung und die oftmalige Reinigung und

522 Verfassungsbeschwerde vom 24.11.2019, Az.: 312/19 BB01 /ad.

523 BVerfG, Beschluss der 2. Kammer des Zweiten Senats vom 21. Dezember 2022 – 2 BvR 378/20 –, Rn. 61.

Desinfektion der Oberflächen sinkt die Weichmacherkonzentration, wodurch das PVC zunehmend versteift und gleichzeitig ein schlechteres Brandverhalten zur Folge hat."[524] Die Ingenieure, die den Versuch in Schmiedeberg durchführten, gingen also davon aus, dass die Matratze aus der Originalzelle schlechter brannte als die aus der Versuchszelle.

Das Feuerzeug habe sich nicht im Vollbrandbereich befunden, sondern neben dem Liegepodest.[525]

Der BGH hatte das Magdeburger Urteil bestätigt, in dem der Satz steht, dass sich zu Beginn des Brandausbruchs ein Feuerzeug in der Zelle befunden hat. Unklar blieb allerdings, welches. Die Kammer wollte auf ein angeblich vom Beamten Günter G. verlorenes Feuerzeug hinaus. Der Kriminaltechniker hatte behauptet, ein Feuerzeug habe unter dem Rücken von Oury Jalloh gelegen. Dann aber hätte an ihm Jallohs DNA gefunden werden müssen, es wäre nicht so stark verbrannt und mit Gegenständen verklebt gewesen, mit denen es in Kontakt geraten war.[526] Kurt Zollinger, der Brandexperte des Versuchs in Dippoldiswalde-Schmiedeberg, hatte an verschiedenen Stellen der Versuchszelle Feuerzeuge ausgelegt, um experimentell herauszufinden, welches nach der Rekonstruktion dem vermeintlichen Tatwerkzeug ähnlich sieht. Der Zustand des Feuerzeugs, das neben der Matratze lag, kam ihm am nächsten. Zollinger folgerte daraus, „dass sich das Feuerzeug nicht im Vollbrandbereich resp. auf der Matratze befunden haben kann. Aufgrund des Zustandes müsste [Hervorhebung d. A.] es sich im Bereich unmittelbar neben der Matratze befunden haben."[527] Daraus ergab

524 Büro für Brandschutz, Untersuchungsbericht vom 21.10.2016, Projekt-Nr. 2411-15.

525 BVerfG, Beschluss der 2. Kammer des Zweiten Senats vom 21. Dezember 2022 – 2 BvR 378/20 –, Rn. 66.

526 Principal Forensic Services, Gutachten „Science Evidence in the fatal fire of Mr Oury Jalloh" von Iain Peck vom 15.6.2015, Az.: 160 Js 18817/17.

527 Forensisches Institut Zürich, Gutachten des Sachverständigen Dr. Kurt Zollinger vom 22.12.2016, in: Az.: 111 UJs 23785/13 (eigene Referenz: K150831-068).

sich für die obersten Justizbehörden der neue Fundort neben dem Liegepodest.[528] Die Kriminaltechniker hatten jedoch sowohl in der Hauptverhandlung in Dessau als auch in der in Magdeburg mehrfach eindringlich geschildert, den ganzen Brandschutt mit Händen durchsucht zu haben, sie fanden kleinere Gegenstände wie einen Knopf, eine Metallniete oder Teile des Reißverschlusses.[529] Ein Feuerzeugfragment hatten sie nicht gefunden.

Dem Bundesverfassungsgericht genügte die unbewiesene Behauptung vom Stromausfall zu Beginn der Tatortarbeit als „eine jedenfalls nicht unplausibel erscheinende Begründung“ für die „misslungene filmische Dokumentation“.[530]

Das BVerfG blieb dabei, dass Oury Jalloh durch heftigste Körperbewegungen Luftverwirbelungen erzeugt habe. Dagegen sprachen aber die histologischen Befunde. Sein Körper hätte das Notfallhormon Noradrenalin entwickelt. Heftige Bewegungen hätten zu anderen Befunden geführt. Die Theorie sei abenteuerlich, befand der Toxikologe Prof. Gerold Kauert.[531]

Das BVerfG fand, dass ein Herzversagen nicht abwegig sei.[532]

Das BVerfG verwarf das Gutachten des Frankfurter Radiologen Boris Bodelle, weil es nicht auf einer selbst durchgeführten Sektion beruht, sondern nur auf der Begutachtung einer Computertomographie.[533]

528 Siehe Kapitel 18 „Das Feuerzeug“.

529 Principal Forensic Services, Gutachten „Science Evidence in the fatal fire of Mr Oury Jalloh“ von Iain Peck vom 15.6.2015, Az.: 160 Js 18817/17, Punkt 18.

530 BVerfG, Beschluss der 2. Kammer des Zweiten Senats vom 21. Dezember 2022 – 2 BvR 378/20 –, Rn. 65.

531 Ausführlicher beschrieben in Kapitel 3 „Die Einstellung des Verfahrens“.

532 BVerfG, Beschluss der 2. Kammer des Zweiten Senats vom 21. Dezember 2022 – 2 BvR 378/20 –, Rn. 15. Oury Jallohs Herz aber war gesund, es gab keine Anzeichen für Herzversagen. Siehe auch Kapitel 3 „Die Einstellung des Verfahrens“.

533 BVerfG, Beschluss der 2. Kammer des Zweiten Senats vom 21. Dezember 2022 – 2 BvR 378/20 –, Rn. 19.

Fehlende Ermittlungsansätze sah das Bundesverfassungsgericht nicht. Die Staatsanwaltschaft sei allen auch nur ansatzweise erfolgversprechenden Ermittlungsansätzen nachgegangen.[534] Es schob Oury Jallohs Bruder Saliou die Lösung des Falls zu. Er habe als Beschwerdeführer keine neuen Beweismittel benannt. Er habe sich nicht mit der Position des Oberlandesgerichts auseinandergesetzt, dass die Stellungnahmen der Sachverständigen kein einheitliches Bild ergeben hätten.[535]

Mit dem Bescheid des Bundesverfassungsgerichts ist der Rechtsweg in Deutschland ausgeschöpft.

Im Juli 2023 reichte Mamadou Saliou Diallo Beschwerde beim Europäischen Gerichtshof für Menschenrechte ein. Er will erreichen, dass die Ermittlungen wieder aufgenommen werden.

534 Ebenda, Rn. 64.

535 Ebenda, Rn. 84 f. Die Sachverständigen widersprechen dem Argument. Siehe Kapitel 3 „Die Einstellung des Verfahrens".

29. Epilog: Hypothetische Szenarien zum Tod von Oury Jalloh

Seit 2014 beobachtet der Züricher Forensiker, Toxikologe und Kriminalist Dr. Peter X. Iten die Aktivitäten der Justiz, im Fall „zum Nachteil Ouri Jallow" zu einer Lösung zu kommen. Er tauschte sich mit Brandsachverständigen, Kriminalbeamten und Medizinern aus, beriet die Nebenklage und legte 2018 ein eigenes forensisches Gutachten vor.[536] Im Schlusskapitel zeigte er mögliche Tatabläufe und Varianten auf, von denen jede einzelne alle bisherigen spurenkundlichen Erkenntnisse berücksichtigt. Den Endzustand von Zelle und Leiche versuchte er dabei möglichst lückenlos und widerspruchslos in Einklang zu bringen.

Für dieses Buch ergänzte er seine gutachterlichen Ausführungen.[537]

Mögliche Tatvariante „Brandlegung durch Oury Jalloh selbst"

Iten beginnt mit der gerichtlich angenommenen Selbstanzündung. Diese scheidet für ihn aus verschiedenen Gründen mit Sicherheit aus. Ein Grund sei allein schon die Ausführung eines solchen Tatablaufs, schreibt der Gutachter. „Dass Oury Jalloh mit angeketteten Händen

536 Dr. Peter X. Iten, Forensisches Gutachten zum gegenwärtigen Wissensstand vom 9.3.2018. Das Magazin der Universität Zürich vom 8.7.2009 schreibt über seine Kompetenz: „Iten kennt die Kriminalistik von der praktischen und der wissenschaftlichen Seite her: Bevor er seine Stelle als Toxikologe am Institut für Rechtsmedizin der Universität Zürich (UZH) antrat – das war vor 23 Jahren –, arbeitete der promovierte Chemiker neun Jahre bei der Kantonspolizei Zürich und war hier zuständig für Tatortarbeit und Spurensicherung."

537 Dr. Peter X. Iten, Ergänzung des Forensischen Gutachtens zum gegenwärtigen Wissensstand vom 9.3.2018, der Autorin zur Verfügung gestellt im Juni 2023. Die folgende Darstellung basiert auf dieser Ergänzung, Zitate ebenda.

und einem nach unten gerichteten Feuerzeug Feuer auf der Matratze entfachen kann, obwohl der Matratzenüberzug brandgeschützt ist und er sich dabei laufend die Finger verbrennt, ist kaum vorstellbar. Und wie soll er dann auf die Idee kommen, den Matratzenüberzug zu öffnen, um den darunter sich befindenden Schaumstoff zu entzünden? Und woher soll er wissen, dass der Schaumstoffkern besser brennbar ist? Und das alles nach einer durchzechten Nacht, todmüde und mit annähernd drei Promille Alkohol im Blut? Und ohne Messer, ohne Schere und mit größter Wahrscheinlichkeit auch ohne Feuerzeug? Denn alle Fachexperten halten es heute für praktisch ausgeschlossen, dass O. J. in der Zelle ein Feuerzeug besaß."

Iten schreibt weiter: „Die Brandversuche haben gezeigt, dass die Feuer sehr langsam größer werden und die Flammen oft wieder selbst erlöschen. Jalloh hätte die Öffnung in der Matratze erweitern, den Schaumstoff erneut anzünden und viele Minuten warten müssen, bis die Flammen groß genug geworden wären, um einen ausreichend großen Feuerball aufzubauen, der imstande gewesen wäre, einen tödlichen Hitzeschock auszulösen. Während dieser Minuten müssten die Flammen seine angekettete Hand angesengt und ihm immer größere Schmerzen bereitet haben. Er müsste sich aufgerichtet und seinen Kopf von oben in die Flamme gehalten haben, und die heiße Luft eingeatmet haben. Und er müsste die natürlichen Reflexe überwinden können, um sich nicht vor der unerträglichen Hitze der Flammen wegzudrehen. Der Reflex ist aber nervengesteuert, das heißt vom eigenen Willen schwer beeinflussbar. Schließlich müsste er sich auf die Außenseite der Matratze bewegt haben, obwohl er das nach einem rasch eintretenden Hitzeschocktod gar nicht mehr kann. Ein solcher Ablauf", konstatiert der Gutachter, „wirkt so ‚crazy', dass ich mir lange überlegt habe, ob ich das so stehen lassen darf. Ich muss es aber tun, weil man nur so Schritt für Schritt realisiert, wie weit weg von der Wirklichkeit diese Version liegt. [...] Und wie lange es dauern würde, bis der Tod eintritt."[538]

538 Dr. Peter X. Iten, Ergänzende Ausführungen, ebenda.

Position der Leiche am linken Rand der Liege.
Aus: Fire Investigation Report by expert Maksim Smirnou. Analysis of Circumstances surrounding Case, S. 1, https://initiativeouryjalloh.files.wordpress.com/2013/11/report-full-matt-test-petrol.pdf

Die Gerichte haben bis heute zu klären versäumt, wie groß der Bewegungsspielraum von Oury Jallohs angeketteter rechter Hand war. Die Rekonstruktionsversuche des Staatsanwalts, der den Kriminalbeamten Christian C. mit der rechten Hand in die Hosentaschen greifen ließ, fielen bei Kritikern durch. Sie hielten die Versuche für unbrauchbar, sie stimmten nicht mit den realen Bedingungen überein und dürften deshalb nicht als „Rekonstruktion" bezeichnet werden.[539] Zudem hing Oury Jallohs rechte Hand direkt an der Wandschelle, von Bewegungsspielraum kann hier keine Rede sein. Den Beweis dafür liefern Fotoprints aus dem sehr kurzen Video der Tatortgruppe, die zeigen, wie eng die rechte Hand mit dem Fesselbügel an der Wand verbunden ist.[540]

539 Siehe Kapitel 18 „Das Feuerzeug".

540 Zur eigenen Meinungsbildung vgl. die Abbildung auf Seite 99.

Die Originalfessel aus der Zelle stand nicht als Beweismittel zur Verfügung, sie war am Tattag nicht vom Fesselbügel abgenommen worden und gelangte nie zu den Asservaten. Sie verschwand. Der Hausmeister hatte sie einige Tage nach dem Feuer vom Fesselungsbügel an der Wand abgenommen und zu anderen Brandschuttresten in einen Eimer getan. Später habe er sie in kleine Stücke geschnitten, „damit niemand sieht, dass eine Handschelle weggeworfen wurde". Sein Vorgesetzter, Revierverwaltungsdienstleiter N., habe ihn dazu aufgefordert, der sei auch die ganze Zeit dabei gewesen. „War der Teil, der um den Arm kommt, geöffnet, als Sie die Fessel abgeschnitten haben?", wollte Nebenklageanwalt Philipp Napp wissen. Er meinte die Fesselzange um das Handgelenk. Antwort des Hausmeisters: „Nein, da war alles zu. Den Ring um den Arm habe ich auch zerschnitten". Richter C. hakt nach: „Haben Sie daran noch eine konkrete Erinnerung?" Hausmeister: „Ich möchte sagen ja." Richter: „Wie soll der Arm denn rausgekommen sein, wenn die Handfessel nicht geöffnet worden ist?" Hausmeister: „Das weiß ich nicht."[541]

Wie hat Kriminaltechniker Walter W. die zur Faust geballte rechte Hand aus der Fesselzange gelöst? Walter W. bestritt, den Fesselschlüssel benutzt zu haben. Hat ein Kollege die Schelle mit dem Fesselschlüssel geöffnet, bevor die Leiche vom Podest entfernt und auf die Trage im Flur verlegt wurde? Die Frage wurde nicht gestellt. Dieser Kollege müsste danach die Schelle an der Wand wieder verschlossen haben. Walter W. wollte sie später abnehmen und sichern. Das tat er aber nicht. Die Schelle blieb am Tatort zurück und wurde entsorgt. Mit anderen Worten: Sie ging verloren. Wie die Blutspur und das Fahrtenbuch. Und die Erinnerung.

Rechtsanwältin Gabriele Heinecke hatte in Magdeburg angeregt, Christian Preissner als vereidigten Zeugen zu fragen, wer die Entsorgung der Handschelle angeordnet habe. Die Kammer kam diesem Ersuchen nicht nach. Der Oberstaatsanwalt möge ersatzweise eine

541 NK-Mitschrift der HV Magdeburg vom 19.2.2012.

dienstliche Erklärung abgeben, ob und wenn ja warum er angeordnet habe, die Handschelle zu entsorgen, verlangte die Nebenklagevertreterin. Preissner war einverstanden, erklärte aber, „keine positive Erinnerung daran"[542] zu haben. Heinecke hätte gern den Vorgesetzten des Hausmeisters gefragt, wer ihm den Auftrag gegeben habe, den Brandschutt und die Handschelle entsorgen zu lassen. Auch diesem Wunsch entsprach das Gericht nicht.

So viele Sachverständige und Gutachter haben übereinstimmend ihre Bedenken gegen die höchstrichterlich bestätigte Selbstentzündungsversion vorgebracht, dass alle an der Lösung des Kriminalfalls Interessierten überzeugt sind: Es muss etwas ganz anderes passiert sein. Peter X. Iten versucht zu erklären, was sich tatsächlich ereignet haben könnte an jenem 7. Januar 2005. Auf der Suche nach möglichen Tatvarianten kam er zu verschiedenen Antworten, die sämtlich im Einklang mit den bisherigen brandtechnischen, spurenkundlichen, medizinischen und toxikologischen Erkenntnissen stehen.

Mögliche Tatvarianten bei „Brandlegung durch Dritte"

Der Aussage der Streifeneinsatzführerin ist zu entnehmen, dass aus dem Keller Geräusche zu hören waren, die für sie nach einer Auseinandersetzung klangen.[543] „Im Rahmen einer Auseinandersetzung", schreibt Iten,[544] „oder aus welchen Gründen auch immer kommt es in der Zelle zwischen Drittpersonen und O. J. zu physischer Gewalt. Variante 1: Um die Schreie von O. J. zu unterdrücken, oder aus anderen Gründen, werden ihm Mund und Nase von Hand oder mit einem Tuch zugehalten. Dadurch wird die Sauerstoffzufuhr gestoppt und nach etwa ein bis eineinhalb Minuten tritt Bewusstlosigkeit ein."

542 NK-Mitschrift der HV Magdeburg vom 19. 1. 2012.

543 Die Aussage korrespondiert mit den Erzählungen innerhalb des Reviers, dass Oury Jalloh von mindestens fünf Kollegen verprügelt worden sei.

544 In den ergänzenden Ausführungen zu seinem forensischen Gutachten, siehe Anm. 538.

Ob die Beteiligten kein Ende des Streits fanden, ob die Auseinandersetzung aus dem Ruder lief, ob Oury Jalloh Anstalten machte zu schreien, ob er um Hilfe rufen wollte, ist unbekannt. Wenn, dann wären seine Hilferufe über die Gegensprechanlage zu hören gewesen. Und das hätte auf jeden Fall verhindert werden müssen. Für die Tatvariante „Ersticken" spräche ein Stoffteil, das die Rechtsmediziner der Uniklinik Halle am Freitagabend am Hals der Leiche gefunden und sichergestellt hatten. Es ist schon auf den Videoprints der Tatortgruppe zu sehen und wird als 13 cm langer Streifen eines verkohlten Stoffrestes bezeichnet. Das Sektionsprotokoll beginnt mit den Sätzen: „Der Leichnam ist unbekleidet. Am Hals ein 13 cm langer Streifen eines verkohlten Stoffes (Bündchen eines T-Shirts?)"[545] Sie übergaben den Stoffrest den anwesenden Kriminaltechnikern, die es aber weder im Übergabeprotokoll vermerkten noch auf die Spuren- und Asservatenliste setzten, die sie am Montag, den 10. Januar 2005, erstellten. Der Streifen verschwand. Dem Sektionsprotokoll zufolge war der Leichnam unbekleidet, auf der Bauchhaut ließ sich kein textiles Gewebe nachweisen, nur am Hals dieser Streifen.

In der Magdeburger Hauptverhandlung beantragten die Anwälte der Nebenklage, Gabriele Heinecke und Philipp Napp, die Rechtsmediziner als Zeugen zu hören, die den Stoffrest gefunden hatten, sowie den Leiter der Tatortgruppe, der ihn in Empfang, aber nicht zu den Asservaten genommen hatte. Er gebe „Anlass zu der Annahme", heißt es im Antrag der Anwälte, „dass Oury Jalloh zum Zeitpunkt der Brandverursachung sein T-Shirt über den Kopf gezogen [bekommen] hatte". Wurden mit dem T-Shirt seine Atemöffnungen verschlossen? Der glatte Stoff wäre verbrannt, der doppelt liegende Stoff des Bündchens nicht. Dafür spreche, „dass die Textilreste auf der rechten Seite des Halses in kopfseitiger Richtung und nicht – wie zu erwarten – in bauchseitiger Richtung stehen".[546]

545 Protokoll der Sektion Nr. 10/05, Rechtsmedizin der Universitätsklinik Halle vom 10.1.2005, Prof. Kleiber, Az.: 601 Js 796/05.

546 Beweisantrag der Nebenklage HV Magdeburg vom 4.12.2012.

Die Kammer lehnte den Antrag ab.

„Als Variante 2 wäre denkbar", schreibt Iten, „dass O. J. aufgrund anderer physischer Gewalt durch Drittpersonen bewusstlos wird. Diesbezüglich verweisen wir auf die von Dr. Boris Bodelle festgestellten Knochenbrüche des Nasenbeins, der knöchernen Nasenscheidewand sowie einem Bruchsystem in das vordere Schädeldach, einen Bruch der 11. Rippe rechtsseitig, Veränderungen des Weichteilgewebes um die Knochenbrüche im Gesicht und Verdickungen der Muskulatur über den Rippen, die er vor seinem Tod erlitten haben muss."[547]

Oberlandesgericht und Bundesverfassungsgericht maßen dem Bodelle-Gutachten keine Beweiskraft zu, weil sich Oury Jalloh ihrer Meinung nach die Brüche selbst beigebracht habe oder weil seine Leiche unsachgemäß behandelt worden sein könne. Rechtsmediziner bewerten dieses Verletzungsbild dagegen als zweifelsfreies Argument für Attacken gegen Oury Jallohs Körper.

Iten schreibt weiter: „Dann wird Feuer auf der Matratze gelegt, aus welchen Gründen auch immer.[548] O. J. lebt in dieser Phase noch. Er bewegt sich bewusst oder im Übergang in die Bewusstlosigkeit, willentlich oder reflexartig, vom Feuer weg auf den äußeren Rand der Matratze. Auch atmet er noch geringe Mengen Ruß ein, die nach dem Tod medizinisch nachweisbar sind. Hingegen reicht die kurze Zeit von sehr wenigen Minuten bis zum Todeseintritt nicht aus, um nachweisbare Mengen der Brandgase Kohlenmonoxid und Cyanid im Blut zu akkumulieren, oder das stressbedingte Adrenalin/Noradrenalin im Urin nachweisbar zu machen."

547 Siehe das Institut für Diagnostische und Interventionelle Radiologie, Universität Frankfurt, Sachverständigengutachten vom 2. 10. 2019, Az.: 378/15.

548 Der Leitende Oberstaatsanwalt Folker Bittmann hielt es für möglich, dass die Sorge der Beamten, Oury Jalloh schwer verletzt oder gar getötet zu haben, zu dem Entschluss geführt haben könnte, „mit der Brandlegung alle Spuren zu verwischen, die den Vorwurf unterlassener Hilfeleistung gegen die diensthabenden Polizeibeamten begründen könnten." (Vermerk vom 4. 4. 2017, Az.: 111 Js 7436/17).

„Dann wird O. J. im Bereich des Kopfes einem Feuerball ausgesetzt, z. B. mithilfe eines leichtflüchtigen Brandbeschleunigers oder mit einem damit getränkten brennenden Gegenstand. Oder seine Atemöffnungen werden im bewusstlosen Zustand durch Drittpersonen in den Bereich der Flammen gedrückt. Der Tod tritt sehr schnell ein."

„Als Variante 3 wäre denkbar, dass Drittpersonen in der Zelle erscheinen und ohne vorausgehende physische und/oder psychische Aggressionen auf der Matratze Feuer legen, so dass O. J. auf die äußere Seite ausweicht. Dort wird er wenige Minuten später mit einem mit Brandlegemittel getränkten, brennenden Lappen im Bereich des Kopfes beworfen oder sein Kopf in die Flammen gehalten."

Wie starb Oury Jalloh

„Der Tod tritt bei allen Varianten rasch und reflektorisch durch einen Hitzeschock ein oder langsamer durch Herzversagen, das aufgrund von kurzzeitigem Einatmen von Rauchgasen in Kombination mit anderen Gründen zustande kommt. Als andere Gründe käme hier die Intoxikation durch Alkohol plus Kokain und Sauerstoffmangel infrage. Oder ein massiver Stressfaktor, der dann auftreten würde, wenn O. J. festgekettet in der Zelle bemerkt, dass Drittpersonen Feuer auf seiner Matratze oder seinem Körper zünden und er keine Fluchtmöglichkeit hat!"

Oury Jalloh war widerrechtlich festgenommen, im Arztraum auf den Bauch gelegt worden, ihm wurde Blut abgenommen. Keiner erklärte ihm, warum. Möglicherweise hat er sich beschwert, es wäre sein Recht gewesen. Polizeizeugen berichteten von selbstverletzenden Handlungen im Arztraum, doch die Zeugenaussagen stimmen nicht überein. Mal war die Rede vom Schlagen des Hinterkopfs gegen die Wand und mal vom Schlagen des Gesichts gegen den Tisch. Für eine glaubwürdige Beschreibung seiner Lage sind solche stereotypen Aussagen unbrauchbar. Dann die lautstarke Auseinandersetzung, das Hinüberschleifen in die Zelle 5, die Fesselung durch mehrere Polizisten. Obwohl er schon öfter mit der Polizei zu tun gehabt hatte, muss ihn diese Behandlung enorm gestresst haben. Sein Körper produzierte die Stresshormone Adrenalin und Noradrenalin, die sich in der Blase ansammelten. Die Leiche enthielt nur 150 ml Urin, und da kein Polizist ihn für einen Toilettengang entfesselt hatte, muss er – wahrscheinlich am frühen Vormittag – seine Blase im Liegen auf der Pritsche entleert haben. Irgendwann schlief er ein, der neu von den Nieren in die Blase ausgeschiedene Urin war frei von Stresshormonen.

In Variante 3 wird Oury Jalloh regelrecht überfallen. Denkbar ist, dass die Täter die Oberseite des flammenhemmenden Bezugs rasch mit einem Teppichmesser vom Rest trennten und wegnahmen und danach an mehreren Stellen Feuer legten. Der Matratzenkern aus Polyurethan-Schaum brennt schnell. In den Versuchen mit intakten oder eingeschnittenen Bezügen zeigte sich, dass der Körper eine Barriere für die Flammen bildet, sie konnten nicht auf die andere Seite des Dummys überspringen. Wenn das Oberteil des Bezuges entfernt wird, gibt es kein Hindernis mehr. Dafür sprechen extrem verbrannte Stellen u.a. in dem Bereich zwischen den gespreizten Oberschenkeln und im Schritt, da, wo die Flammen sonst nicht hingekommen wären. Oder unter der linken Hand, worauf die kalzinierten (weggebrannten) Fingerglieder hinweisen.

In dieser Variante könnte auch ein Kreislaufschock zum Tode führen, aber nicht unmittelbar. Oury Jalloh hätte reduziert weitergeatmet, sein Blut wäre langsamer zirkuliert, das Stresshormon Noradrenalin entsprechend langsamer transportiert. Eine Sauerstoffunterversorgung wäre eingetreten, die wenigen Rußschlieren in den Atemwegen passten dazu. Wäre er aber sofort notärztlich versorgt und sein Kreislauf wieder in Gang gebracht worden, hätte er überlebt. Doch er stirbt in den Flammen.

Iten schreibt: „Um die Spurenvernichtung voranzutreiben, wird bei allen Varianten an mehreren Orten auf der Matratze Feuer gelegt. Das Feuer wird später noch durch das Offenlassen der Zellentür stark gefördert, so dass an der Leiche ungewöhnlich massive Verbrennungen feststellbar waren. Die Matratze selbst war ganzflächig verbrannt bzw. verkohlt, was bei keinem der Brandversuche in diesem Ausmaß zu beobachten war."

Im Laufe der Verfahren war eine Reihe von Brandversuchen durchgeführt worden: vom Institut der Feuerwehr von Sachsen-Anhalt in Heryrothsberge, vom Brandermittler Dr. Henry Portz in Dessau und vom Institut für Brand- und Löschforschung NRW in ihrem Versuchsgebäude in Dippoldiswalde-Schmiedeberg. Außerhalb des Verfahrens gab es die Versuche von Maksim Smirnou in Irland. In keinem einzigen Versuch konnte ohne Brandbeschleuniger ein Feuer rekonstruiert werden, das dem in der Zelle 5 entsprach. In dem eine Matratze mit geöffnetem bzw. beschädigtem feuerabweisendem Bezug vollständig, bis in alle vier Spitzen, verbrannt war. Ohne Einsatz eines Brandbeschleunigers war das nicht möglich. Es war auch nicht möglich, einen Feuerball zu entfachen, in dem das Opfer innerhalb von Sekunden verstirbt. „Die letzte These des Sachverständigenkreises war, dass die Kleidung im Kopfbereich mit 125 ml Feuerzeugbenzin benetzt und angezündet worden sein könnte. Dieser These muss weiter nachgegangen werden", schrieb Rechtsanwältin Gabriele Heinecke am 4. Januar 2019 an das Oberlandesgericht Naumburg.[549]

Daraus wurde nichts. Die übergeordneten Justizbehörden ignorierten den Befund aus der Gesamtschau. Sie nahmen einzelne Befunde heraus, wie den des Züricher Brandsachverständigen Dr. Kurt Zollinger, der zur Zündung durch Dritte neigte, sich aber nicht festlegen wollte. Der nicht sagen wollte, Selbstverbrennung käme für ihn nicht mehr infrage. Das musste er auch nicht, er kennt sich mit Bränden aus, ist aber kein Mediziner, er kann die medizinisch-toxikologischen Befunde nicht beurteilen. Oberstaatsanwalt Folker Bittmann wies in seinem Vermerk darauf hin, dass Zollinger „unter Hinweis auf die fehlende Abklärung mit Fachmedizinern weder ein Anzünden zu Lebzeiten noch das Vorliegen eines Hitzeschocks ausschließen"

549 Rechtsanwältin Gabriele Heinecke, Antrag auf gerichtliche Entscheidung (Klageerzwingung), 4.1.2019.

wollte.[550] Zollinger war Teil eines Teams, dessen Mitglieder alle zu der Überzeugung gekommen waren, dass Brandbeschleuniger eingesetzt worden sein musste. Doch die übergeordneten Justizbehörden werteten seine Stellungnahme als Hinweis darauf, dass sich die Wissenschaftler nicht einig geworden seien. Rechtsmediziner Prof. Michael Bohnert kritisierte dies als Missverstehen wissenschaftlicher Arbeitsweise. „Der Jurist des Generalstaatsanwalts vergisst, dass komplexe Dinge nur aus Einzelteilen zusammengesetzt werden können und dass das Ganze immer mehr ist als die Summe der einzelnen Teile. Man kann nicht von einem Sachverständigen, der ein bestimmtes Teilgebiet betreibt, sehr gut, sehr strukturiert betreibt, erwarten, dass er den ganzen Fall löst. Der kann sich nur zu seinen Sachen äußern. Sinnvollerweise. Und alles, was darüber hinausgeht, ist seine persönliche Meinung. Die sollten wir auch mal draußen lassen."[551] Folker Bittmann hatte noch Aufklärung versprochen, weil sie als Staatsanwälte „für die Wahrheitsfindung eingestellt worden" seien.[552]

Die Juristen der übergeordneten Justizbehörden, die sich weniger gut mit Bränden und medizinischen Befunden auskennen als die Sachverständigen und Gutachter, konstruierten einen neuen Ablauf. Eine neue Wahrheit? Ihnen seien Luftverwirbelungen aufgefallen, die Oury Jalloh in der Zelle verursacht habe und die der selbst erzeugten Flamme Sauerstoff zugeführt hätten. Dann schrieb eine Justizbehörde bei der anderen ab, und am Ende gab ihnen das Bundesverfassungsgericht recht, indem es die Verfassungsbeschwerde nicht zur Entscheidung annahm. Und den Weg zu einer wirklichen Aufklärung verschloss. Für die Hinterbliebenen ist das eine Tragödie. In der Öffentlichkeit entstand der Eindruck, dass das Recht nicht allen Menschen gleich zusteht.

550 Vermerk des Leitenden Oberstaatsanwalts Folker Bittmann vom 4.4.2017, Az.: 111 Js 7436/17 StA Dessau-Roßlau, S. 3.

551 Transkript des Interviews der Autorin mit Prof. Bohnert am 11.7.2019 in Würzburg.

552 Siehe Kapitel „Scherbenhaufen".

Schon 2015 hatte die Initiative in Gedenken an Oury Jalloh mehrere forensische Gutachten in Auftrag gegeben, die alle zum gleichen Ergebnis gekommen waren. Iain Peck vom „Principal Forensic Services" London kommt unter Punkt 64 seines Gutachtens zu dem Schluss: „Unter Bezugnahme auf die mir zur Verfügung gestellten Informationen ist es meiner Meinung nach wahrscheinlich, dass eine dritte Person das Feuer entzündet hat, ob dies durch die Zerstörung und unmittelbare Entzündung der Matratze erfolgt ist oder an verschiedenen Stellen oder unter Verwendung einer brennbaren Flüssigkeit."[553] Dr. Alfredo E. Walker, forensischer Pathologe am Ontario Forensic Pathology Service Ottawa und Assistenzprofessor an der University of Ottawa, Kanada, schrieb, dass die Schwere der Verbrennungen für die anscheinend kurze Zeit des Brandes im Zusammenspiel mit keinem Kohlenmonoxid und Cyanid im Blut auf ein Flash-Feuer-artiges Geschehen und die mögliche Verwendung eines Brandbeschleunigers hinweist.[554]

Fakt ist: Ohne die katastrophalen Zustände im Dessauer Polizeirevier, die in der Magdeburger Hauptverhandlung, in der öffentlichen Revisionsverhandlung beim BGH vom August 2014 und im Bericht der Sonderberater Montag und Nötzel[555] thematisiert wurden, ohne diese

553 Principal Forensic Services, Gutachten „Science Evidence in the fatal fire of Mr Oury Jalloh" von Iain Peck vom 15.6.2015, Az.: 160 Js 18817/17.

554 Gutachten „Report of Medicolegal Opinion on the Death of Oury Jalloh" von Dr. Alfredo E. Walker vom 23.10.2015. Aus beiden Gutachten wird aus der Übersetzung des Fremdsprachendienstes INTERTEXT, Halle a.d. Saale, zitiert, in Auftrag gegeben von der Staatsanwaltschaft Dessau. Siehe auch „Report of Medicolegal Opinion on the Death of Oury Jalloh", https://initiativeouryjalloh.files.wordpress.com/2015/10/report-alfredo-walker-23-10-2015.pdf.

555 Montag und Nötzel sprechen von „erheblichen organisatorischen Missständen im PRev Dessau". Landtag Sachsen-Anhalt, Bericht der vom Ausschuss für Recht, Verfassung und Gleichstellung des Landtags Sachsen-Anhalt beauftragten Berater, Rechtsanwalt Jerzy Montag und Manfred Nötzel, Magdeburg, den 26.8.2020, S. 67.

oft beschriebenen Missstände hätte Oury Jalloh überlebt. Er wäre nicht festgenommen oder spätestens nach seiner Identifizierung um 8 Uhr 47 wieder freigelassen worden. Gabriele Heinecke nennt in ihrem Klageerzwingungsantrag[556] unter Punkt C. die Namen von vier Polizeibeamten, die sie für „hinreichend tatverdächtig" des Mordes und der Brandstiftung mit Todesfolge hält. Bei zwei von ihnen sei aufgrund vorheriger Verfahren Strafklageverbrauch eingetreten, das heißt, sie können wegen des Todes von Oury Jalloh nicht noch einmal vor Gericht gestellt werden. Die Staatsanwaltschaft hat sich dies nicht zunutze gemacht. Sie hätte beide Polizeibeamte mit den Erkenntnissen der Sachverständigen konfrontieren können, beklagte Gabriele Heinecke. Vielleicht wären sie bereit gewesen, zur Aufklärung beizutragen.

Oury Jallohs Mutter Mariama Djombo starb am 23. Juli 2012 an einem Herzinfarkt. Am 24. September 2018 starb auch sein Vater. Sie hatten die schlimmste Tragödie erlebt, die Eltern widerfahren kann. Ihr Wunsch, dass jemand kommen möge und ihnen sage, wie und warum das geschehen konnte, blieb unerfüllt.

Oury Jallohs Brüder Saliou und Ibrahim setzen die Suche nach der Wahrheit fort.

556 Rechtsanwältin Gabriele Heinecke, Antrag auf gerichtliche Entscheidung (Klageerzwingung), 4.1.2019.

Spuren-/Asservatenliste

Asservatennummer Spurnummer	Zahl Maß Gew.	Bezeichnung der Gegenstände	1. gesichert am 2. sicherstell. Beamter 3. Verbleib 4. Bemerkungen
Bereich 1		**Kellergeschoss, Polizeirevier Dessau**	
1.1	div.	Reste von Bekleidung und Matratze, gesichert unterhalb der Leiche	1. 07.01.2005 2. Heikroth, KOK 3. LKA, Dez. 31
1.2	div.	Brandschutt, gesichert vom Fußboden oberhalb des Kopfes der Leiche	1. 07.01.2005 2. Heikroth, KOK 3. LKA, Dez. 31
1.3	div.	Reste von Bekleidung (augenscheinlich T-Shirt), gesichert neben der linken Schulter der Leiche	1. 07.01.2005 2. Heikroth, KOK 3. LKA, Dez. 31
1.4	1	Kleinteil, Durchmesser ca. 15 mm, (augenscheinlich verschmolzener Kunststoff), gesichert aus dem Brandschutt neben dem linken Oberschenkel	1. 07.01.2005 2. Heikroth, KOK 3. LKA, Dez. 31
1.5	1 4 1	Hosenknopf, Metallniete, Reißverschlussschlitten, augenscheinlich angeschmolzen, gesichert aus dem Brandschutt im Bereich der Beine	1. 07.01.2005 2. Heikroth, KOK 3. LKA, Dez. 31
1.6	div.	Brandschutt, gesichert durch Zusammenfegen in der Gewahrsamszelle	1. 07.01.2005 2. Heikroth, KOK 3. LKA, Dez. 31
1.7	2	Wischproben einer bluttypischen Antragung, gesichert mittels Wattestieltupfer und dest. Wasser vom vorderen Tischbein im Untersuchungsraum	1. 07.01.2005 2. Heikroth, KOK 3. LKA, Dez. 31
1.8	1 1 1 1 1 1 2 2 2 1 2 1	Taschenkalender 2003 mit diversen handschriftlichen Notizen und Notizzetteln, Streckenfahrplan Deutsche Bahn Stralsund-Berlin-Dessau, Handy Samsung, ohne SIM-Karte, Display beschädigt, braune Lederbrieftasche mit folgendem Inhalt: Taschenkalender 2005, Bargeld in folgender Stückelung: 10 Euro Schein, 5 Euro Schein, 2 Euro Münze, 1 Euro Münzen, 50 Cent Münze, 20 Cent Münzen, 10 Cent Münze, gesichert aus dem Untersuchungsraum	1. 07.01.2005 2. Heikroth, KOK 3. LKA, Dez. 31
1.9 (VM)	1	Schaumstoffmatratze mit braunem Kunstlederbezug, gesichert aus einer der angrenzenden Zellen	1. 07.01.2005 2. Heikroth, KOK 3. LKA, Dez. 31

sservatennummer spurnummer	Zahl Maß Gew.	Bezeichnung der Gegenstände	1. gesichert am 2. sicherstell. Beamter 3. Verbleib 4. Bemerkungen
ereich 2		**Leiche des Geschädigten**	
.1		Rußanhaftung aus der Lunge, gesichert mittels Wattestieltupfer	1. 07.01.2005 2. Heikroth, KOK 3. LKA, Dez. 31
.2		Reste einer Cordhose, gesichert vom rechten Unterschenkel	1. 07.01.2005 2. Heikroth, KOK 3. LKA, Dez. 31
.3		Reste von Söckchen, gesichert von beiden Sprunggelenken	1. 07.01.2005 2. Heikroth, KOK 3. LKA, Dez. 31
.4		Reste eines T-Shirts, gesichert vom Hals	1. 07.01.2005 2. Heikroth, KOK 3. LKA, Dez. 31
.5		Reste des Kunstlederbezuges der Matratze, gesichert vom Hinterkopf	1. 07.01.2005 2. Heikroth, KOK 3. LKA, Dez. 31
.6	1	Fußfessel, Metall, verbunden mit kunststoffummanteltem Stahlseil, stark rußbeauflagt, gesichert vom rechten Fuß	1. 07.01.2005 2. Heikroth, KOK 3. LKA, Dez. 31
.7	1	Fußfessel, Metall, Kunststoffummantelung vom Stahlseil fehlt, stark rußbeauflagt, gesichert vom linken Fuß	1. 07.01.2005 2. Heikroth, KOK 3. LKA, Dez. 31
.8	1	Handfessel, Metall, verbunden mit zwei Kettengliedern, stark rußbeauflagt, gesichert vom linken Handgelenk	1. 07.01.2005 2. Heikroth, KOK 3. LKA, Dez. 31
.9 (VM)	div.	Kopfhaare, schwarz, Länge 2 cm, gesichert vom Hinterkopf	1. 07.01.2005 2. Heikroth, KOK 3. LKA, Dez. 31
.10 (VM)	2	Vergleichsblut, gesichert mittels Wattestieltupfer	1. 07.01.2005 2. Heikroth, KOK 3. LKA, Dez. 31

Spuren-/Asservatenliste vom 10. Januar 2005, Tgb.-Nr. 23/2005, Az.: 33.1/0085/2005, Teil der Gesamtakte Az.: 141 Js 13260/10.

Zeittafel

Freitag, 7.1.2005

Gegen 12:00 Ausbruch des Feuers in der Zelle 5 (Quelle: Anklageschrift Staatsanwaltschaft Dessau, Az.: 601 Js 796/05).

12:01 Uhr erster Brandalarm, 12:02 zweiter Brandalarm, 12:03/04 Rauchalarm (Quelle: ebenda), Landgericht Magdeburg verschiebt den ersten Brandalarm auf geschätzt 12:05 (Urteil LG Magdeburg, 1. Große Strafkammer – Schwurgericht – Geschäftsnummer: 21 Ks 141 Js 13260/10 [8/10], S. 133).

12:11 Uhr Notruf an Feuerwehr und Rettungskräfte.

12:20 Uhr Eintreffen der Feuerwehr, 12:40 Abzug der Feuerwehr.

12:55 Uhr Telefonische Information des Innenministeriums durch Revierleiter.

13:23 Uhr Ortsbesichtigung durch den Revierleiter.

15:35 Uhr Tatortgruppe des LKA Magdeburg trifft ein.

16:30 Uhr Ermittlungsgruppe der Polizeidirektion Stendal trifft ein.

19:00 Uhr Ende der Tatortarbeit, Überführung des Leichnams zur Rechtsmedizin der Uniklinik Halle.

Montag, 10.1.2005

13:30 Uhr Treffen der „Expertengruppe" aus zwei Kriminaltechnikern und zwei Brandexperten am Tatort.

Nachmittag: LKA-Chemikerin sucht in Teilen des Brandschutts nach Resten von Brandbeschleunigern. Auffinden eines Feuerzeugs.

Fortgang

2.2.2005 Bei einer Sitzung des Landtages von Sachsen-Anhalt wird öffentlich bekannt, dass Oury Jalloh an Händen und Füßen gefesselt war.

25.2.2005	Kriminaltechniker gibt „Ereignisortbefundbericht“ ab.
26.3.2005	Samstag (laut Initiative in Gedenken an Oury Jalloh: 24.3.), Trauerfeier für Oury Jalloh in der Feierhalle des Dessauer Zentralfriedhofs.
31.3.2005	Zweite Obduktion des Leichnams in der Uniklinik Frankfurt, finanziert von der Initiative in Gedenken an Oury Jalloh.
6.5.2005	Staatsanwaltschaft Dessau-Roßlau erhebt Anklage gegen den verantwortlichen Dienstgruppenleiter Hans H. und den Streifenbeamten Günter G.
2.11.2006	LG Dessau-Roßlau lehnt Anklageerhebung ab und fordert Nachermittlungen.
27.3.2007	Prozessbeginn vor dem Landgericht Dessau-Roßlau.
8.12.2008	Prozess endet mit Freisprüchen für beide Angeklagte (Urteil LG Dessau-Roßlau, Az.: 6 Ks 4/05). Das Urteil wird von Staatsanwaltschaft und Nebenklage in Teilen angefochten.
7.1.2010	Bundesgerichtshof hebt den Freispruch für Hans H. auf (Urteil BGH, 4. Strafsenat, Az.: 4 StR 413/09). Der Freispruch für Günter G. ist bereits rechtskräftig.
12.1.2011	Beginn der Neuverhandlung vor dem Landgericht Magdeburg.
13.12.2012	Urteilsverkündung (LG Magdeburg, 1. Große Strafkammer – Schwurgericht – Geschäftsnummer: 21 Ks 141 Js 13260/10 [8/10]): Geldstrafe von 10 800 € wegen Fahrlässiger Tötung, weil der Angeklagte die Selbstanzündung nicht verhindert habe. Das Urteil wird von Staatsanwaltschaft, Verteidigung und Nebenklage angefochten.
Mai–Nov. 2012	Der irische Fire Investigator Maksim Smirnou macht 10 Versuche, das Feuer zu rekonstruieren, finanziert von der Initiative in Gedenken an Oury Jalloh.

30.10.2013	Pressemitteilung von Oberstaatsanwalt Preissner, StA Dessau-Roßlau: Wegen Ungereimtheiten in Bezug auf die Brandentstehung habe er ein Todesermittlungsverfahren gegen Unbekannt wegen Mordes begonnen (Az.: 111 UJs 23785/13).
12.11.2013	Pressekonferenz der Initiative in Gedenken an Oury Jalloh mit dem irischen Brandexperten Maksim Smirnou, der den Brand nachgestellt hat.
3.4.2014	Presseerklärung der Staatsanwaltschaft Dessau-Roßlau, dass weiterer Aufklärungsbedarf bestehe.
28.8.2014	Revisionsverhandlung vor dem BGH Karlsruhe. Verhandelt wird über die Revisionsanträge von Staatsanwaltschaft, Verteidigung und Nebenklage.
4.9.2014	BGH-Urteil (Az.: 4 StR 473/13), die Revisionsanträge werden zurückgewiesen, das Urteil des LG Magdeburg wird rechtskräftig.
24.2.2015	Im Auftrag der Staatsanwaltschaft Dessau-Roßlau geben die Sachverständigen Kauert und Bohnert ihr Vorgutachten mit 4 möglichen Tatabläufen bzw. Todesversionen ab.
15.6.2015	Iain Peck, Brandsachverständiger aus London, legt ein Brandgutachten zum Tod von Oury Jalloh vor.
18.6.2015	Michael Scott-Ham vom Principal Forensic Services Ltd. England und Wales legt ein Forensisch-Toxikologisches Gutachten vor.
13.10.2015	Das Amtsgericht Dessau-Roßlau beschlagnahmt die Zelle 5 des Polizeigewahrsams. Sie soll für weitere Aufklärungsversuche der Staatsanwaltschaft erhalten bleiben (Az.: 11Gs 531/15 [111 UJs 23785/13]).
23.10.2015	Dr. Alfredo E. Walker, forensischer Pathologe am Ontario Forensic Pathology Service Ottawa, legt ein gerichtsmedizinisches Gutachten vor. Die letzten drei Gutachten wurden von der Initiative in Gedenken an Oury Jalloh finanziert.

ab Brandrekonstruktion der Staatsanwaltschaft Dessau

18.8.2016	Brandrekonstruktion im Institut für Brand- und Löschforschung Schmiedeberg, einem Ortsteil von Dippoldiswalde in Sachsen, durch das Büro für Brandschutz NRW, beauftragt von der Staatsanwaltschaft Dessau-Roßlau.
6.10.2016	Erste Bewertung der Ergebnisse, Aufarbeitung der Aktenlage, mündliche Besprechung mit 7 Teilnehmern: 5 Wissenschaftlern und 2 Staatsanwälten.
21.10.2016	Untersuchungsbericht der Brandermittler Prein und Pasedag.
22.12.2016	Untersuchungsbericht des Forensikers, Brandexperte Zollinger, Zürich.
12.1.2017	Schriftliches Ergebnis: Dritteinwirkung ist zwingend gegeben.
1.2.2017	Treffen zur Diskussion der Ergebnisse im Rechtsmedizinischen Institut Würzburg. 10 Teilnehmer: 8 Wissenschaftler und 2 Staatsanwälte.
4.4.2017	Vermerk des Leitenden Oberstaatsanwalts Folker Bittmann, StA Dessau-Roßlau. Er spricht sich für weitere Mordermittlungen aus. Bittet aus praktischen Gründen um Übernahme durch den Generalbundesanwalt (GBA).
24.4.2017	GBA fordert vor Übernahme Nachermittlungen.
19.5.2017	Generalstaatsanwalt beauftragt StA Halle.
30.8.2017	Staatsanwaltschaft Halle stellt Ermittlungsverfahren ein. Grund: Kein konkreter Anfangsverdacht gegen namentlich genannte Polizeibeamte.
10.11.2017	Öffentliche Sitzung des Rechtsausschusses des Magdeburger Landtags (Textdokumentation 7/REV/14). Abgeordnete werden nachweislich über Gründe für die Einstellung belogen.
Dez. 2017	Generalstaatsanwalt Jürgen Konrad zieht das Verfahren an sich.

10.1.2018	Nebenklage reicht beim Generalstaatsanwalt Beschwerde gegen die Einstellung ein.
29.11.2018	Generalstaatsanwalt weist Beschwerde der Nebenklage zurück (Prüfvermerk der GenStA Naumburg, Az.: 111 Js 89/17).
4.1.2019	Nebenklagevertreterin RA Gabriele Heinecke beantragt beim OLG Naumburg gerichtliche Entscheidung (Klageerzwingung).
18.10.2019	Prof. Boris Bodelle, Uniklinik Frankfurt, legt Fachradiologisches Gutachten über diverse Frakturen an Kopf und Rippen des Leichnams vor. Das Gutachten wird von der Initiative in Gedenken an Oury Jalloh finanziert.
23.10.2019	OLG Naumburg lehnt gerichtliche Entscheidung ab.
19.11.2019	Nebenklage bringt Anhörungsrüge vor.
24.11.2019	Rechtsanwältin Beate Böhler reicht für Oury Jallohs Bruder Mamadou Saliou Diallo Verfassungsbeschwerde ein.
3.11.2021	Im Berliner Kunstverein stellt der Londoner Forensiker Iain Peck im Auftrag der Initiative in Gedenken an Oury Jalloh seine Erkenntnisse zum Brandverlauf vor.
3.1.2022	Das Bundesverfassungsgericht beginnt mit der Bearbeitung der Beschwerde.
2.6.2022	Im Frankfurter Kunstverein wird die Ausstellung „Three Doors" eröffnet. Fehlende Brandrauchspuren an der Innentür der Zelle 5 deuten darauf hin, dass die Tür während des Brandes offen stand.
21.12.2022	Die 2. Kammer des Zweiten Senats des Bundesverfassungsgerichts lehnt die Zulässigkeit der Verfassungsbeschwerde ab (2 BvR 378/20).
23.2.2023	Das Bundesverfassungsgericht veröffentlicht den Beschluss 2 BvR 378/20.
3.7.2023	Oury Jallohs Bruder Saliou reicht Beschwerde beim Europäischen Gerichtshof für Menschenrechte ein.

Nachwort von Mouctar Bah

Ich erinnere mich an das Dessau der Jahre 2004, 2005, 2006. Als Mensch mit schwarzer Haut konnte man nachts nicht alleine raus gehen. Das war der Horror. Es waren mehr Rechtsradikale unterwegs als andere Leute. Die Angst war immer da, dass man angegriffen wird. Oder mindestens angespuckt. Ich habe das selbst erlebt, als ich eines Nachts um 23 Uhr vom Laden in der Friedrich-Naumann-Straße zu meiner Wohnung gehen wollte. Leute stellten sich mir in den Weg und spuckten mich an. Heute gibt es das nicht mehr. Aber damals gab es Rassismus in so vielen Bereichen der Gesellschaft und der staatlichen Institutionen. Es gab Kneipen und Diskotheken, die man als ausländischer Bürger nicht betreten durfte. Schon gar nicht als Mensch mit schwarzer Haut. Institutioneller Rassismus war in den Behörden und der Polizei alltäglich. Das merktest du auch, wenn du als schwarzer Mensch im Auto kontrolliert wurdest. Polizisten demütigten schwarze Menschen, die sie für Dealer hielten. Einmal habe ich es selbst gesehen. Ich war vom Bahnhof unterwegs in die Friedrich-Naumann-Straße. In der Nähe eines Imbissrestaurants sah ich, wie Polizisten zwei schwarzen Menschen die Hosen herunterzogen, bis ganz unten. Ich bin schnell hin und habe gesagt, was tun Sie da, lassen Sie das. Sie sagten zu mir, das sei eine Routinekontrolle und ich solle mich raushalten. Als später Freunde von mir in meinem Laden von Polizisten aufgefordert wurden, sich nackt auszuziehen, und am Ende alle unsere Leute am Boden lagen, war das für mich keine Überraschung mehr. Polizeibeamte hatten auch keine Probleme damit, das N-Wort zu benutzen. Ich habe es so oft gehört, das ist heute unvorstellbar. Dieser unverhohlene Rassismus blieb bis etwa 2012. Seitdem hat sich viel geändert. Ich merke das daran, wenn ich Flüchtlinge, Emigranten, zur Behörde begleite, weil sie einen Aufenthaltstitel brauchen. Schon früher habe ich diese Begleitungen

Mouctar Bah (Mitte) mit zwei Freunden
aus der Initiative in Gedenken an Oury Jalloh

gemacht, schon in den Jahren vor Oury Jallohs Tod. Sie werden heute anders behandelt als damals. Oder wenn ich im Ordnungsamt die Demonstration zum Jahrestag seines Todes anmelde. Man ist freundlich zu mir. Obwohl es selbstverständlich sein sollte, bin ich jedes Mal froh darüber. Früher gab es keine einzige Moschee in Dessau, heute haben wir zwei Moscheen. Aufgehört haben auch die ständigen Kontrollen durch Polizeibeamte. Ich kann sagen, dass ich sie in letzter Zeit fast gar nicht mehr gesehen habe. Ja, ich bin sehr froh darüber und sehr zufrieden, dass sich so viel geändert hat. Aber die Aufklärung von Ourys Tod, die muss stattfinden. Die Familie muss wissen, wer die Täter waren, wer sie unterstützt hat und warum sie es getan haben. Die Familie braucht eine Entschuldigung. Und auch wir, die Freunde, brauchen Aufklärung. Deshalb müssen die Täter und ihre Helfer vor Gericht. Dafür haben wir jahrelang gekämpft. Wir werden keine Ruhe geben, bis unser Wunsch erfüllt wird.

Dessau, am 4. Januar 2024

Danksagung

Ich bedanke mich für die beratende Unterstützung von Polizei- und Kriminalbeamten, Juristen, Staatsanwälten, Medizinern und Rechtsmedizinern, die mir fachkundlich halfen, deren Namen ich aber nicht preisgeben darf. Dank an meine vielen Interviewpartner. Einige von ihnen habe ich immer wieder um Rat gefragt, wie den Forensischen Toxikologen Prof. Dr. Gerold Kauert. Seine Expertise muss als Schlüssel zur Aufklärung des Geschehens in der Zelle Nummer 5 gewertet werden. Dank an Dr. Peter X. Iten für die unermüdliche Bereitschaft, mir aus der Sicht des Kriminalisten und forensischen Wissenschaftlers seine Interpretationen des Falls darzustellen und zu erklären. Ich danke Rechtsanwältin Gabriele Heinecke für die Überlassung ihrer umfangreichen Mitschriften der Magdeburger Hauptverhandlung. Ich danke Mouctar Bah für die Stunden und Tage, an denen er mir zur Verfügung stand. Für die gemeinsamen Streifzüge durch Dessau, zu den Orten, die ihn an seinen Freund erinnerten, und der mich mit Oury Jallohs Bruder Saliou zusammenbrachte. Dank an Saliou Diallo für sein Vertrauen. Von Rechtsanwalt Dr. Heinrich Hannover – er starb im Januar 2023 – bekam ich wichtige Hinweise für die Beurteilung von Strategien der Staatsanwaltschaft.

Das Buch hat seinen Vorlauf in meinen Radio-Features und einer Podcast-Serie, veröffentlicht in den Jahren zwischen 2010 und 2020, auf die außergewöhnlich viele Hörerinnen und Hörer reagiert haben. Ihre Briefe und E-Mails ermutigten mich, das Thema nicht abzuschließen, sondern in einem Buch vertiefend darzustellen. Auch ihnen möchte ich danken. Wie auch meinen Radiofeature-Redakteuren von MDR und WDR, namentlich Thomas Nachtigall in Köln, und meiner Lektorin Dr. Nicole Warmbold für ihre Betreuung.

Margot Overath, im April 2024

Veröffentlichte Quellen

(Alle Weblinks wurden zuletzt am 16.4.2024 aufgerufen und geprüft.)

Abdul-Rahman, Laila/Espín Grau, Hannah/Klaus, Luise/Singelnstein, Tobias, Gewalt im Amt. Übermäßige polizeiliche Gewaltanwendung und ihre Aufarbeitung, Frankfurt a.M. 2023.

BGH, Urteil vom 4.9.2014, Az.: 4 StR 473/13, https://juris.bundesgerichtshof.de/cgi-bin/rechtsprechung/document.py?Gericht=bgh&Art=en&Datum=Aktuell&nr=69090&linked=urt&Blank=1&file=dokument.pdf.

BGH, 4. Strafsenat, Urteil vom 7.1.2010, Az.: 4 StR 413/09, https://juris.bundesgerichtshof.de/cgi-bin/rechtsprechung/document.py?Gericht=bgh&Art=en&Datum=Aktuell&nr=51013&linked=urt&Blank=1&file=dokument.pdf.

BVerfG, Beschluss der 2. Kammer des Zweiten Senats vom 21. Dezember 2022 – 2 BvR 378/20 –, Rn. 1–90, https://www.bundesverfassungsgericht.de/e/rk20221221_2bvr037820.html.

[GenStA], Prüfvermerk der Generalstaatsanwaltschaft Naumburg zu den Ermittlungen zum Todesfall Ouri Jallow (Anonymisiertes Presse-Exemplar), Nov. 2018, Az.: 111 Js 89/17 GenStA, https://fragdenstaat.de/dokumente/55-prufbericht-oury-jalloh/.

[Heinecke, Gabriele], Sechs Gründe, warum Oury Jalloh nicht selbst Feuer gelegt haben kann. Erklärung von Rechtsanwältin Gabriele Heinecke vom 25.9.2015, https://initiativeouryjalloh.wordpress.com/wp-content/uploads/2015/10/sechs-grucc88nde-gabriele-heinecke-25-09-2015.pdf

Jäger, Christian, Anmerkung zum Beschluss des BGH vom 04.09.2014 – 4 StR 473/13 – (Tod in Zelle Nr. 5), in: Juristische Arbeitsblätter 2015, S. 72–74.

LG Dessau-Roßlau, Urteil vom 8.12.2008, Az.: 6 Ks 4/05, S. 4, https://upload.wikimedia.org/wikipedia/commons/5/52/LG_Dessau-Ro%C3%9Flau_6_Ks_4_05.pdf.

[LG Magdeburg], Beschluss der Magdeburger Kammer vom 13.12.2012, Urteil Landgericht (LG) Magdeburg, 1. Große Strafkammer – Schwurgericht – Geschäftsnummer: 21 Ks 141 Js 13260/10 (8/10), (online einzusehen: http://docplayer.org/27456880-Sachsen-anhalt-landgericht-magdeburg.html, auch: https://www.landesrecht.sachsen-anhalt.de/perma?d=NJRE001521992).

Landtag Sachsen-Anhalt, Bericht der vom Ausschuss für Recht, Verfassung und Gleichstellung des Landtags Sachsen-Anhalt beauftragten Berater, Rechtsanwalt Jerzy Montag, MdB von 2002–2013, nichtberufsrichterlicher Richter am Bayerischen Verfassungsgerichtshof, und Manfred Nötzel, Generalstaatsanwalt in München i.R., Magdeburg, den 26.8.2020, Landtag von Sachsen-Anhalt, Drucksache 7/6547, 2.9.2020, Unterrichtung, Bericht der mit der Aufklärung des Todesfalls Ouri Jallow beauftragten Personen, https://padoka.landtag.sachsen-anhalt.de/files/drs/wp7/drs/d6547vun.pdf.

Landtag von Sachsen-Anhalt, Ausschuss für Recht, Verfassung und Gleichstellung, Textdokumentation 7/REV/14, Textdokumentation zur Veröffentlichung im Internet über die öffentliche Beratung in der 14. Sitzung des Ausschusses für Recht, Verfassung und Gleichstellung am 10. November 2017 in Magdeburg, Landtagsgebäude, https://padoka.landtag.sachsen-anhalt.de/files/aussch/wp7/rev/protok/rev014p71.pdf.

[LKA Sachsen-Anhalt], Behördengutachten, Magdeburg, den 20.6.2012, https://initiativeouryjalloh.files.wordpress.com/2017/12/gutachten-feuerzeug-lka-schmechtig-lka-22-06-2012.pdf.

[Overath, Margot], Oury Jalloh und die Toten des Polizeireviers Dessau. Chronik eines deutschen Skandals. Von Margot Overath, Co-Produktion WDR, MDR, NDR 2020, 60 Minuten, Erstsendung 21.6.2020, WDR5 – dok5 Das Feature.

[Overath, Margot], Oury Jalloh und die Toten des Polizeireviers Dessau. Serie in 5 Teilen. Von Margot Overath, in: WDR 5 Tiefenblick: Oury Jalloh, 17., 24. und 31. Mai, 7. und 14. Juni 2020, https://www1.wdr.de/mediathek/audio/wdr5/wdr5-tiefenblick/oury-jalloh/index.html.

[Overath, Margot], Die widersprüchlichen Wahrheiten eines Todesfalls. Von Margot Overath. Co-Produktion MDR/WDR/NDR 2014, 60 Minuten, Erstsendung 22. 10. 2014, MDR Kultur, https://www.mdr.de/kultur/podcast/feature/feature-oury-jalloh-margot-overath-100.html.

[Overath, Margot], „Ich kann das nicht einen Tag vergessen." Das neue Leben des Mouctar Bah. Von Margot Overath, 45 Minuten, Deutschlandfunk, 20. 12. 2011, https://www.hoerspielundfeature.de/ich-kann-das-nicht-einen-tag-vergessen-100.html.

[Overath, Margot], Verbrannt in Polizeizelle Nr. fünf. Der Tod des Asylbewerbers Oury Jalloh in Dessau. Von Margot Overath. Co-Produktion MDR/DLF/NDR, 60 Minuten, Erstsendung: 10. 11. 2010, MDR Figaro, https://margotoverath.de/OuryJalloh.htm; 45-Minuten-Fassung: 12. 11. 2010, DLF, https://www.deutschlandfunk.de/verbrannt-in-polizeizelle-nr-fuenf-100.html.

Overath, Margot, Tod eines Asylanten. Was geschah in Zelle Nr. 5?, in: Tagesspiegel, 7. 1. 2011, https://www.tagesspiegel.de/gesellschaft/panorama/was-geschah-in-zelle-nr-5-1880245.html.

[Overath, Margot], Interview mit Prof. Dr. Gerold Kauert, in: mdr.de, 26. 3. 2018, https://margotoverath.de/KauertInterview.htm.

Principal Forensic Services, Forensic Toxicological Report by Michael Scott-Ham Concerning the Death of Oury Jalloh vom 18. 6. 2015, Az.: PFTDC.26.14, https://initiativeouryjalloh.files.wordpress.com/2015/10/report-mike-scott-ham-18-06-2015.pdf.

Principal Forensic Services, Gutachten „Science Evidence in the fatal fire of Mr Oury Jalloh" von Iain Peck vom 15. 6. 2015, https://initiativeouryjalloh.wordpress.com/wp-content/uploads/2015/10/report-iain-peck-15-06-2015.pdf.

Principal Forensic Services, Ergänzung Gutachten „Science Evidence in the fatal fire of Mr Oury Jalloh“ von Iain Peck vom 16.7.2015, https://initiativeouryjalloh.wordpress.com/wp-content/uploads/2015/10/addendum-iain-peck-16-7-2015.pdf.

[Smirnou, Maksim], Fire Investigation Report by expert Maksim Smirnou. Analysis of Circumstances surrounding Case, https://initiativeouryjalloh.files.wordpress.com/2013/11/report-full-matt-test-petrol.pdf.

[SPON], Der Fall Oury Jalloh, [Artikel auf Spiegel Online vom 9.2.2005–28.3.2024], https://www.spiegel.de/thema/ouri_jallow/.

[Walker, Alfredo E.], Report of Medicolegal Opinion on the Death of Oury Jalloh. Von Dr. Alfredo E. Walker vom 23.10.2015, https://initiativeouryjalloh.files.wordpress.com/2015/10/report-alfredo-walker-23-10-2015.pdf.

„Warum starb Oury Jalloh? Der Prozess“, https://ouryjalloh.wordpress.com/.